语言治理的理论与实践

王春辉◎著

中国社会科学出版社

图书在版编目（CIP）数据

语言治理的理论与实践/王春辉著.—北京：中国社会科学出版社，2021.5
ISBN 978 – 7 – 5203 – 8496 – 4

Ⅰ.①语… Ⅱ.①王… Ⅲ.①汉语—文化传播—文集 Ⅳ.①H1 – 53

中国版本图书馆 CIP 数据核字（2021）第 091147 号

出 版 人	赵剑英	
责任编辑	马　明	
责任校对	刘　帅	
责任印制	王　超	

出　　版	中国社会科学出版社	
社　　址	北京鼓楼西大街甲 158 号	
邮　　编	100720	
网　　址	http://www.csspw.cn	
发 行 部	010 – 84083685	
门 市 部	010 – 84029450	
经　　销	新华书店及其他书店	

印　　刷	北京明恒达印务有限公司	
装　　订	廊坊市广阳区广增装订厂	
版　　次	2021 年 5 月第 1 版	
印　　次	2021 年 5 月第 1 次印刷	

开　　本	710 × 1000　1/16	
印　　张	18.75	
插　　页	2	
字　　数	298 千字	
定　　价	99.00 元	

国家治理　语言助力

——序王春辉《语言治理的理论与实践》

2017年出版《语言与社会的界面：宏观与微观》之后，王春辉又即将出版新著《语言治理的理论与实践》。这得益于一个"勤"字：勤读书，勤交流，勤思考，勤动笔。对于拙者，勤能补拙；对于智者，勤能益智。

然而"勤"，往往不是时间宽裕、条件宽裕下的行为。春辉两地分居，妻子和两个孩子在烟台，老人们亦在山东。他不停奔波于北京与烟台之间，许多书是在火车上读的，许多文章是在火车上写的，包括"观约谈"。2019年，妻儿迁来北京，一家团聚，自是欢喜。然而又需置房安家，又需为孩子找学校。妻子高莉聪慧而有抱负，考上了博士，春辉需在学务中再分担些家务。《语言治理的理论与实践》便是在如此负荷下完成的，在此期间，他还在学校支持下筹建了"语言治理研究中心"。可见"勤"是挤轧时间的代名词，其背后是意志，是使命感。

语言治理是国家治理在语言领域的延伸，体现着政治的现代化与民主化，也非常符合现代语言规划学的理念。2020年10月13日，全国语言文字会议召开。1955年，召开了全国文字改革会议及现代汉语规范问题学术会议，1986年和1997年分别召开了全国语言文字工作会议。22年后再次召开新时代全国语言文字大会，是在世界形势发生了巨大变化的背景下，站在历史制高点上总结百年经验，研判新形势，规划新蓝图。

铸牢中华民族共同体意识，构建人类命运共同体，建筑信息空间，是当今语言规划的三大社会背景，也是三大使命。通过语言规划来促进这两个"共同体"和一个"空间"的建设，是语言治理必须深思远谋、进而有为之事。

一 铸牢中华民族共同体意识

1. 以国家通用语言为主体的"多语和谐"政策

大力推广和规范使用国家通用语言文字，充分发挥国家通用语言的信息沟通作用和语言认同作用，保障国家统一和民族团结。西部地区、民族地区重在普及，重在语言扶贫；要有通过教育解决推普问题的根本认识，尽力抓好基础教育阶段的普通话教育，要有一支"留得住、能力强"的教师队伍。同时也要尊重民族语言和方言，树立语言资源意识，重视语言保护，减少语言矛盾，避免语言冲突。制定好、执行好多民族国家的"主体多元"的语言政策，十分重要。

2. 加强语言服务

语言服务是利用语言（包括文字）、语言知识、语言技术及语言的所有衍生品来满足语言生活的各种需要。语言服务是一个宏观体系，由语言服务提供者、语言服务内容、语言服务方式和语言服务接受者构成。推动这一宏观体系运行的主要动因是语言需求。语言需求是语言服务的起点与目标，满足语言需求的状况是衡量语言服务水平的重要指标，要全面了解语言需求，引导提升语言需求，最大限度地满足语言需求。语言服务的内容主要有三：第一，帮助解决语言沟通障碍；第二，满足语言及语言技术的学习需要；第三，语言政策等领域的咨询、建议。语言服务是改变政府作风、提升语言生活质量、推进社会进步的重要方面，需要更新观念，需要有语言服务团队、语言资源储备、语言服务设施，需要发展语言服务产业和智慧语言服务，需要重视特殊人群、危机事件的语言服务。

3. 维护国家安全

国家处理海内外事务，需要强大的语言能力。语言信息化对于打赢信息化战争十分重要，很多国家都把语言能力列为"战备资源"，美国2006年就开始实施"关键语言战略"。维和部队需要特殊的语言能力。跨境语言的研究与利用，可以构筑一条"语言边防线"，平时睦邻，特殊时期护境。国家突发公共事件需要应急语言服务能力，比如武汉发生新冠肺炎疫情，各地医疗队奔赴湖北，湖北方言构成了医患沟通的一大障碍，"战疫语言服务团"研制的《抗击疫情湖北方言通》发挥了一定作用。如何利用语言的便利做好港澳台工作，也与国家安全息息相关。

二　构建人类命运共同体

1. 推进中文的国际传播

国家出行，语言先行。中国走向世界，需要中文走向世界。第一是中文教育，第二是中文在国际社会的应用。教育是为了国际应用，没有应用，教育就没有动力，没有方向。目前国际关系正在微妙变化，国际中文教育面临重大挑战和特殊机遇，需要具有战略定力，并要有新思维新举措，"危"中寻"机"，化"危"为"机"。比如，尽力将中文标准纳入国际标准体系，助力华语的海外传承，支持各国把中文列入国民教育体系，争取中文在国际组织、国际会议的地位，鼓励国际大都市、国际大公司、国际学术期刊使用中文，通过"职业汉语""职场汉语"和线上教育促进中文的国际教育与应用，使中文逐步成为国际语言生活的重要公共产品。

2. 重视外语能力提升

外语产自国外，却不是"外我之物"，学外语可以拓展视野，有助于吸收人类的不同文化，更能建立对母语母文化的自觉认识。外语不仅是一门语言技能，也是国人重要的当代素养，还是国家语言能力的基础。人类最重要的语言有 20 余种，使用人口在 400 万人以上的语言有 200 来种，国家应具有 20/200 种的语言能力，即熟练使用 20 余种语言获取世界信息，使用 200 来种语言向世界"讲中国故事"。中国至今没有统一的高层次的外语规划，在外语认识上常有偏差，这是个值得重视的问题。

3. 参与世界语言治理

中国语言学界长于研究中国语言，注意研究外语教学，但却较少研究世界的语言和语言生活。为适应人类命运共同体的构建，需要参与世界语言治理，拓展研究视野。需要建立"万国语言数据库"，以研究世界语言和世界语言生活。世界语言生活有许多问题需要解决，比如：英语独大带来的语言单一化、文化单一化问题；21 世纪末世界 90% 的语言将要濒危的问题；语言冲突甚至是语言战争频频发生等"语言危机"问题；许多国家、许多人群被"数字边缘化"问题。

三 构筑信息空间

人类出现之前，世界只是一个物理空间；人类的产生与发展造就了"社会空间"；计算机网络的出现和人工智能的发展正在构筑第三空间——信息空间。信息空间是被数字化、智能化了的语言空间，助力信息空间构筑，抢占数字时代先机，畅享数字生活，是语言治理的一个重要方面。

1. 重视语言的经济作用

信息化时代，语言能力已经发展为重要的人力资本和社会文化资本。语言产业对社会 GDP 的贡献估计为 10%，对语言数据进行采集、标注、存储、管理、交换、挖掘、分析等，将成为数字经济的重要活动。2019年 10 月 28—31 日，中国共产党十九届四中全会提出，"健全劳动、资本、土地、知识、技术、管理、数据等生产要素由市场评价贡献、按贡献决定报酬的机制"，把数据与"劳动、资本、土地、知识、技术、管理"并列为七大生产要素。这是重大的理论创新，体现着对信息化社会的本质认识。同时要进一步认识到，80% 的数据是语言数据，制定合适的语言政策、经济政策以大力发展语言数据产业，建立语言数据市场和良好的数字生态，促进人工智能的快速发展及其与"新基建"的结合，收取巨额的数字经济红利。语言学过去比较重视研究语言的社会属性，今后必须重视对语言的经济属性的认识。

2. 努力成为世界"信息加工中心"

改革开放 40 多年，中国成为世界产品"加工厂"，并正努力向产品制造强国迈进；在数字化时代，更应有成为世界信息加工中心的谋划。中国的翻译产业已具规模，自动翻译等语言智能技术也有长足发展，通过"数字社会""数字政府""数字中国"建设，数据量的增长集聚也会相当可观。高等教育改革，使中国拥有世界最大数量的接受过高等教育的人才；互联网的发展，使中国拥有世界最大数量的网民群体。中国是世界上第一个把数据作为生产要素的国家，并率先提出了"网络空间命运共同体"的概念。这些都是成为世界"信息加工中心"的宝贵基础。中国在"信息空间"的发展应有两大目标：第一，中文成为多语翻译的"轴心语言"；第二，研制出高水平的中文机器人。信息加工中心的谋划有利于这两大目标的实现，这两大目标的实现及实现过程，也就是在促进信息加工中心的形成，赋能数字经济和数字生活。

语言治理是波澜壮阔的事业，有着丰富的内容。以上这些所见，只是窥豹之一斑。其中一些观点，我在其他文章中曾经谈过，春辉的著作中也有所论及。将这些作为中国首部讨论语言治理著作的序言，是希望能够引起更多关注。讨论国家治理者，希望多一点语言意识；讨论语言治理者，希望能够更多关注"两个共同体"和"信息空间"的语言需求，多一些"中文自信"。

李宇明

二〇二一年三月七日

序于北京惧闲聊斋

前　言

本书是近三四年来笔者在语言治理理论和实践层面相关思考与践行的汇聚，包括四编和一个附录，共二十一篇文章。第一编是语言治理偏理论的宏观分析，后面三编则是对语言治理三个分领域的理论和实践考察，附录收录了"语言战略研究"微信公众号"观约谈"专栏的七篇小文。

第一编"语言治理的整体视角：宏观分析"，较为系统地建构起中国的语言治理体系，分析了语言文字与国家治理的紧密关系，思考了语言文字治理现代化的诸方面，并展望了"十四五"规划期间中国语言治理的主要方向。

第二编"语言治理的领域视角：语言扶贫"，较为系统地阐述了语言何以扶贫、以何扶贫和如何扶贫等问题，分析了语言与贫困之间的关系，梳理了新中国成立尤其是党的十八大以来的中国语言扶贫实践。

第三编"语言治理的领域视角：应急语言"，考察了突发公共事件中语言文字的作用，分享了战疫语言服务团的相关实践，并对国家应急语言体系建设提出一些建议。

第四编"语言治理的领域视角：国际中文教育"，将国际中文教育放在更为宏阔的历时和共时背景下，探究了人类语言的功能分类，阐释了汉语从陆地型语言到陆地—海洋型语言的转型、作为国际通用语言的提升，分析了当下历史大变局对国际中文教育的深远影响，并选取国际旅游这一视角考察了其与国际中文教育的互动关系。

附录的七篇"观约谈"或者从学科发展的视角，或者从与现实密切关联的角度，都呈现了语言治理理论与实践的相关侧面。

本书的出版得到以下项目资助，特此致谢：北京市"一带一路"国家人才培养基地建设经费、教育部中外语言交流合作中心 2020 年度国际中文教育研究课题重大项目"国际中文教育与传播体系创新研究"（项目号：20YH02A）、教育部中外语言交流合作中心委托项目"国际中文教育中长期发展规划研究"、国家语言文字工作委员会重点委托项目"分领域的应急语言服务需求研究"。

目　录

附录　"观约谈"七篇

第一编

语言治理的整体视角：宏观分析

语言治理与国家治理[*]

一 引言

本文所说的语言涵盖语言和文字，国家治理则包含国家治理体系和国家治理能力。"从纵向看，国家治理体系包括国家治理、地方治理和基层治理；从横向看，国家治理体系包括国家治理和社会治理。"[①] 国家能力是"国家在国内、国际两个层面通过与其他行为主体的互动关系而实现自身目标的能力"，"国家治理能力指的是国家能力在治理议题中的具体体现，它集中表现为国家创造治理绩效，实现国家特定治理目标的能力"。[②]

尽管从 20 世纪 80、90 年代学者们就开始探讨网络和现实中的语言文字治理问题，比如宋玉川、陈秀梅、杨大方、郑保卫和李文竹等针对新闻语言、语言污染、网络语言等的治理分析[③]，鲁子问首次从国家治理视

---

[*] 本文为 2015 年国家社科基金重点项目"海外中国文化中心对外文化传播研究"（项目编号：15AH006）阶段性成果。曾以《论语言与国家治理》为题发表在《云南师范大学学报》（哲学社会科学版）2020 年第 3 期"语言与国家治理"专题，后被《中国社会科学文摘》2020 年第 8 期全文转载。

[①] 郁建兴：《辨析国家治理、地方治理、基层治理与社会治理》，《光明日报》2019 年 8 月 30 日第 11 版。

[②] 王浦劬、汤彬：《论国家治理能力生产机制的三重维度》，《学术月刊》2019 年第 4 期。

[③] 宋玉川：《"起点"和"重点"——谈治理新闻语言的"脏乱差"》，《新闻业务》1985 年第 10 期；陈秀梅：《语言文字的污染与治理》，《法学论坛》1995 年第 3 期；杨大方：《论语言污染及其治理策略》，《西南民族大学学报》（人文社科版）2005 年第 2 期；郑保卫、李文竹：《网络语言暴力现象的法律治理与道德规范》，《新闻研究导刊》2013 年第 5 期。

角分析了语言政策的治理意识和重要作用。① 张日培从治理视角出发探讨了政府在建设"和谐语言生活"中的作为方式。② 朱武雄探讨了民间宗教的语言与城镇化农村治理的关系。③ 但是显然，这一时期有关治理的研究基本上是微观地或零星地就事论事，对于治理的认知还未上升到国家治理的高度，对于语言治理及其在国家和全球治理中作用的研究还是不自觉、非系统的。

学者们真正自觉地从国家和全球治理的视角系统性探究语言问题和对策是近几年才出现的，准确地说是在党的十八届三中全会提出"推进国家治理体系和治理能力现代化"之后才开始的。比如，郭龙生分析了双语教育与中国语言治理现代化的关系④；妥洪岩、田兵从社会学的视角解读了美国的语言治理⑤；王春辉提出了"语言全球治理"的理念，李宇明系统阐述了语言在全球治理中的功用，沈骑和曹新宇从全球治理的视角分析了中国国家外语能力建设的范式转型，王辉从全球治理视角简单分析了四类国家语言能力⑥；李思滨、宋晖、周芬芬和罗光强探讨了"微语言"治理相关内容⑦；杨解君和杨素珍、任颖等较为系统地阐述了国家语言文字治理法治化问题⑧；张日培针对上海市语言治理能力提升提出一

① 鲁子问：《国家治理视野的语言政策》，《社会主义研究》2008 年第 6 期。

② 张日培：《治理理论视角下的语言规划——对"和谐语言生活"建设中政府作为的思考》，《语言文字应用》2009 年第 3 期。

③ 朱武雄：《民间宗教的语言与城镇化农村治理——以妈祖信仰为例》，《华南农业大学学报》（社会科学版）2010 年第 3 期。

④ 郭龙生：《双语教育与中国语言治理现代化》，《双语教育研究》2015 年第 2 期。

⑤ 妥洪岩、田兵：《社会学视域下的美国语言治理解读》，《武汉理工大学学报》（社会科学版）2015 年第 6 期。

⑥ 王春辉：《当代世界的语言格局》，《语言战略研究》2016 年第 4 期；李宇明：《语言在全球治理中的重要作用》，《外语界》2018 年第 5 期；李宇明：《全球治理体系改革需要语言助力》，《光明日报》2019 年 7 月 27 日第 12 版；沈骑、曹新宇：《全球治理视域下中国国家外语能力建设的范式转型》，《外语界》2019 年第 6 期；王辉：《全球治理视角下的国家语言能力》，《光明日报》2019 年 7 月 27 日第 12 版。

⑦ 李思滨：《微博语言暴力现象的成因及治理策略》，《新闻战线》2015 年第 14 期；宋晖：《加强"微语言"治理刻不容缓》，《人民日报》2017 年 3 月 16 日第 7 版；周芬芬、罗光强：《青年群体的"微语言"：内涵、特征与治理》，《人民论坛·学术前沿》2018 年第 20 期。

⑧ 杨解君、杨素珍：《网络语言文字及其法律化治理》，《广东行政学院学报》2016 年第 2 期；任颖：《论国家语言文字治理法治化》，《中南民族大学学报》（人文社会科学版）2017 年第 4 期。

些建议①；张日培、刘思静从"一带一路"背景出发，指出中国的语言规划和语言事业需要立足全球治理视角，利用这一契机参与全球语言生活治理，刘全国则简单分析了如何建构"一带一路"多语语言生活治理②；刘华夏、袁青欢对边疆语言治理的挑战与转型内容进行思考③；吕聪、赵世举等分析了网络空间的语言治理问题④；文秋芳从国家语言能力的视角系统分析了国家语言治理能力的共时和历时⑤；向德平阐释了语言扶贫对于贫困治理的重要作用⑥；王春辉简单分析了语言与国家治理的关系⑦；王世凯分析了语言管理理论与国家治理的关系⑧；王辉、王春辉分析了应急语言能力和机制建设在国家和社会治理中的功用⑨。2020 年 1 月 20 日，首次"语言与国家治理论坛"在首都师范大学召开。⑩

　　语言与国家治理至少包含相互关联的三个维度：语言治理是国家治理的重要构成；语言因素是助力国家治理的重要力量；国家治理对语言现象和语言发展的影响。本文就是尝试对语言与国家治理的关系进行较为系统的论述。

---

① 张日培：《提升语言治理能力》，《语言文字报》2017 年 1 月 18 日第 1 版。
② 张日培、刘思静：《"一带一路"语言规划与全球语言生活治理》，《新疆师范大学学报》（哲学社会科学版）2017 年第 6 期；刘全国：《构建"一带一路"多语语言生活治理》，《中国社会科学报》2018 年 11 月 23 日第 4 版。
③ 刘华夏、袁青欢：《边疆语言治理的挑战与转型》，《广西民族研究》2017 年第 6 期。
④ 吕聪：《集群行为视野下网络语言暴力行为与治理思考》，《法治与社会》2017 年第 4 期；赵世举：《重视网络空间语言的规划与治理》，《光明日报》2018 年 1 月 11 日第 11 版。
⑤ 文秋芳：《对"国家语言能力"的再解读——兼述中国国家语言能力 70 年的建设与发展》，《新疆师范大学学报》（哲学社会科学版）2019 年第 5 期；文秋芳：《国家语言治理能力建设 70 年：回顾与展望》，《云南师范大学学报》（哲学社会科学版）2019 年第 5 期。
⑥ 向德平：《语言扶贫助力贫困治理》，《语言文字报》2019 年 11 月 27 日第 2 版。
⑦ 王春辉：《语言与国家治理》，"语言与治理"微信公众号，2020 年 1 月 1 日。
⑧ 王世凯：《建构中国特色语管论　服务国家治理现代化》，《中国社会科学报》2020 年 1 月 21 日第 3 版。
⑨ 王辉：《提升适应国家治理现代化的应急语言能力》，光明网（理论频道）2020 年 2 月 18 日；王春辉：《突发公共事件中的语言应急与社会治理》，《社会治理》2020 年第 3 期。
⑩ 详见中国社会科学网（http://www.cssn.cn/yyx/yc/202001/t20200120_5081349.shtml? COLLCC = 17419563&）。

二 语言治理是国家治理的重要构成

语言治理是指政府、社会组织、企事业单位、社区以及个人等多种主体通过平等的合作、对话、协商、沟通等方式，依法对语言事务、语言组织和语言生活进行引导和规范，最终实现公共事务有效处理、公共利益最大化的过程。语言治理（体系）是国家治理（体系）的有机组成部分，语言治理体系和治理能力的现代化亦须不断提升。

语言是使智人崛起的关键，文字则使人类进入文明时代。开启文明所需要的积累非常多，下面四个基本条件是必须具备的：足够多的聚居人口；有效管理大量人口的社会组织结构和管理方法（早期通常是宗教）；大规模建设的技术和物力；冶金技术和金属生产能力。"其中第二个条件和信息有关，特别是需要有书写系统，这样上面的政令才能下达，下面的信息才能收集。"① 有文字之前的语言文字治理情况已无可考，文字产生之后的语言文字治理则逐渐建构起不同社会和国家的语言文字治理体系。

（一）语言治理主体

语言治理的主体，即语言治理的发起者与实施者。刘华夏和袁青欢在分析边疆语言治理时指出，其治理主体以国家为核心，并有市场、第三部门、公民等的参与；② 王辉分析了我国语言政策的主体，主要包括官方决策者和非官方决策者（参与者），前者包括执政党、立法机关、行政机关，后者包括压力集团、媒体、语言团体。③

治理的主体是多元的，除了政府以外，还包括企业组织、社会组织和居民自治组织等。④ 在笔者看来，语言治理的主体主要涵盖以下七类：执政党；政府部门（如外交部、民政部、工信部、国家语言文字委员会、

---

① 吴军：《全球科技通史》，中信出版集团 2019 年版，第 59 页。
② 刘华夏、袁青欢：《边疆语言治理的挑战与转型》，《广西民族研究》2017 年第 6 期。
③ 王辉：《我国语言政策主体分析》，载李宏为《问题与研究——国家行政学院第十三期青年干部培训班学习研究成果集》，国家行政学院出版社 2014 年版，第 363—367 页。
④ 俞可平：《中国的治理改革（1978—2018）》，《武汉大学学报》（哲学社会科学版）2018年第 3 期。

国务院侨办等）；司法机关（检察院、法院等）；社群团体（语言团体及与语言文字相关的社会团体）；企业（出版企业、人工智能企业、语言产业相关企业等）；媒体（传统媒体、新媒体等）；个体公民（知名人士、权威学者、普通大众等）。其中，执政党是第一主体和核心，其他主体则是多元辅助主体。[①]（见图1）

执政党　　政府部门　　司法机关　　媒体　　企业　　社群团体　　个体公民

图1　语言治理的主体类型

显然，语言治理实践是上述主体间相互作用、相互协作的结果：国家与社会的合作、政府与非政府的合作、公共部门与私人部门的合作、强制力与主动性的合作、正式制度与非正式机制的合作等。

（二）语言治理体系

语言治理体系是在执政党领导下治理国家语言及语言生活的制度体系，包括经济、政治、文化、社会、生态文明和制度建设等各领域体制机制、法律法规安排，是一整套紧密相连、相互协调的国家制度。语言治理体系是一个以目标体系为追求、以制度体系为支撑、以价值体系为基础的结构性功能系统。

目标体系主要有四：保障语言权利，解决语言问题，构建和谐语言生活，助力国家治理提升。语言制度体系主要由七类治理主体以及塑造他们行为的规则和程序等七根制度支柱组成，它们共同支撑着国家治理目标体系，完成国家治理的目标任务，应当均衡发展。现代善治的基本价值构成语言治理的核心价值体系（见图2），即合法性、法治、透明性、责任性、回应、有效、参与、稳定、廉洁、公正。[②]

---

① 正如王辉（2014）、文秋芳（2019b）、张日培（2019b，《新中国语言规划的行政体制》，中国外语战略研究中心语言政策学术工作坊，上海：上海外国语大学）指出的，上述治理主体在发挥功能时还存在一些问题，比如：主体间的协同不够、政出多门；司法和执法的作用有待提升；媒体的引导和示范作用有待加强；地、县两级语言文字工作机构建设亟须加强等。

② 俞可平：《中国的治理改革（1978—2018）》，《武汉大学学报》（哲学社会科学版）2018年第3期。

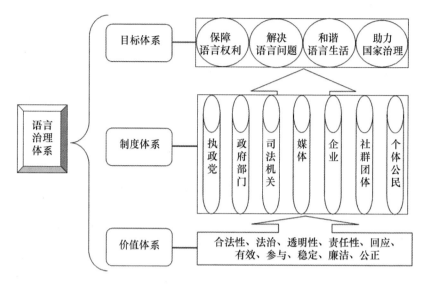

图2 语言治理体系

（三）语言治理内容

语言治理的内容回答的是治理什么的问题，可以分为两大类，即本体治理和应用治理。

本体治理指的是针对语言文字各子系统的治理，包括语音、词汇、语义、语法、文字等子系统的创制改革、规范化、标准化、现代化等工作，如正字法、文字简化、辞典编纂、术语统一、标准语建构等。从某种程度上说，相当于语言政策与规划研究中的本体规划一类。①

应用治理指的是针对语言文字在使用和应用中各类现象与问题的治理，如语言文字的地位问题、领域语言问题（如教育语言、媒体语言、政务语言、语言服务、语言产业、网络语言、语言文明、应急语言等）、语言的声望问题、语言与社会的界面问题（语言与性别、年龄、职业、阶层等）、语言的传播与国际化、语言技术、语言文字的法制化和信息化等。

需要注意的是，这里所说的语言治理涵盖以下几个层面：（1）口头

---

① Heinz Kloss, *Research Possibilities on Group Bilingualism*: *A Report*, Quebec: International Center for Research on Bilingualism, 1969；冯志伟：《论语言文字的地位规划和本体规划》，《中国语文》2000 年第 4 期。

语和书面语；（2）现实空间和虚拟网络空间的语言；（3）国家通用语言—少数民族语言—方言—外语—手语盲文。

上述分析可用图 3 表示。

图 3 语言治理的内容

张日培指出："新中国成立以来，上海的语言事业经历了从'语言规划'到'语言管理'，再到'语言治理'的嬗变。'语言规划'是少数人发起、大多数人被动参与的，'语言管理'是'自上而下'的政府对社会的管理，'语言治理'则要求大多数人主动参与、'自上而下'与'自下而上'良性互动。"① 本文基本认同这一观点，也认为是适用于中国整体语言事业发展状况的。

最后值得一提的是，从秦始皇统一文字到汉武帝独尊儒术，从孝文帝"断北语，从正音"到隋文帝科举选拔，从宋代《广韵》、明代《洪武正韵》到清代"以官音统一天下之语言"、民国时代"国语运动""白话文运动"，再到新中国的推广普通话、简化汉字、汉语拼音方案推广、语言文字信息化、语言文字法律法规体系、微语言治理等，一部五千年中华文明史，语言治理的历史波澜壮阔、传承延绵。

三 语言因素是助力国家治理的重要力量

语言文字助力国家治理，体现在经济发展的"语言之手"中，体现在语言改革、国家语言能力与国家发展的共振中，体现在完善"一国两

---

① 张日培：《提升语言治理能力》，《语言文字报》2017 年 1 月 18 日第 1 版。

制"制度、推进祖国和平统一、提升全球华人文化认同中，体现在军事语言学的谋划、语言与安全的系统阐释、中国国际话语权的提升、国际中文教育中，体现在融媒体的创新、脱贫攻坚和乡村振兴战略的实施、职业技能教育的规划、智能社会的培育、国家应急管理体系的语言能力建设中，体现在中华民族共同体和人类命运共同体的建构中等。在国家治理体系的经济、政治、文化、社会、生态文明、军事、外事等各个层面，都可以找到语言文字的身影，发现语言文字的力量。① 限于篇幅，此处仅举几例。

（一）语言因素的政治效应

正如沃勒斯坦所说："只有当群体具有自我意识，即拥有共同语言和共同世界观的时候，他们才变得更加团结，并更有整治作为。"② 语言因素助力国家治理的正向政治效应体现在许多方面。

1. 增强国家认同

关于语言，最重要之处在于它能够产生想象的共同体。③ 语言是多民族国家认同建构不可或缺的要素，多民族国家都在以各种方式推动语言的一体化、大众化和国际化，并期待其在国家认同的建构中发挥正向作用。语言文字的创制和传播涉及知识的储存、观念的确立和制度的建构，是建立文化共同体的基础性条件。在国家认同的建构中，语言亦是一个重要甚至关键的因素。多民族国家都会以不同方式制定各类语言政策，实施语言规划，配合语言民族主义或语言爱国主义，以此巩固、发展和强化公民的国家认同。王东杰的研究让人们看到，官话、国语、普通话常被认为是同一事物在不同时期的不同称呼，但从文化史的角度看，这三个概念在语义上的诸多微妙差别，表征了不同社会阶层和政治派别界定自己特定经验、预期与行动的努力。④ 通过对标准语的"正名"，人们

---

① 王春辉：《语言与国家治理》，"语言与治理"微信公众号，2020 年 1 月 1 日。

② 伊曼纽尔·沃勒斯坦：《现代世界体系（第一卷）：16 世纪的资本主义农业与欧洲世界经济体的起源》，郭方、刘新成、张文刚译，社会科学文献出版社 2013 年版，第 4 页。

③ 本尼迪克特·安德森：《想象的共同体：民族主义的起源与散布》，吴叡人译，上海世纪出版集团 2005 年版，第 125 页。

④ 王东杰：《声如心通：国语运动与现代中国》，北京师范大学出版社 2019 年版。

既可以发动一场政治和社会"革命"，也可以缝合由此带来的历史裂纹，并在此过程中一次又一次地修正"成文的""标准的"，同时也是线性的国族叙事。由于民族—国家建设的需要，人们希冀从统一语言进而实现再造新国民、消弭地方保护主义和加强民族国家认同的政治诉求。① 从欧洲特别是法国、德国、意大利的语言民族主义，将统一民族语言视为一个国家的前提条件②，到日本明治维新时期确立旨在规范全国方言的"标准语"地位以及二战以后卓有成效的"共通语"推广③，从 20 世纪 80 年代开始的美国精英发起"唯英语运动"并希望解决国家整合和认同的问题④，到 20 世纪 20、30 年代中国的国语运动、白话文运动在民族国家建构中的重要意义⑤，古今中外的大量例证无一不表明语言是国家认同建构的重要对象和核心构成要素。总之，语言是多民族国家认同建构不可或缺的要素，多民族国家都在以自身独有的方式推动语言的一体化、大众化和国际化，以便为多民族国家认同提供支持。⑥ 研究显示，1958—1960 年中国大陆地区实行的拼音运动有两个长期效应，其中一个就是增强了个体的国家认同和对政府的支持，原因之一是学过拼音的个体会更多地阅读政治新闻。⑦ 在新时代历史背景下，语言治理与语言规划需要为中华民族共同体和人类命运共同体的建构贡献更多力量。⑧

---

① 崔海明：《"国语"如何统一——近代国语运动中的国语与方言》，《江淮论坛》2009 年第 1 期。

② Stephen Barbour and Cathie Carmichael, eds. , *Language and nationalism in Europe*, Oxford：Oxford University Press, 2000.

③ 张维佳、崔蒙：《日本 20 世纪国语政策的嬗变及其背景》，《语言政策与规划研究》2014 年第 2 期。

④ Valerie Barker and Howard Giles, "Who Supports the English-Only Movement?：Evidence for Misconceptions about Latino Group Vitality", *Journal of Multilingual and Multicultural Development*, Vol. 23, No. 5, Sep. 2002, pp. 353 – 370.

⑤ 王东杰：《声如心通：国语运动与现代中国》，北京师范大学出版社 2019 年版。

⑥ 殷冬水：《国家认同建构中的语言变革》，载李里峰主编《国家治理的中国经验（现代国家治理，第 1 辑）》，南京大学出版社 2019 年版，第 294—315 页。

⑦ You Yang, "Language Unification, Labor and Ideology", Harvard University Working Paper, 2018, https：//scholar. harvard. edu/files/yangyou/files/language_labor_ideology20180327. pdf.

⑧ 李宇明：《语言规划与"两个命运共同体"的建构》，商务印书馆"2020 中青年语言学者沙龙"主旨发言，北京，2020 年 1 月 12 日。

2. 助力国家统一

"由于中国在地理空间上幅员辽阔，历史时间漫长，多民族杂居，语言文字的规范问题一直是摆在历朝历代统治者面前必须解决的大问题。人们早已明白，要彻底消除各地各族语言的差异与个性几乎是不可能的，甚至也是有害的，但同时又必须有一种相对通用的、为多数人所接受和认可的语言文字——实际上就是必须在中国大地上，推行标准语（民族或国家的共同语，包括语音规范、语法规范、语词规范和书写规范等）——如果没有这样的标准语，东南西北的人们将无法畅通交流，上传下达的朝廷诏令亦无法即时有效地得到施行。出现这样的情况，那对于一个大国来说，将是十分危险的事情。"[①] "春秋—战国时代之后的中国历史表明，虽然是帝国儒教伪精英文化的统一提供了基础，但为这种文化的传布和绵延提供物质基础条件的却是表意性的汉语文字。正因为如此，中国成为古代世界中唯一一个能够借助非常有限的基础性硬件就得以将广土众民抟成一体并绵延悠久的国家。"[②] "象形表意的中国方块字，有利于克服由于地域辽阔所带来的方言繁杂的障碍，成为几千年来始终畅通的思想文化交流的工具。只有具备这种重要的交流工具，才有可能建立一种跨地域的文化联系。而掌握了这种通信工具的儒生，也变成为组织官僚机构所必须依靠的阶层。"[③] 所以，先秦的雅言、汉魏的正音、隋唐的雅韵及字样、宋元而至明清的官话以及近现代的国语和普通话等语言文字治理之策，一直是国家治理的重要组成部分。这对罗马帝国来说亦是如此。"拉丁文是当时的通行语言，历史学家都公认罗马官道和拉丁语对维系罗马帝国稳定的重要性。从信息论角度讲，水陆交通、语言文字起着物质与精神的通信交往的通道作用。"[④]

---

① 向以鲜：《镜子：语言与国家安全战略的历史透视——以先秦至隋唐为例》，《社会科学研究》2018 年第 4 期。

② 赵鼎新：《东周战争与儒法国家的诞生》，夏江旗译，华东师范大学出版社 2006 年版，第 36—37 页。

③ 金观涛、刘青峰：《兴盛与危机：论中国社会超稳定结构》，法律出版社 2011 年版，第 30 页。

④ 金观涛、刘青峰：《兴盛与危机：论中国社会超稳定结构》，法律出版社 2011 年版，第 26 页。

3. 争取政治权利

对于一个新建国家来说，写一本语法书，编一部词典，无不宣示出某种政治意图。① 理论上说，语言可以被概念化为获得市场准入、信息、公共产品和租金的媒介。许多社会利用语言作为政治工具，设置进入壁垒或拒绝某些群体进入市场交易和获得经济资源。② 一个人只有能以他能理解的语言收到政府官员或公共设施传递的信息，他才能更好地运用他的权利。③ 这也是为什么在高度多样化的社会中说同一种语言的人通常会作为一个种族群体在政治权利和经济机会的竞争中联合起来。因此，少数民族使用语言作为权力工具的能力不仅对经济，而且对整个社会都有深远的影响。

4. 语言民族主义④

语言是最重要的民族属性之一，但不是唯一的属性，也非确定民族认同的必要条件。以语言定义民族、以民族组成国家是起源于近代德国的语言民族主义理论的核心内容，在历史上起过正面作用，也起过负面影响。这种语言民族主义思想起源于特定的历史环境，它以语言为手段，凝聚和强化本民族的民族意识，增强民族成员之间的认同感。语言的民族属性指示功能和民族认同功能在近代德国和法国表现得尤为突出。⑤

5. 殖民主义对后殖民国家的负面影响

殖民者为了一定的政治、经济和文化目的，以推崇民族身份认同（ethnic identity）的方式来挑拨殖民地民族间的关系并激化社会内部的分裂。在两极化严重的社会中，族群对公共资源、国家机构特别是语言政策控制权的争夺往往伴随着激烈的暴力冲突。这种具有殖民根源的民族

---

① Tony Crowley, *Standard English and the Politics of Language*, Basingstoke: Palgrave Macmillan, 2003, p. 56.

② Amy H. Liu, *Standardizing Diversity: The Political Economy of Language Regimes*, Philadelphia: University of Pennsylvania Press, 2014; David D. Laitin, Rajesh Ramachandran, "Language Policy and Human Development", *American Political Science Review*, Vol. 110, No. 3, August 2016, pp. 457 – 480.

③ Alan Patten, "Political Theory and Language Policy", *Political Theory*, Vol. 29, No. 5, October 2001, pp. 691 –715.

④ 值得注意的是，十几年来民族主义甚至民粹主义的回潮使得语言民族主义也有回归。

⑤ 陈平:《语言民族主义：欧洲与中国》,《外语教学与研究》2008 年第 1 期。

分裂会带来长期的影响，导致独立后的殖民地民族间的持续斗争以及经济发展的长期停滞。比如，有研究就揭示了殖民经历能够加强斯里兰卡民族语言的两极化，而这恰恰增加了殖民地独立后的民族冲突。① 鉴于此，后殖民国家在国家治理时需要避免此负面影响，并采取有效措施化被动为主动，将不利因素转化为助力因素。

（二）经济发展背后的"语言之手"

语言与经济的互动已经形成一个专门的分支学科，即"语言经济学"。语言对经济的影响体现在宏观到微观的各个方面。比如宏观方面，有学者对19世纪欧洲的工业革命以及20世纪的军事革命这一老话题从一个较为独特的视角进行解析，认为在18世纪之前的几个世纪中，比起同时代的印度、土耳其、中国等国家，英国、法国、意大利以及后续的美国等主要创新型国家的社会主要语言的标准化程度要更高，并将此称为"语言纽结"（language nexus）。② 与此类似的是著名的"费舍曼—普尔假说"③，即认为语言多样性与经济发展之间有种逆相关，语言统一与经济发展则是正相关。微观方面，有学者利用来自印度和11个非洲国家的一组个人大数据，从微观层面进一步考察个人接触官方语言程度和个人母语与官方语言的语言距离这两个变量与教育、健康、职业和财富等变量之间的关系，即接触程度越深，距离越小，后面的变量越是正向分布。④

一个普遍的共识是，统一的语言文字有利于降低学习的成本，激励人力资本提升，推动经济增长。比如，在1000—1300年间，标准化的拉丁文给西欧带来了经济决策分散化和人力资本边际收益上升的效果。阿尔古因（Alcuin）的发明使查理曼帝国经济增长持续到16世纪早期。在

---

① Paul Castaneda Dower, Victor Ginsburgh and Shlomo Weber, "Colonial Legacy, Polarization and Linguistic Disenfranchisement: The Case of the Sri Lankan War", *Journal of Development Economics*, Vol. 127, July 2017, pp. 440–448.

② Leonard Dudley, *The Singularity of Western Innovation: The Language Nexus*, New York: Palgrave MacMillan, 2017.

③ 王春辉：《费舍曼—普尔假说——语言越统一，经济越发展?》，载王春辉《语言与社会的界面：宏观与微观》，中国社会科学出版社2017年版，第277—281页。

④ David D. Laitin, Rajesh Ramachandran, "Language Policy and Human Development", *American Political Science Review*, Vol. 110, No. 3, August 2016, pp. 457–480.

16 世纪早期，欧洲经济发展又受到两种信息技术进步——活字印刷术和方言标准化——的交叉影响。① 新中国成立以后，1956 年《关于推广普通话的指示》印发之后，在国家政策引导和扶持、社会经济发展客观需求、人民群众自愿学习、大规模下乡串联等形成的人口流动、广播通信技术长足发展等因素的共同作用下，普通话的覆盖范围大幅拓展，普及率得到大幅提升，特别是为改革开放之后区域经济的协调发展、生产力的更大释放以及中国社会经济的整体进步搭建了坚实的沟通桥梁，提供了雄厚的人力资本基础。②

王春辉将语言对市场和经济发展的影响称为经济背后的"语言之手"，并在不同的场域发挥着作用。③ 除了上面提到的一点，其他还包括：语言距离在经济发展、国际贸易、国际劳动力流动等方面发挥着重要作用；世界主要语言与经济体规模呈现规则性对应；作为一种制度形式，语言异质性会成为技术扩散、劳动力流动等的阻力；作为一个常规研究领域，语言能力对于家庭、个人社会经济地位的提升影响明显。此外，在后殖民国家、全球金融市场的发展中，也都展示出了"语言之手"的作用。

（三）语言的社会诸方面效应④

语言对社会发展诸方面都发挥着功用，这一点可以从语言学的各分支学科中管窥一二。比如，军事语言学以军语为研究对象，服务于国防语言能力建设和国防事务提升。法律语言学涉及语言与法律的方方面面以及法律背景下的语言学研究，以此助力国家的法制化建设和实践。全国人大常委会法工委就专门设立了"立法用语规范化专家咨询委员会"来助力法律文件用语规范化工作，在司法实践中也经常有语言学家的身

---

① U. Blum & L. Dudley, "Standardised Latin and Medieval Economic Growth", *European Review of Economic History*, Vol. 7, No. 2, August 2003, pp. 213 – 238.

② 王春辉：《中华人民共和国语言扶贫七十年》，《云南师范大学学报》（哲学社会科学版）2019 年第 4 期。

③ 王春辉：《经济背后的"语言之手"》，"第四届国家语言战略高峰论坛"论文，南京大学，2019 年 11 月 19 日。

④ 限于篇幅，此部分不再列举具体参考文献。

影。心理语言学是研究语言活动中心理过程的学科，它对于语言心理抚慰、社会心理揭示、助力社会政策制定和实施有显著作用。社会语言学从不同社会科学的角度去研究语言的社会本质和差异，在社会阶层、职业、语言政策与规划、教育等方面都有所贡献。计算语言学通过建立形式化的数学模型来分析、处理自然语言，并在计算机上用程序实现分析和处理的过程，从而达到以机器来模拟人的部分乃至全部语言能力的目的，当前的人工智能跃进、智慧城市建设等都与此密切相关。话语语言学探索言语内部构成的规律，基于话语理论、话语修辞等为中国特色话语体系的建构及国际话语权的提升贡献力量。文化语言学用语言来研究一个民族文化的过去和将来，而文化无疑是一个民族和国家延续与发展的根本。

在其他方面，从白话文运动助力社会转型、简化汉字助力社会扫盲、汉语拼音方案帮助教学和社会应用，到普通话推广方便全国交流、《中华人民共和国通用语言文字法》助力依法治国实践、中华经典诵读工程传承中华文化支撑文化自信，又到语言文字学习是教育的基础、语言教学为国家培育国内与跨文化交际人才，再到推普助力脱贫攻坚、语言应急体系在突发公共事件中贡献力量、国际移民管理中的语言因素、国家安全中的语言力量，语言在社会发展和治理的各个层面、各个角落都发挥着它的功能。

四　国家治理对语言的影响

国家治理对语言的影响是显而易见的。国家治理改变着现实和网络世界的社会与心理，这正是带来语言系统结构本身（语音、词汇、语义、语法、文字）变化的肇因，更是语言社会功能变化的根由。这方面的研究可谓汗牛充栋，这方面的现象不胜枚举，兹举几例。

（一）欧化的语言与学术

"自从公元1840年鸦片战争失败以后，许多知识分子都以为要救国，只有维新；要维新，只有学外国。这种政治思想反映在学术观点上，就是把西洋的学术搬到中国来。具体到语言学上，就是把西洋的语言学搬到中国来。直到新中国成立以前，除了极少数的马克思主义者以外，中国语言学始终是以学习西洋语言学为目的。这样，中国语言学就是从封建主义转移到资产阶级的，整个时期可以称为西学东渐的时期。"① 正如何九盈所说，欧化是中国现代学术的关键词。"欧化，导致古今学术大别。故中国古代语言学与中国现代语言学必须分别对待，各自独立成篇。"② 语言学研究如此，语言本身亦是如此，特别是汉语语法的欧化。

（二）白话取代文言

白话文运动是知识分子作为主体参与的当时国家治理的一部分，是同当时整个思维观念革新及国家现代化运动紧密联系的。其背后的历史逻辑是，当时社会结构的变动和重组释放的国家治理的新生社会力量对媒介在沟通、表达功能方面的需求，以及在建构民族国家过程中需要塑造均质化的国民。面对这些需求的传统汉语和汉字无法在时代巨变中短期内自我调适，无法满足当时的现实需要和心理预期。③

（三）简化的汉字

中华人民共和国成立时，全国5.4亿人口中文盲总数高达80%以上；在广大农村地区，文盲比例更是超过95%。识字率不高、文化落后的现实，对于当时新中国的国家治理显然是一个不利因素。为了改变农村落后面貌，加快国家建设和发展，党中央和国务院领导了一场扫盲运动，扫盲中最重要的就是解决识字问题。从1949年10月中国文字改革协会成立，到1956年1月国务院全体会议第23次会议通过《关于〈汉字简化方案〉的决议》，现代使用的简化汉字是响应国家治理的需要而诞生的。

（四）移民改变语言地图

不管是国际移民还是国内移民，他们必然带来语言的接触或融合，

---

① 王力：《中国语言学史》，复旦大学出版社1981年版，第142页。
② 何九盈：《中国现代语言学史》，商务印书馆2008年版，第761页。
③ 黄华：《语言革命的社会指向：对中国近代史的一种传播学考察》，广西师范大学出版社2016年版。

并最终变更着语言地图。或由于戍边之需，或由于开垦，或由于人口填充，或由于工程搬迁，或由于促动人口流动发展经济，或由于城镇化提升，古今中外都有为了国家治理出台各种鼓励甚或强迫移民的政策与措施。这些移民的结果之一就是对于语言地图的改变：或者是在当地语言之外形成了"方言岛"，或者是与当地语言逐渐接触、融合产生了新的语言变异和变体。

五　结语

2013 年 11 月，党的十八届三中全会提出"推进国家治理体系和治理能力现代化"的改革目标，把国家治理提升到国家发展战略的高度。2017 年 10 月，中共十九大将"推进国家治理体系和治理能力现代化"写入党章。2019 年 10 月，中共十九届四中全会通过了《中共中央关于坚持和完善中国特色社会主义制度、推进国家治理体系和治理能力现代化若干重大问题的决定》。这是在深刻总结新中国 70 年制度发展和治理成效的基础上，中国执政党从中国共产党和国家民族事业发展的全局与长远出发，进一步明确中国国家制度和治理体系演进方向与科学规律的纲领性文件，它必将为新时代开辟"中国之治"新境界提供根本遵循和坚强保障。

历史长河奔腾不息，有风平浪静，也有波涛汹涌。当今世界正经历百年未有之大变局，我国正处于实现中华民族伟大复兴关键时期。中国今天的国家治理体系，是在历史传承、文化传统、经济社会发展的基础上长期累积、渐进改善、内生演化的结果。新时代中国之治的关键在于中国历史、中国国情、中国人民、中国实践，以及基于此而生发的中国道路、中国制度、中国理论、中国文化。中国的语言治理和语言助力国家治理也应然如此。

语言是一个兼具工具性和象征性二元张力的复杂动态系统，未来针对这一系统的理论和实践应该从供给和需求两端为语言与国家治理涵盖的诸命题提供其所需的各种、各类、各层次、各视角的答案。加强语言与国家治理三个子系统的研究，无疑将有助于国家治理体系和治理能力的现代化提升，对于语言治理和语言发展本身也大有裨益。

关于语言文字治理现代化的
若干思考[*]

一　引言

2020 年 10 月，新中国成立以来第四次、新时代第一次全国语言文字会议召开。这次会议与第三次会议时隔 23 年，其重要性可见一斑。会议的一个重要议题是，要"推进语言文字治理体系和治理能力现代化"。无疑，这将是未来一段时期中国语言文字事业的一个核心议题。

现代化是一种世界潮流，是 18 世纪工业革命以来人类文明所发生的一种深刻变化。现代化是一个包罗宏富、多维度、多层次、多领域、多阶段的历史现象。^① 它有几个核心特征：（1）是历史的、发展的概念，不同的时代有不同的现代化目标；（2）是基于各国国情和历史传统的实践探索，从来没有所谓普世的模式，不同国家和地区可以选择不同的现代化道路；（3）是放眼世界、人类视角的实践进程，闭关锁国、闭门造车只能离现代化越来越远；（4）是全社会范围、全域覆盖、全民共享的社会状态，涉及各个维度，关系每个个体；（5）是现代性诸要素相互组合、配合协同的过程，这些要素至少包括资源、资本、教育、科技、文化、信息、知识、制度、法律、数据等。虽然 20 世纪初"现代化"这一概念

　＊ 本文系教育部中外语言交流合作中心重大委托项目"国际中文教育中长期发展规划研究"和国家语委重点委托项目"分领域的应急语言服务需求研究"的阶段性研究成果。发表于《语言战略研究》2020 年第 6 期"新时代语言文字事业"专题。

　① 比如钱乘旦［《世界现代化历程（总论卷）》，江苏人民出版社 2015 年版］就至少列出了 6 个学科视域的现代化认知。

才在中文文献出现，但是从洋务运动的现代化萌芽到辛亥革命开始现代化征程，再到新中国成立后的全方位提升，一百多年来中国对于现代化的认知和抉择经历了漫长的过程。

国家治理现代化是中国现代化实践的新探索和新发展。20 世纪 50 年代，中国提出"工业化和农业近代化""机械化"；1964 年全国人大三届一次会议《政府工作报告》中明确提出，要"全面实现农业、工业、国防和科学技术的现代化"的"四个现代化"；1978 年党的十一届三中全会提出"社会主义现代化建设"，开始认识到"四个现代化"并不是社会主义现代化建设的全部内容，它还应包括经济现代化、政治现代化、法制现代化、社会现代化、教育现代化、人的现代化等诸多方面，涉及了民主化、制度化、法律化等取向；1987 年党的十三大报告提出"把我国建设成为富强、民主、文明的社会主义现代化国家"的新命题；2007 年党的十七大报告将"信息化、城镇化、市场化、国际化"列入现代化的框架；2013 年党的十八届三中全会阐明要"推进国家治理体系和治理能力现代化"，成为中国现代化发展新的里程碑。

语言文字治理现代化是国家治理现代化的有机组成部分。尽管从 20 世纪 80、90 年代学者们就开始探讨网络和现实中的语言文字治理问题，语言治理作为一个术语已经出现，但是真正自觉地从国家治理与全球治理的视角来思考语言文字治理及其现代化，则是近几年才出现的，准确地说，是在 2013 年党的十八届三中全会提出"推进国家治理体系和治理能力现代化"之后开始的。① 换句话说，语言文字治理及其现代化其实是一个新术语，一个新体系，一种新范式。

本文是在召开全国语言文字会议的背景下，进一步思考语言文字治理现代化的历史定位、科学内涵及相关维度等问题。

二 语言文字治理现代化的历史定位

作为国家治理现代化的有机组成部分，语言文字治理现代化服务于国

---

① 王春辉：《论语言与国家治理》，《云南师范大学学报》（哲学社会科学版）2020 年第 3 期。

家发展、民族振兴、社会和谐和人民福祉，它是未来一段时期中国语言文字事业的一项核心工作，是中国语言文字事业在新历史阶段的新发展。

从秦始皇统一文字到汉武帝独尊儒术，从北魏孝文帝"断北语，从正音"到隋文帝科举选拔，从宋代《广韵》、明代《洪武正韵》到清代的"以官音统一天下之语言"、民国时代的"国语运动""白话文运动"，再到新中国的推广普通话、简化汉字、制订并推行汉语拼音方案、语言文字信息化、语言文字法律法规体系化、网络空间语言治理等①，中华文明五千年的历史长河中，语言文字治理波澜壮阔，传承延绵②。

这其中既有语言文字本身的现代化追寻，更有语言文字事业的现代化探索。新中国成立以来的语言文字事业现代化探索取得了非凡成就。比如，初步建构起符合中国国情和发展道路的语言政策与规划体系；语言文字工作"三大任务"成绩卓著；语言文字规范化、标准化、法治化、信息化"四大建设"进步巨大；语言资源理念深入人心，为国际社会贡献中国智慧；语言文化传承发展和国际交流成果丰硕；等等。③

语言文字治理现代化就是中国语言文字事业在新时代和新环境下的新任务、新目标、新形态和新使命，是有中国特色的新实践和新理论，是未来一段时期国家语言文字事业发展的思想主轴。

三 语言文字治理现代化的两种内涵

语言文字治理现代化可以从两大视角来阐释其内涵：体系的和能力的、本体的和应用的。

（一）体系的和能力的④

语言文字治理现代化包含语言文字治理体系和治理能力的现代化这

---

① 关于新中国成立以来的语言文字治理情况可参见张日培的《新中国语言文字事业的历程与成就》（《语言战略研究》2020 年第 6 期）一文。

② 王春辉：《论语言与国家治理》，《云南师范大学学报》（哲学社会科学版）2020 年第 3 期。

③ 王春辉：《语言治理助力国家治理》，《光明日报》2020 年 8 月 22 日第 12 版。

④ 更为详细的阐释可参见言实、周祥的《新时代语言文字事业的新使命》（《语言战略研究》2020 年第 6 期）一文。

一体两面、互为促进的两个方面。

语言治理体系是在执政党领导下治理国家语言及语言生活的制度体系，包括经济、政治、文化、社会、生态文明和制度等各领域体制机制建设、法律法规制定，也就是一整套紧密相连、相互协调的国家语言制度。语言治理体系是一个以目标体系为追求、以制度体系为支撑、以价值体系为基础的结构性功能系统。① 语言治理能力就是运用国家语言制度治理语言及语言生活各方面事务的能力。语言治理七大主体的治理能力构成语言治理能力的整体。

语言文字治理现代化首先是体系和能力的现代化。当然，这两方面目前还面临一些亟待解决的难题。比如，治理体系尚不完善，主要表现为一些制度和体制机制尚不成熟、尚未定型；治理能力亟待提升，主要表现为法治思维薄弱，服务意识、创新意识和处置能力不足；等等。

（二）本体的和应用的

语言文字治理"是指政府、社会组织、企事业单位、社区以及个人等多种主体通过平等的合作、对话、协商、沟通等方式，依法对语言事务、语言组织和语言生活进行引导和规范，最终实现公共事务有效处理、公共利益最大化的过程"，它包括语言文字本体治理和应用治理两个层面。② 语言文字治理现代化也就必然涉及语言文字本体治理的现代化和应用治理的现代化。

语言文字本体治理的现代化即针对语言文字各子系统进行治理的现代化，包括语音、词汇、语义、语法、文字等。近130年以来的中国语言文字现代化事业的几个主要内容就聚焦于此，如"语言的共同化、文字的简便化、表音的字母化"③"语言文字信息处理计算机化"④ 等。

语言文字应用治理的现代化是针对语言文字在使用和应用中的各类

---

① 王春辉：《论语言与国家治理》，《云南师范大学学报》（哲学社会科学版）2020 年第 3 期。

② 王春辉：《论语言与国家治理》，《云南师范大学学报》（哲学社会科学版）2020 年第 3 期。

③ 苏培成：《中国语文现代化百年历程》，《北华大学学报》（社会科学版）2005 年第 6 期。

④ 李宇明：《语文现代化与语文教育》，《语言文字应用》2002 年第 1 期。

现象和问题进行治理的现代化，涉及语言文字的地位问题、领域语言问题、语言的声望问题、语言与社会的界面问题、语言的传播与国际化、语言技术、语言文字的法制化和信息化等。

四　语言文字治理现代化的相关维度

语言文字治理现代化体现在多个维度：领导力的、发展格局的、理念的、制度的、科技的、智库的、队伍与学科的等。当代世界正在经历"百年未有之大变局"，新冠肺炎疫情暴发更把人类历史推入一个深度不确定性的阶段。① 面对国际国内环境的深刻变化，语言文字治理现代化在上述维度中也需要跟上时代发展、回应国家需求，"着力解决国家通用语言文字推广普及中存在的发展不平衡、不充分等问题"②，协调好结构性治理（注重解决结构性、体制性问题）和问题性治理（注重回应解决人民群众"最关心、最直接、最现实"的问题）的关系，更好地助力国家发展、民族复兴。下面结合新中国成立以来中国语言文字治理现代化的重点工作及其在新时代新环境下的新使命逐一阐释。

（一）领导力的现代化

在党的领导下，是中国国家治理体系最重要的特征，也是中国语言文字治理体系的最根本保证。中国共产党是一个典型的学习型政党和创新型政党，不断学习又善于学习，不断创新又善于创新，从而能不断提高其语言文字治理能力。新中国成立以来语言文字治理取得的进步和成绩主要依赖中国共产党的领导，也正是由于党的领导才大大地加速了中国语言文字治理体系和治理能力的现代化进程。中国的语言文字治理现代化，必须坚持党的领导，坚持中国特色社会主义道路，立足中国国情、中国实际，进行既符合客观规律又契合中国特色的理论和实践探索。

---

① 王绍光：《深度不确定性：新冠疫情与世界变局》，"新冠疫情与世界大变局"专题线上研讨会发言，清华大学，2020 年 5 月 8 日。
② 田学军：《谱写国家通用语言文字推广普及新篇章》，《光明日报》2019 年 9 月 17 日第12 版。

（二）发展格局的现代化

中国正在推进形成以国内大循环为主体、国内国际双循环相互促进的新发展格局，这是中央基于国内发展形势、把握国际发展大势做出的重大科学判断和重要战略选择。中国的语言治理体系和治理能力现代化也必须应因调整，加快形成以国内语言文字治理为主体、国内国际语言文字治理双循环相互促进的新发展格局。与中国经济等领域的双循环新发展格局主要是国际端的收缩不同，中国语言治理的双循环新发展格局则更须关注国际端的延展，即一方面关注国际语言文字治理对于中国语言文字治理的借鉴意义，另一方面则需要注意国际局势和利益相关方对中国语言文字现象和治理的影响。

在第一个方面，近十几年来发展较快，比如：2011 年和 2012 年分别开创的"语言规划经典译丛"和"语言资源与语言规划丛书"，以译介国外语言规划领域的经典著作为主旨，不断壮大规模，已成为国人了解国际语言规划研究的必备书系；2015 年和 2017 年连续推出《世界语言战略资讯》和《世界语言生活状况报告》；2014 年开始"国家语委语言文字国际高端专家来华交流项目"，目前正在推进进一步提升语言文字工作国际化水平的新举措。对于第二个方面，近几年也有所重视，比如对跨境语言及中国周边国家语言状况的考察，但是重视程度还不够，对现象本身、其对中国的影响及中国因应之策的系统性研究还很缺乏。比如，语言本体治理领域的中亚国家文字拉丁化改革、蒙古文字新政策；语言应用领域的英语独大及其对人类文明的影响、加泰罗尼亚独立事件中的语言因素、语言意识形态的影响提升、英国语言政策对于后殖民时代的影响等。

双循环的建构不仅需要"能够将世界地图和中国史图一起端详的'双图人'"[①]，更需要围绕双循环的体制机制进行创新建构。

（三）理念的现代化

理念的现代化既涉及对于语言文字本身的认知，也关涉语言文字工作观念的变迁。对于语言文字本身的认知，是从语言问题取向到语言资

---

① 李宇明：《本土意识，国际眼光》，《语言战略研究》2016 年第 2 期。

源取向的转变①；语言文字工作观念的演变，则是从语言管理（language management）、语言规划（language planning）向语言治理（language governance）的提升。语言文字治理观在路径上是双向的②，在主体上从执政党、政府相关部门、司法机关扩展到社群团体、企业、媒体、个体公民③，在视角上从西方转向中国，是基于中国国情、中国现实而提出的一种新范式。在某种程度上说，语言治理观、语言文字治理现代化是语言生活派④经过近 20 年发展之后的一个新提升，是一个新系统和新范式，是中国学者在立足中国国情、把握客观规律的基础上，自觉探索适合东方传统、本国国情的理论体系的最新尝试。⑤ 这一观念是历时累积形成的，"推进国家治理体系和治理能力现代化"这一历史命题的提出则为中国语言文字治理观的最终出炉提供了契机。

（四）制度的现代化

制度的现代化体现在几个方面：法治、德治和体制机制。

法律是准绳，任何时候都必须遵循。法治是国家治理体系和治理能力现代化的必由之路⑥，也是中国语言文字治理的必由之路。中国语言文

---

① R. Ruiz, "Orientations in Language Planning", *NABE Journal*, Vol. 8, No. 2, May 1984, pp. 15 – 34；王辉：《语言规划的资源观》，《北华大学学报》（社会科学版）2007 年第 4 期；李宇明：《语言资源观及中国语言普查》，《郑州大学学报》（哲学社会科学版）2008 年第 1 期。

② 李宇明：《语言治理的治理路向》，《云南师范大学学报》（哲学社会科学版）2020 年第 3 期。

③ 王春辉：《论语言与国家治理》，《云南师范大学学报》（哲学社会科学版）2020 年第 3 期。

④ 郭熙、祝晓宏：《语言生活研究十年》，《语言战略研究》2016 年第 3 期。

⑤ 国际上语言政策与规划作为语言学的分支学科形成于 20 世纪 60 年代，中间经过几大阶段的发展，到目前为止已经形成几个大的流派。比如以 Jiří V. Neustupný、Björn H. Jernudd、Jiri Nekvapil 等学者为代表的"语言管理理论"（language management theory）以及名称相同但是内容不同的以 Bernard Spolsky 为代表的"语言管理"学派（language management）、以 Thomas Ricento、James Tollefson、Stephen May 为代表的"语言政治"学派（linguistic politics）、以 Nancy Hornberger、Teresa McCarty 等为代表的"语言民族志"学派（linguistic ethnography）。这些流派或者以理念、或者以研究视角、或者以研究方法为特征，建构起自身的理论和范式体系。中国的语言生活派和语言治理理念正在建构起与这些学派并驾齐驱的理论和范式体系。

⑥ 马怀德：《法治是国家治理体系和治理能力现代化的必由之路》，《人民日报》2019 年 12 月 3 日第 11 版。

字治理的法治现代化，既要改革不适应实践发展要求的体制机制、法律法规，又要修订或构建新的体制机制、法律法规，使各方面制度更加科学、更加完善，实现各项语言事务治理制度化、规范化、程序化。未来的依法治语，需要完善语言文字立法体制机制，健全法治保障制度，加强对法律实施的监督，切实增强领导干部和人民群众的法治意识。从语言文字规范结构、依法治语实施机制、语言文字服务能力与社会应用能力出发，促进语言文字治理格局与语言文字生活的协调发展。

道德是基石，任何时候都不可忽视。德治与法治是辩证统一的治理过程，欲致国治，必先治德，这是国家治理进程的基本规律和重要维度。① 随着几十年市场经济的发展，当前出现了社会道德和伦理水平有所下降的趋势，特别是虚拟空间的语言不文明现象愈演愈烈，有些已经进入现实生活的范围，对人们尤其是一些青少年的身心健康和价值观念带来负面影响。② 语言文明治理、语言伦理建设已经到了刻不容缓的地步。语言文明治理路径主要涉及提倡礼貌用语的使用和引导、做好日常生活语言文明建设、加强领域和职业语言文明建设等方面。③ 语言伦理主要关涉语言词汇、语法系统的社会伦理反映和言语使用的社会道德问题④，需要社会、媒体、法律、个人等不同主体的共同努力。语言文明和语言伦理道德是一些隐性的现象，往往不易为人所察觉，形成周期长、治理周期长、易反复、难规治是其主要特征。未来一段时期的中国语言文字治理现代化尤其要在此方面多下功夫。

推进国家治理体系与治理能力现代化是一项复杂的系统工程，改革与创新组织保障和体制机制是重要的途径与方法。未来的中国语言文字治理，须加快建构政府主导、语委统筹、部门支持、社会参与的管理体

---

① 龙静云：《道德治理：国家治理的重要维度》，《华中师范大学学报》（人文社会科学版）2015 年第 3 期；杨伟清：《德教、德政与道德法律化——论德治的三种解释》，《云南大学学报》（社会科学版）2019 年第 2 期。

② 比如"暗黑文化""祖安文化""饭圈文化"等网络亚文化。

③ 比如服务厅办税员（夏才源：《注重语言文明 提升服务厅办税员服务效能》，《盘锦日报》2011 年 5 月 5 日第 7 版）、媒体编辑（田霖：《文明语言的回归与社会进步——关于流行语的分析与媒体编辑应负的责任》，《中国编辑》2007 年第 6 期）、监督执法、司法审判、广告语言、文学语言等。

④ 陈汝东：《语言伦理学》，北京大学出版社 2001 年版。

制，分工协作、齐抓共管、协调有效的工作机制，夯实法治基础，加强队伍建设，建立更为现代化且高效的信息处理机制、跨部门的协作机制、跨层级的衔接机制、多主体的协同机制。尤其要加强一些短板领域的体制机制建设，如语言文字法治机制①、国家应急语言体制机制②、语言文字智库机制、国际中文教育事业体制机制③、适老语言服务与产品供给体制④等。

（五）科技的现代化

科技的现代化，一方面是语言科技的现代化，另一方面是科技助力语言文字治理的现代化。

近几年的中国语言资源保护工程、中国语言有声资源库建设等重大工程，如果没有语言科技的迅猛发展，将是不可想象的。⑤ 语言媒介物由声波到光波再到电波的历史发展，对语言生活和社会发展产生了巨大影响。⑥

在以人工智能、虚拟现实、量子通信、区块链等为代表的第四次科技革命背景下，以数字化和智能化为基础的语言文字治理体现了科技现代化的力量。这波提升往往被称为"智治"。在某种程度上说，智治现代化是语言治理现代化的驱动器，其他方面的现代化都需要此项现代化的助力。语言文字智治现代化涉及相互关联的两个层面：一是提升针对语言数据的治理体系和治理能力现代化，二是利用数字化和智能化的便利条件来提升语言治理的现代化水平。数据是数字经济的"新能源"，加快

---

① 比如 2020 年全国两会期间，多位全国人大代表和政协委员就针对修订《国家通用语言文字法》提出建议：明确执法主体和相关部门职责；进一步细化奖励和惩罚措施；推进网络语言的规范与监管；满足人民群众学习使用语言文字的多样化需求等。

② 在"战疫语言服务团"实践的基础上，此项工作正在有序进行，如国家语委正在牵头组建"中国应急语言服务团"。

③ 中国国际中文教育基金会和中国教育部中外语言交流合作中心相继成立，就是最新进展。

④ 参见黄立鹤、张弛的《构建中国特色适老语言服务与产品供给体系》（《中国社会科学报》2020 年 3 月 30 日第 4 版）一文。

⑤ 李宇明：《论中国语言资源有声数据库的建设》，《中国语文》2010 年第 4 期；李宇明：《中国语言资源的理念与实践》，《语言战略研究》2019 年第 3 期。

⑥ 李宇明：《语言技术对语言生活及社会发展的影响》，《中国社会科学》2017 年第 2 期。

数字化、智能化升级是推进国家治理体系和治理能力现代化的迫切需要。语言数据是信息时代的生产要素。随着语言智能的发展，语言数据的生产要素属性定会越来越清晰。① 语言文字的智治现代化须提升对语言作为数据以及语言在智能时代作用的认知，更多地从数据、智能的视角加强语言文字治理。比如，语言与区块链技术结合所形成的跨语种语能可能会成为区块链时代的基础能力，通过给人们工作生活中的各种场景赋能，打破语言屏障，构建一个没有语言障碍的新世界。② 智治现代化更为重要的一层则是智能辅助治理。比如，地处海南自贸区核心区域的三亚市于2020年7月发布了《三亚语言无障碍国际化城市建设工作方案》，计划借助大数据、智能化的力量实施标识牌体系、服务网点、多语种翻译服务、多语种信息化体系建设，推动建设语言无障碍城市。③ 再如，在运用通信技术和信息技术进行智慧城市群建设的过程中，特别是在5G时代，需要充分运用语言信息化手段，发展和运用语言智能，利用语言智能来集成信息、发布信息、共享信息、保证信息安全等。④

（六）智库的现代化

中国特色新型智库是国家治理体系和国家软实力的重要组成部分，也是联系高校、研究机构与政府决策部门的重要纽带和桥梁，深刻影响着公共政策的形成与制定，承担着提升国家治理能力现代化的重要使命。近几年，语言文字领域的智库建设方兴未艾。⑤ 面对越来越复杂的国际国内环境，未来的语言文字治理需要更多借助各类智库和不同领域专家的力量，培育高质量智库，探索分领域智库，为治理事业提供更强劲的学术和科学支撑。

未来的语言文字治理智库现代化建设至少需要在以下方面着力：复

---

① 李宇明：《语言数据是信息时代的生产要素》，《光明日报》2020年7月4日第12版。

② 彭志红：《当语言遇到区块链》，商务印书馆2019年版。

③ 央广网（http://news.cnr.cn/native/city/20190714/t20190714_524690909.shtml）。

④ 李宇明、王海兰：《粤港澳大湾区的四大基本语言建设》，《语言战略研究》2020年第1期。

⑤ 赵世举：《关于国家语言智库体系建设的构想》，《语言科学》2014年第1期；张日培：《面向语言文字智库建设的语言政策研究》，《语言政策与语言教育》2015年第2期。

杂系统思维与趋势研判能力；跨学科知识建构与交叉学科人才培养；问题精准化聚焦与策略全域化分析；数据支撑和理论高度；放眼世界与立足国情。以此为基础，逐渐达到优良智库的标准，即有立场、有理论、有数据、有阵地、有文化、有一流专家团队、强组织智商、强资源动员能力、高水平研究成果、独特研究风格、广泛人脉网络、有效社会影响。①

（七）队伍与学科的现代化

人是一切事业的基础（人才为本）和目标（为了人民）。语言文字治理现代化需要治理主体和研究队伍的现代化，如把握新时代特征、看清历史走势、完善知识结构、提高专业和职业素养、建好行政管理与学术研究的旋转门等。人才队伍建设是一个长周期事业，需要相关部门站在新时代的战略高度统筹谋划、系统布局，在体制机制、系统培养等方面跟上时代步伐。

语言文字治理现代化的实践与理论需要相关学科的支撑，如语言学本体、社会语言学、语言政策与规划、人类语言学、教育学、政治经济学、公共政策等。尤其是在交叉学科将成为我国第 14 个学科门类以及新文科建设的大背景下，语言文字治理现代化更需要新学科、新方向的支持和促动，如数字语言学（digital linguistics）、历史社会语言学（historical sociolinguistics）、语言伦理学（linguistic ethics）、语言与健康（language and health）、人口语言学（demographic linguistics）、老年语言学（geronto-linguistics）、应急语言学（emergency linguistics）等。

五　余论

中国语言文字治理是处于一定世界历史时空坐标系上的语言文字治理。中国现阶段的社会主要矛盾及其在当代世界历史中所处的位置，构成这一世界历史时空坐标系。

2013 年 11 月，十八届中央委员会第三次全体会议通过《全面深化改

---

① 王春法：《关于好智库的 12 条标准》，《智库理论与实践》2017 年第 1 期。

革若干重大问题的决定》，明确指出"全面深化改革的总目标是完善和发展中国特色社会主义制度，推进国家治理体系和治理能力现代化"。2015年1月，国家语委全体委员会议在京召开。会议分析了当前社会语言生活中的新情况、新变化，以及语言文字领域还存在的主要问题，强调要从推进国家治理现代化的战略高度，从落实依法治国要求的高度，推进语言文字治理体系和治理能力现代化。2020年10月，第四次全国语言文字会议召开，将推进语言文字治理体系和治理能力现代化作为未来一段时期的重心工作之一，语言文字治理现代化被提升到新的高度。

中国语言文字治理观是中国向世界分享的又一实践探索和理论贡献；过往的中国语言文字治理现代化取得了巨大成就，未来的中国语言文字治理现代化亟须在大语言文字观基础上进行全方位提升。除了第四部分几个方面的提升以外，未来的中国语言文字治理现代化还须夯实语言文字基础理论，提升语言文字服务能力；瞄准国家战略和国家安全，重点领域重点突破；处理好几组语言关系，着力解决主要问题；关注语言生活新现象，加大语言文明治理力度。[1]

语言文字治理现代化没有"放之四海而皆准"的标准范式，每个国家应根据自身国情、立足本土进行实践探索和理论提炼。中国的语言文字治理体系是植根中国大地、具有深厚中华文化根基的体系，中国的语言文字治理现代化亦是如此。从2021年开始，我国将进入"十四五"时期，这是在全面建成小康社会基础上开启全面建设社会主义现代化国家新征程的第一个五年，意义十分重大。语言文字治理现代化也必将迈上一个新的台阶。

---

① 王春辉：《语言治理助力国家治理》，《光明日报》2020年8月22日第12版。

"十四五"规划背景下的中国语言治理

一 引言

2020年10月29日,中国共产党第十九届中央委员会第五次全体会议审议通过了《中共中央关于制定国民经济和社会发展第十四个五年规划和二〇三五年远景目标的建议》(以下简称《建议》)。中国从1953年开始制订第一个"五年计划"。从"十一五"起,"五年计划"改为"五年规划"。"五年规划是动员与配置全社会资源、推进经济社会发展的重要治理方式,是党和人民在长期实践探索中形成的科学制度安排,深刻体现了中国特色社会主义制度的显著优势和强大生命力。"[①]

"十四五"时期是我国全面建成小康社会、实现第一个百年奋斗目标之后,乘势而上开启全面建设社会主义现代化国家新征程、向第二个百年奋斗目标进军的第一个五年。《建议》的出台可以说为中国未来五年甚至更长时期的发展指明了方向、明确了任务,也为未来五年甚至更长时期的中国语言治理提供了背景、列述了指南。

本文即是在"十四五"规划的背景下,展望中国语言治理的潜在方向和重点领域。

二 "十四五"规划与中国语言治理

本节将聚焦《建议》12个部分的重点任务,即科技创新、产业发展、

---

① 宋雄伟:《五年规划彰显中国制度优势》,《人民日报》2020年9月18日第5版。

国内市场、深化改革、乡村振兴、区域发展、文化建设、绿色发展、对外开放、社会建设、安全发展、国防建设等，结合当下及未来一段时间国际国内局势的可能走向，分析中国语言之治的重点。

（一）重视语言数据、人工智能和数字化

党的十九届四中全会提出，要"健全劳动、资本、土地、知识、技术、管理、数据等生产要素由市场评价贡献、按贡献决定报酬的机制"。把数据与劳动、资本、土地、知识、技术、管理并列为第七大生产要素，可以通过市场按贡献取酬，这是重大的理论创新。"多数数据都是'语言数据'"，"语言数据是信息时代的生产要素，如同土地之于农民，机器之于工人，计算机通过对语言数据的加工学习可以获得知识与智能，从而去创造人类的新生活。随着语言智能的发展，语言数据的生产要素属性定会越来越清晰"。[1] 以人工智能、虚拟现实、量子通信、区块链等为代表的第四次科技革命正在深刻地改变着人类的生活方式，影响着国家在国际竞争中的实力和地位。当代人类同时生活在传统工业化社会和信息社会。但是，因为数字技术的迅速进步，从传统社会、工业社会、后工业社会向信息社会和数字社会转型成为可能。[2] 未来的中国语言治理，一方面要提升自身的新基建实力，从而为人工智能、智慧城市、数字化社会的建构发挥更大作用；另一方面，要充分利用数据化、人工智能、数字化等手段来提升语言治理的现代化水平。

（二）重视语言与消费的关系

国内循环为主、国内国际互促的双循环发展新格局决定了消费在未来一段时间的重要意义。语言与消费关系的研究，将继续成为中国语言治理需要面对的论题，如消费主义与青少年流行语、消费主义与思政课等课堂教学用语、消费文化与广播电视主持语言、消费文学的文本阐释、语言文化对于积极消费文化建构的重要作用等。仅举一例，"受消费主义

---

[1] 李宇明：《语言数据是信息时代的生产要素》，《光明日报》2020年7月4日第12版。

[2] 朱嘉明：《未来决定现在：区块链·数字货币·数字经济》，山西出版传媒集团、山西人民出版社2020年版，第16页。

文化的影响,当前广播节目主持人的语言出现了内容稀释空洞、语言细碎庸常、表达形式单一、过分追求简单娱乐等危机"①。

(三)重视农村语言治理,助力乡村振兴战略

特别是改革开放以来,城市是焦点,农村被打上了边缘、落后、拉后腿的标签。近些年,尤其是党的十八大以后,农村问题得到越来越多的重视,以脱贫攻坚战为代表的一批农村工程得以实施,农村面貌有了改善,乡村振兴战略开始擘画未来。但是也要看到学界对于农村语言问题、语言生活的关注还比较少,对于农村语言治理的理论和实践探索以及城乡结合语言治理还有很长的路要走。"必须有守护农村的良策,防止农村的'荒漠化'。……以往的方言调查和近来的'语保工程',对乡村语言保护起了一定作用,今后需将其与'乡村振兴战略'结合起来,全面对乡村语言进行规划,进行语言生态的调查保护,使之成为乡村文化的又一片'青山绿水'。"②

(四)重视区域语言治理

在国内层面,随着西部大开发、东北振兴、雄安新区、海南自贸港、粤港澳大湾区以及一系列经济自贸区的建立,区域语言协调、区域语言治理成为助力区域经济社会发展的重要方面。在国际层面,东盟10国和澳大利亚、中国、日本、韩国、新西兰等15国"区域全面经济伙伴关系协定"的签署③和2020年12月30日中欧投资协定谈判的如期完成④,成为中国国际区域化发展的两大抓手。面向这两大国际区域的未来发展,

---

① 张琦:《消费主义文化影响下广播节目主持人的语言危机》,《新闻界》2012年第1期。

② 李宇明:《语言治理的若干思考——序〈中国语言生活状况报告(2020)〉》,载国家语言文字工作委员会编《中国语言生活状况报告(2020)》,商务印书馆2020年版。

③ 2020年一季度,东盟超过欧盟成为中国第一大贸易伙伴;2020年11月15日,第四次区域全面经济伙伴关系协定领导人会议举行,东盟10国以及中国、日本、韩国、澳大利亚、新西兰15个国家正式签署区域全面经济伙伴关系协定(RCEP),标志着全球规模最大的自由贸易协定正式达成。相关报道可参见新华网(http://www.xinhuanet.com/world/2020-11/15/c_1126742550.htm)。

④ 相关报道可参见新华网(http://xinhuanet.com/politics/leaders/2020-12/30/c_112692 9248.htm)。

语言治理需要思考语言服务、中文传播等相关议题。

（五）重视语言文明治理

随着几十年市场经济的发展，当前出现社会道德和伦理水平有所下降的趋势，虚拟空间的语言不文明现象愈演愈烈，有些已经进入现实生活的范围，对人们尤其是一些青少年的身心健康和价值观念带来负面影响，语言文明治理刻不容缓。未来，要观测人机交流、机器写作、机器翻译发展新动向，研究机器语言表达的特点与问题，探讨其中的语言价值取向和语言规范问题；重视语言智能、语言信息技术引发和涉及的伦理问题，探究人机共生背景下人和机器的语言伦理规范。

（六）重视中华优秀语言文化传承传播和创新发展

这主要有两个面向：一是面向国人和全球华人华侨的语言文化传承，二是面向非华人华侨的外国人的国际中文教育。语言文字是文化传承的载体，是国家繁荣发展的根基，须更好地发挥语言文字在传承弘扬中华优秀传统文化中的载体作用、在铸牢中华民族共同体意识中的纽带作用，推动中华优秀语言文化资源的创造性转化和创新性发展。开展中文国际传播体系和传播能力创新研究，探索中国优秀语言文化国际发展的规律和新方略，有利于提升中文国际地位，加强中国语言文化话语体系及国际话语权和话语能力研究。

（七）重视语言全球治理，助力高水平对外开放

通过外语教育规划、语言服务规划等，为"一带一路"高质量发展和参与全球经济治理体系改革提供语言保障，铺好语言之路。谋划中国和中文在构建人类命运共同体中的重要意义，为语言全球治理提供中国方案和中国智慧。

（八）重视健康中国和老龄化中国的相关语言治理

加强国家应急语言服务团建设，加强应急语言服务诸论题的研究，深入探讨健康与语言的关系，为健康中国助力。面对老龄化的中国，老年语言学、老年社会的语言治理诸问题都值得进一步思考和提升。

（九）重视语言文字在社会治理和国家治理中的功能与作用

语言在社会治理和国际治理中的重要意义无须赘述①，但因为"推进国家治理体系和治理能力现代化"是一个新近的历史命题，所以国家治理现代化本身的阐释以及语言文字助力国家治理的分析还需要更广泛、更深入的研究。

（十）重视语言文字安全治理，助力更高水平平安中国的建设

在《建议》中，"安全"一词出现了66次，在越来越不确定的历史环境下，提升"安全"意识、研究、对策刻不容缓。一直以来，中国的语言觉悟不高、语言意识淡薄，对语言文字安全的意识、研究和对策还方兴未艾。在国家安全学一级学科即将设立的条件下，语言文字安全治理的相关研究应该提速。

（十一）重视港澳台语言文字问题

香港和澳门相继回归祖国，已近四分之一个世纪；两岸关系和平发展，祖国统一按部推进。因为语言文字意识的不到位，回归前后对于香港和澳门的语言文字问题并未给出很好的应对措施，导致后期工作中的一些被动，未来一段时间需要高度重视语言文字治理对于香港和澳门繁荣、稳定、发展的巨大意义。借鉴国际上有过的重新统一国家的历史经验，全面系统地规划两岸语言文字治理，在工具性、认同性、文化性等不同层次做好研究，提供对策，为祖国的统一提供支持。

（十二）重视语言文字治理体系和治理能力的现代化

推进语言文字治理体系和治理能力现代化必然是未来一段时期内的核心议题。除了领导力的、发展格局的、理念的、制度的、科技的、智库的、队伍与学科的等的现代化以外②，现代化的命题还需要纵向的历史纵深与横向的当下环境相结合，进行基础研究和对策分析的双向互动。

---

① 详见本编第一章的论述。
② 详见本编第二章的内容。

三　结语

有的国内学者将语言治理历时地追溯到欧美，但这一方面是对历史的简单化处理，另一方面又延续了欧美中心论的学术观。

正如王汎森所言，我们需要有两个自觉，即"自觉到近代学术发展中经历过一种无所不在的西方建构，自觉到从本土的经验与学术研究可能提出独特而有意义的理论建构。"① 第一个自觉，已成历史；第二个自觉，则是可以把握、亟待建构的。

在笔者看来，"语言治理观""语言治理的理论和实践"是脚踏中国大地、立足中国国情和实践、在语言生活派十多年积累发展的基础上，在"推进国家治理体系和治理能力现代化"历史命题提出的时代背景下，产生于中国的一种理论体系。在此理论范式的框架下，中国的语言扶贫研究、应急语言研究、国际中文教育等相关分支学科取得了世界领先的研究成果。关于这一点，我们需要有这个自觉，也应有这种自信。

期待未来的中国语言治理能在理论和实践两端取得更大的进步，勇登更高层。

---

① 　王汎森：《本土思想资源与西方理论》，《南方周末》2009 年 5 月 28 日。

第二编

语言治理的领域视角：语言扶贫

语言因素在脱贫攻坚中的作用[*]

一 引言

　　贫困，是人类面对的共同问题。扶贫、脱贫、减贫，是联合国《新千年发展目标》的主要工作之一。消除贫困，改善民生，也是执政党治国理政的重要使命。中国政府历来重视扶贫—脱贫工作，从 1986 年国务院贫困地区经济开发领导小组的成立到 1994 年的《国家八七扶贫攻坚计划》、2011 年的《中国农村扶贫开发纲要（2011—2020 年）》，再到 2016 年的《"十三五"脱贫攻坚规划》，30 多年间，中央扶贫政策几经调整：从救济式扶贫到开发式扶贫；从区域性扶贫到瞄准贫困县、整村推进再到扶贫入户，精准扶贫则成为当下的最新方向标。

　　几十年来，我国取得的扶贫—脱贫成就是巨大的，也为世界的消除贫困工作做出巨大贡献。根据世界银行的标准和统计数据，1981 年世界平均贫困率是 42.15%，而当时中国的贫困率是 88.32%；到 2013 年，世界平均贫困率是 10.68%，中国的贫困率则下降到 1.85%（见图 1）。

---

　　[*] 本文根据《中国社会科学》杂志社主办的"第六届中国语言学研究方法与方法论问题学术讨论会"（北京语言大学，2017 年 4 月）和中国语言学会语言政策与规划研究会主办的"第四届中国语言政策及语言规划学术研讨会暨第三届中国语言政策研究热点与趋势研讨会"（上海市教育科学研究院，2018 年 7 月）上做的报告整理而成，感谢与会学者的交流和建议。写作过程中，得到李宇明先生、魏晖研究员、汪磊教授、苏新春教授、张全生教授和李强副处长的审阅、建议和指点，特此致谢！本文为"北京市国家治理青年人才培养计划（第三期）"的阶段性成果。曾以《论语言因素在脱贫攻坚中的作用》为题发表在《江汉学术》2018 年第 5 期。后被《高等学校文科学报学术文摘》2019 年第 1 期摘编转载、《中国社会科学文摘》2019 年第 2 期全文转载。

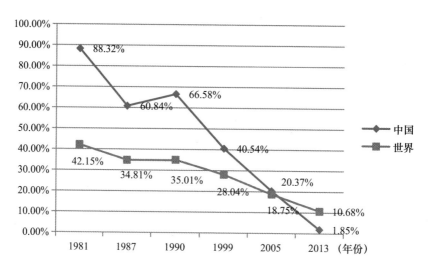

图1 世界与中国贫困人口率的历时演变（1981—2013 年）①

中共十八大以来，党中央高度重视扶贫工作，把扶贫开发摆到更加突出的位置，大力推进精准扶贫、精准脱贫，扶贫开发事业取得新的显著进展。尤其是 2015 年岁末，《中共中央 国务院关于打赢脱贫攻坚战的决定》正式发布。这份长达万余言的重要文件，对未来五年脱贫攻坚工作做出全面部署。2017 年 10 月 9 日，在第四个国家扶贫日②即将到来之际，习近平总书记对脱贫攻坚工作做出重要指示。③ 党的十九大报告中，分别在第一部分、第八部分等处对脱贫攻坚都做了重要论述。

2017 年 6 月 23 日，习近平总书记在深度贫困地区脱贫攻坚座谈会上指出，"社会发育滞后，社会文明程度低"是导致深度贫困的主要原因之一，"有的民族地区，尽管解放后实现了社会制度跨越，但社会文明程度依然很低……很多人不学汉语、不识汉字、不懂普通话……"这段话道

---

① 此图根据世界银行相关数据制作，可参见 http：//data. worldbank. org. cn/indicator/SI. POV. DDAY？ end = 2013&locations = 1W-CN&start = 1981&view = chart。

② 10 月 17 日一直是"国际消贫日"。每年这一天，联合国都会选择一个国家作为主会场，开展不同的主题活动。2007—2013 年，我国连续 7 年在"国际消贫日"与联合国驻华系统、联合国开发计划署联合主办减贫与发展高层论坛。各地也在同一天举办各种活动。2014 年 8 月 1 日，国务院关于同意设立"扶贫日"的批复明确，从 2014 年起，将每年 10 月 17 日设立为"扶贫日"。

③ 新华网（http：//news. xinhuanet. com/politics/2017 – 10/09/c_1121774701. htm）。

出了语言文字与扶贫之间的重要联系。

语言文字关系到国家的统一、民族的团结、经济的发展、社会的进步、历史的传承和文化的繁荣。在国家扶贫脱贫的大方略实施中，在精准扶贫、精准脱贫政策的落实中，在打赢脱贫攻坚战的重要时期，语言因素也应该是一个很重要的方面，更是一个基础性因素。语言与贫困具有相关性，语言可以扶贫，源自语言与教育的密切关系，源自语言与信息的密切关系，源自语言与人与互联网的密切关系，源自语言与人的能力和机会的密切关系。① 本文即深入分析语言因素、语言扶贫在脱贫攻坚战中的重要作用。

二 政策中的语言扶贫措施②

我国的大规模、系统式扶贫可以追溯到 1986 年国务院贫困地区经济开发领导小组③的成立。但在各类政策文件中，一直到了 2011 年的《中国农村扶贫开发纲要（2011—2020 年）》才首次提到语言因素，即"行业扶贫（二十三）"中提到"在民族地区全面推广国家通用语言文字"；到了 2016 年的《"十三五"脱贫攻坚规划》，与语言因素相关的政策表述多次出现，从而将语言因素在扶贫—脱贫方略中的作用提高到一个新的高度。具体的政策如"建立健全双语教学体系"和"加大双语教师培养力度，加强国家通用语言文字教学"（第五章"教育扶贫"第一节"提升基础教育水平"）、"加强民族聚居地区少数民族特困群体国家通用语言文字培训"（第五章"教育扶贫"第三节"加快发展职业教育"）等。2017 年 11 月 20 日，中共中央办公厅、国务院办公厅印发《关于加强贫困村驻村工作队选派管理工作的指导意见》，将"积极推广普及普通话，帮助提高国家通用语言文字应用能力"明确为驻村工作队的主要任务之一。

---

① 李宇明：《修筑扶贫脱贫的语言大道》，载郭熙主编《中国语言生活状况报告（2018）》，商务印书馆 2018 年版，第 5 页。

② 第二和第三部分的部分内容曾在王春辉《脱贫攻坚需要语言文字助力》［载郭熙主编《中国语言生活状况报告（2018）》，商务印书馆 2018 年版］中有所摘录，本文上有所扩展。

③ 1993 年 12 月改名为"国务院扶贫开发领导小组"。

除了上述扶贫—脱贫政策中的表述，在 2016 年 8 月教育部、国家语委发布的《国家语言文字事业"十三五"发展规划》中，"主要任务"第一部分"普及国家通用语言文字"的第 2 点"加快民族地区国家通用语言文字普及"中指出要"结合国家实施的精准扶贫、精准脱贫方略，以提升教师、基层干部和青壮年农牧民语言文字应用能力为重点，加快提高民族地区国家通用语言文字普及率"；在"重点工程"第一部分"国家通用语言文字普及攻坚工程"中又提到要"与国家扶贫攻坚等工程相衔接，在农村和民族地区开展国家通用语言文字普及攻坚"。

2017 年 4 月，教育部、国家语委发布《国家通用语言文字普及攻坚工程实施方案》，在"总体要求"的第二部分中提到"虽然我国的普通话平均普及率已超过70%，但东西部之间、城乡之间发展很不平衡，西部与东部有20个百分点的差距；大城市的普及率超过90%，而很多农村地区只有40%左右，有些民族地区则更低。中西部地区还有很多青壮年农民、牧民无法用普通话进行基本的沟通交流，这已经成为阻碍个人脱贫致富、影响地方经济社会发展、制约国家全面建成小康社会，甚至影响民族团结和谐的重要因素。扶贫首要扶智，扶智应先通语"。在"总体要求"的第三部分中又说，"要结合国家精准扶贫、精准脱贫基本方略……制定普通话普及攻坚具体实施方案，大力提高普通话的普及率，为经济发展提供新动力，为文化建设提供强助力，为打赢全面小康攻坚战奠定良好基础"。

2018 年 1 月，教育部、国务院扶贫办、国家语委三部委联合制定了《推普脱贫攻坚行动计划（2018—2020 年）》。其宗旨就是要充分发挥普通话在提高劳动力基本素质、促进职业技能提升、增强就业能力等方面的重要作用，采取更加集中的支持、更加精准的举措、更加有力的工作，为打赢脱贫攻坚战、全面建成小康社会奠定良好基础。计划提出了一个"目标定位"、四个"基本原则"和九大"具体措施"。[①] 特别值得一提的是，计划明确将普通话普及率的提升纳入地方扶贫部门、教育部门扶贫工作绩效考核，列入驻村干部和驻村第一书记的主要工作任务，力求实效。综合人口、经济、教育、语言等基础因素和条件保障，聚焦普通话

---

① 对于这些措施的实施规划和落实步骤可参见张世平《通语是脱贫攻坚的治本之策》，中国语言文字网，2018 年 4 月 29 日。

普及率低的地区和青壮年劳动力人口，将普通话学习掌握情况记入贫困人口档案卡，避免因语言不通而无法脱贫的情况发生，切实发挥语言文字在教育脱贫攻坚中的基础性作用。

显然，提升贫困的农村和民族地区群众的普通话能力和水平是实现知识学习和其他技能提升的核心要素之一，在此基础上，贫困群众才有可能实现真正的脱贫。上述文件和政策必将会为国家扶贫—脱贫方略的实施提供切实的语言层面的保障。

三　特困地区的语言使用现状

《中国农村扶贫开发纲要（2011—2020 年）》在全国范围内遴选出 14 个集中连片特困地区作为扶贫—脱贫工作的重点。它们基本都属于老（革命老区）、少（少数民族地区）、边（边疆地区）、穷（痔苦地区）地区，贫困程度较深，生态环境脆弱，普通话普及率不高、水平较低。本节尝试从少数民族语言区和汉语方言区两个层面简略描画这些地区的语言使用现状。

在 14 个特困地区中，有 11 个地区涵盖着少数民族居住区[①]，很多居民是只会本族语言的单语使用者。具体来说，按照少数民族人口比例依次是[②]：（1）新疆南疆三地州少数民族人口占 93% 以上[③]，主要是维吾尔族，以及柯尔克孜族、塔吉克族、回族等[④]；（2）西藏少数民族人口占到 90% 以上，主要是藏族，以及回族、纳西族、怒族、门巴族、珞巴族等；（3）四省藏区的少数民族人口占到 73% 左右[⑤]，主要包括藏族、蒙古族、羌族、彝族、回族、苗族、傈僳族、羌族等少数民族；（4）滇桂黔石漠化区少数民族人口 2129.3 万人（62.1%），有壮、苗、布依、瑶、侗等 14 个世居少数民族；（5）武陵山区少数民族 1100 多万人（47.8%），有土家

---

①　不涉及或基本不涉及少数民族居住区的三个区是吕梁山区、大别山区、罗霄山区。

②　参见中国扶贫在线（http://f.china.com.cn/node_7237046.htm）。

③　中新网（http://www.chinanews.com/gn/news/2008/03-11/1188761.shtml）。

④　综合三地州政府网站中的信息：http://www.xjkz.gov.cn/9fdeede3-ef2b-40a8-b73b-61fc4ba318c7_1.html；http://www.xjht.gov.cn/article/show.php?itemid=54808；http://www.kashi.gov.cn/Item/41122.aspx。

⑤　这个数字是四省藏区所辖 12 个州/市的平均数。

族、苗族、侗族、白族、回族和仡佬族等 30 多个少数民族；（6）滇西边境山区少数民族人口 831.5 万人（47.5%），有彝、傣、白、景颇、傈僳、拉祜、佤、纳西、怒、独龙等 20 多个世居少数民族，其中有 15 个云南独有少数民族、8 个人口较少民族；（7）乌蒙山区少数民族人口占总人口的 20.5%，片区内居住着彝族、回族、苗族等少数民族，是我国主要的彝族聚集区；（8）大兴安岭南麓山区少数民族人口 111.4 万人（13.3%），有蒙古族、满族等 6 个世居少数民族，其中有达斡尔族、锡伯族、柯尔克孜族 3 个人口较少民族；（9）燕山—太行山区少数民族人口 146 万人（13.3%），有满族、蒙古族、回族 3 个世居少数民族；（10）六盘山区少数民族人口 390.1 万人（16.6%），有回族、东乡族、土族、撒拉族等；（11）秦巴山区有羌族等少数民族人口 56.3 万人（1.5%）。

14 个特困地区都涉及汉族居住区，从语言地理上看：（1）基本上覆盖北方、吴、湘、赣、客家、闽、粤等几大方言区及其内部一些次方言；（2）几个处于两大或几大方言区交界的地区，方言使用情形更为复杂，比如燕山—太行山区、吕梁山区、六盘山区、秦巴山区、大别山区、乌蒙山区、罗霄山区、武陵山区、滇桂黔石漠化区、滇西边境山区等。

从上面的数据和分析可以看出，14 个连片特困地区基本上呈现出语言或方言使用较为复杂的状态。

四　语言资本与经济发展

（一）语言作为资本在扶贫—脱贫中的作用

语言是一种资本（capital）。语言资本有不同的维度，如可以归入文化资本[①]，也可以归入人力资本[②]。本文取其人力资本属性，即语言是一

---

① Pierre Bourdieu, "Cultural Reproduction and Social Reproduction", in Jerome Karabel and A. H. Halsey, eds., *Power and Ideology in Education*, New York: Oxford University Press, 1977, pp. 487 – 511; Mads Meier Jæger, "Equal Access but Unequal Outcomes: Cultural Capital and Educational Choice in a Meritocratic Society", *Social Forces*, Vol. 87, No. 4, June 2009, pp. 1943 – 1971.

② Theodore W. Schultz, *The Economic Value of Education*, New York: Columbia University Press, 1963; Gary S. Becker, *Human Capital: A Theoretical and Empirical Analysis*, *with Special Reference to Education*, Chicago: University of Chicago Press, 1964.

种具有经济价值的知识和能力。

Williams 给出过一个贫穷循环图，如图 2 所示。[1]

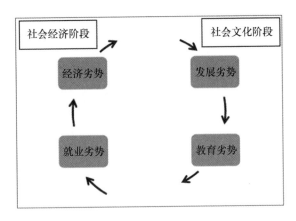

图 2 贫穷循环

语言作为资本，可以在改观发展和教育劣势上发挥重要作用。比如，恰当而达到一定水平的语言能力有助于信息的获取；一些工作技能的学习有助于接受更好的教育，促进市场劳动力的流动，也有助于经济产业的升级等。在此基础上，将最终有助于改观就业和经济劣势，达到扶贫—脱贫的目的。[2]

新中国成立初期，我国的文盲总数高达 80%，在广大农村地区，文盲比例甚至超过 95%。之后通过一系列的政策和措施，到 2010 年，文盲比例降低到 4.08%，减少了大约 76 个百分点。[3] 文盲率的下降，读写水平的提高，为教育水平的提升和知识技能的获取提供了前提与保障，从而为贫困人口比率的急速减少提供了最坚实的基础。

《"十三五"脱贫攻坚规划》提出了包括旅游扶贫、科技扶贫、教育扶贫、产业发展扶贫、转移就业扶贫、易地搬迁扶贫、健康扶贫、生态

---

① Frederick Williams, "Some Preliminaries and Prospects", in Frederick Williams, ed., *Language and Poverty: Perspectives on a Theme*, New York: Academic Press, 1970, pp. 1–3.

② 王春辉：《精准扶贫需要语言教育协力》，《中国社会科学报》2018 年 3 月 6 日第 3 版。

③ 吴雪钰：《当代汉语母语教育政策发展研究》，博士学位论文，北京语言大学，2016 年，第 17—57 页。

保护扶贫、提升贫困地区区域发展能力、社会扶贫、开展职业培训等在内的多种产业扶贫措施。增强语言作为资本的意识，提升贫困地区人们的通用语语言能力，无疑可以为这些措施的传达和实施提供必要的基础和保障（见图3）。

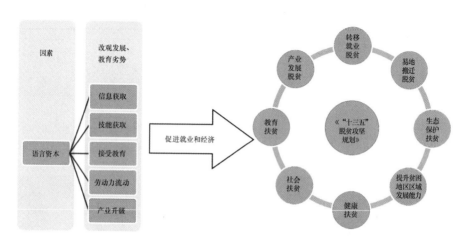

图3　语言资本的影响效果

（二）统一的语言与经济发展

一直以来，许多不同学科的学者（如经济学家、语言学家等）似乎都认同这一观点：语言多样性程度更高的国家往往比那些以单一语言为主的国家更贫穷。与语言以及其他文化因素（如民族等）上的碎片化相关联的，往往是社会的分化和冲突、低流动性、有限的贸易、不完善的市场以及较贫乏的交流。

对这一论题较为系统和全面的分析可能要追溯到 Fishman。他基于前人研究的几份调查报告，分析了语言同质（统一性）或异质（多样性）与诸种社会—政治变量之间的关系。在总结部分，作者说道："一般说来，比起语言异质性来，语言同质性往往更多地与国家的'好的'和'合意的'特征相连。语言上同质的国家往往在经济上更发达，教育上更先进，政治上更现代化，政治意识形态上也更稳定和牢固。"又说："具有统一语言和多种语言的国家所表现出的许多差别似乎也体现了富国与穷国之间的差别。"①

几年之后，Pool 在 Fishman 等研究的基础上，分析了 133 个国家 1962 年前后人均国内生产总值和最大本族语社区人数之间的关联，指出："一个国家可以具有任何程度的语言统一或语言分歧而仍然是不发达的；一个全民（或多或少）使用同一种语言的国家可以在不同程度上或贫或富。但是，一个语言极度繁杂的国家总是不发达的或半发达的，而一个高度发达的国家总是具有高度的语言统一性。因此，语言统一性是经济发展的必要的但不是充分的条件，经济发展是语言统一性的充分但不是必要的条件（这是指描述上的，不是因果关系上的）。"②

20 多年后，Nettle 基于上述研究，提出了"费舍曼—普尔假说"（Fishman-Pool hypothesis），认为语言多样性与经济发展之间有种逆相关，语言统一与经济发展则是正相关。③ Nettle 的研究基本上证实了这一假说，但与此同时认为需要在解释机制上有所改进。

Wang & Steiner 从社会资本的角度发现，一般来说社会资本越高的国家越富有，而具有较高社会资本的国家在语言上也会呈现出较高的同质性。比如，日本、荷兰、丹麦等就属于国内语言单一且社会资本指数高的国家，印度和乌干达则完全相反。④ 这也可以看作对"费舍曼—普尔假说"的证明。

如果我们将目光从国家间转向国家内、从语言间转向语言内的方言，这一假说似乎在很大程度上仍然是成立的。刘毓芸等的研究表明：其他条件不变时，在同一方言大区内部，方言距离每增大 1 个层级，劳动力

① Joshua A. Fishman, "Some Contrasts between Linguistically Homogeneous and Linguistically Heterogeneous Polities", *Sociological Inquiry*, Vol. 36, No. 2, April 1966, pp. 146 – 158.

② Jonathan Pool, "National Development and Language Diversity", in Joshua A. Fishman, ed., *Advances in the Sociology of Language*, Vol. 2, The Hague：Mouton, 1972, pp. 213 – 230. 译文见：周庆生主编《国外语言政策与规划进程》，语文出版社 2001 年版，第 7—18 页。

③ Daniel Nettle, "Linguistic Fragmentation and the Wealth of Nations：The Fishman-Pool Hypothesis Reexamined", *Economic Development & Cultural Change*, Vol. 48, No. 2, January 2000, pp. 335 – 348.

④ Cong Wang and Bodo Steiner, "Can Ethno-Linguistic Diversity Explain Cross-Country Differences in Social Capital？：A Global Perspective", *Economic Record*, Vol. 91, No. 294, September 2015, pp. 338 – 366.

跨市流动的概率提高 30% 以上；不同方言大区之间，方言距离每增大 1 个层级，劳动力跨市流动的概率降低 3% 左右；劳动力跨方言流动的最优方言距离是跨方言区但不跨方言大区。[①] Falck 等探讨了历史的方言差异给当代经济交流带来的影响，跟刘毓芸等的研究异曲同工。其核心发现是：德国当代的人口流动与方言间的相似度呈正相关，这一关系有重要的经济学效应，即如果没有方言的屏障，德国的国内人口流动会比现实情形高 20% 左右。[②] Lameli 等利用相同的方言学材料，也得出与之一致的结论。[③]

一个反面的证据是濒危语言与经济发展的关系，即经济发展越好的国家或区域，语言濒危的速度会越快，换句话说，语言一致的程度会越高。[④]

除了对假说正面的证明，还有些研究对这一假说持反对的意见，如 Sreekumar、Gerring 等的研究。[⑤] 正如 Galbraith & Benitez-Galbraith 所说："语言多样性、种族分化与经济行为之间的关系是复杂的，其争论也是开放的。"[⑥]

具体到特困地区，可以据此做出如下论断：不同民族语言区和不同汉语方言区的民众提升普通话这一国家通用语的水平，将有助于特困地区经济的发展。第五部分的论述正与这一结论相合。

此外，还有三点需要特别指出：一是强调统一语言的重要性，并不

---

① 刘毓芸、徐现祥、肖泽凯：《劳动力跨方言流动的倒 U 型模式》，《经济研究》2015 年第 10 期。

② Oliver Falck, Stephan Heblich, Alfred Lameli, Jens Südekum, "Dialects, Cultural Identity, and Economic Exchange", *Journal of Urban Economics*, Vol. 72, No. 2, September 2012, pp. 225 – 239.

③ Alfred Lameli, Volker Nitsch, Jens Südekum and Nikolaus Wolf, "Same Same but Different: Dialects and Trade", *German Economic Review*, Vol. 16, No. 3, August 2015, pp. 290 – 306.

④ 更详细的论证可参见王春辉（2016：73—74）。

⑤ P. Sreekumar, "Development with Diversity: Political Philosophy of Language Endangerment in South Asia", *Economic & Political Weekly*, Vol. XLIX, No. 1, January 2014, pp. 51 – 57; John Gerring, Strom C. Thacker, Wei Huang and Yuan Lu, "Does Diversity Impair Development?: A Multiple-level Analysis", Draft Paper, 2011.

⑥ Craig S. Galbraith and Jacqueline Benitez-Galbraith, "The Impact of Ethnolinguistic Diversity on Entrepreneurial Activity: A Cross-country Study", *International Journal of Entrepreneurship and Small Business*, Vol. 8, No. 2, March 2009, p. 309.

是对语言多样性的否定，也不是要抑制少数民族语言和汉语方言。恰恰相反，从单语主义走向多语主义①，以及双语双言社会的构建②，不仅具有理论和实践的双重价值，而且可以使通用语的传播和推广与语言/方言多样性和谐共存。二是在提升全民特别是贫困地区民众普通话水平的同时，贫困地区的干部也应该学习一些当地的少数民族语言或方言。"同说方言土语，能够让扶贫干部和贫困群众更好地打成一片，融为一体。所以，扶贫干部要用好土话，在用土话和贫困群众沟通交流的过程中，拉近与贫困群众的关系，赢得群众的支持和信任。"③ 三是统一的语言与经济发展之间并不是简单的线性关系，而是一种概率性关系。即较低的通用语言能力并不一定必然导致贫困，否则就无法解释有些方言集中地区的经济也很发达的事实；但是对于贫困地区、贫困家庭来说，他们的通用语言能力往往是较低或没有的，提升他们的通用语言能力则有助于他们走出贫困。

五　提升普通话能力助力脱贫攻坚

如果上文的分析是成立的，那么，增强贫困地区的普通话推广力度、提升贫困地区人们的普通话水平就是语言扶贫的核心内涵，对于扶贫—脱贫方略的实现和打赢"脱贫攻坚战"具有重要作用。④

（一）提升普通话能力的重要作用

目前，我国还有 30% 即 4 亿多人口不能用普通话交流，尤其是在农

---

① 李宇明：《由单语主义走向多语主义》，《语言学研究》2016 年第 1 期。

② 戴庆厦、董艳：《中国国情与双语教育》，《民族研究》1996 年第 1 期；李宇明：《关于中小学"双语教学"的思考》，《语言文字应用》2003 年增刊号；李宇明：《双言双语生活与双言双语政策——序〈中国语言生活状况报告（2014）〉》，载李宇明主编《中国语言生活状况报告（2014）》，商务印书馆 2014 年版。

③ 沈道远：《干部扶贫要先闯"语言关"》，人民网—中国共产党新闻网，2017 年 6 月 9 日。

④ 当然，扶贫干部如果会说所扶贫地区的语言或方言，肯定有助于他们更好地融入贫困地区，走进贫困群众的生活，从而有利于相关工作的开展。

村、边远地区和民族地区。① 国务院扶贫办党组书记、主任刘永富在谈到贫困地区脱贫的难点时指出："一些少数民族地区的人不会说普通话，他如果出来打工，或者是到内地做一些什么事情，交流有难度。"② 显然，这一论断也适用于汉语方言区等其他贫困地区。此外，"普通话的推广有利于降低沟通交流中的不确定性，促进知识和技术的传播，容易形成团队合作，扩大创业者之间的'学习效应'，推动进城务工人员创新创业"③。

大量研究表明：（1）语言上的差异往往会阻碍劳动力在市场中的流动；（2）在一国内部，会说通用语者比只会说本族语者收入要高；（3）双语教育与经济收入之间基本呈正相关的关系。④

其中，Tang 等的一份研究指出，中外学者普遍认为中国少数民族社会经济地位的滞后是因为其教育水平的滞后，但是《中国劳动力动态调查》等大量第一手数据证明：少数民族（特别是维吾尔族、藏族）与汉族的教育水平相差无几，影响少数民族就业和收入机会的更重要原因是普通话能力的薄弱。因此，改善民族平等的先决条件之一是普通话在少数民族群体中的推广与普及。为了促进少数民族地区的经济和社会发展，应当强化汉语教学。⑤

---

① 人民网（http://politics.people.com.cn/n/2013/0905/c1001 - 22821948.html）。

② 国务院扶贫开发领导小组办公室（http://www.cpad.gov.cn/art/2016/10/18/art_82_54533.html）。

③ 卞成林：《语言精准扶贫促进全民发展》，《中国教育报》2017 年 9 月 15 日第 6 版。

④ B. R. Chiswick, H. A. Patrinos and M. A. Hurst, "Indigenous Language Skills and the Labor Market in a Developing Country: Bolivia", *Economic Development and Cultural Change*, Vol. 48, No. 2, January 2000, pp. 349 - 367; R. Godoy, V. Reyes-Garcia, C. Seyfried, T. Huanca, W. R. Leonard, T. McDade, et al., "Language Skills and Earnings: Evidence from a Pre-industrial Economy in the Bolivian Amazon", *Economics of Education Review*, Vol. 26, No. 3, June 2007, pp. 346 - 360; B. R. Chiswick and P. W. Miller, "The Economic Costs to Native-born Americans of Limited English Language Proficiency", in B. R. Chiswick and P. W. Miller, eds., *The Economics of Language: International Analyses*, London: Routledge, 2007, pp. 413 - 430; Wenfang Tang, Yue Hu and Shuai Jin, "Affirmative Inaction: Education, Language Proficiency, and Socioeconomic Attainment among China's Uyghur Minority", *Chinese Sociological Review*, Vol. 48, No. 4, November 2016, pp. 346 - 366.

⑤ Wenfang Tang, Yue Hu, Shuai Jin, "Affirmative inaction: Education, Language Proficiency, and Socioeconomic Attainment among China's Uyghur Minority", *Chinese Sociological Review*, Vol. 48, No. 4, November 2016, pp. 346 - 366.

有学者也指出，"重视民族语文，抓好双语教育，在社会扫盲、普及文化、提高普及义务教育效果方面十分显著"①。双语教学在提高民族地区的文化水平、促进民族地区经济文化的发展等方面，具有重要意义。② 用普通话扶贫，用扶贫推广普通话，不仅具有重要的经济意义，而且具有深远的政治意义。③ 因此，对于少数民族贫困地区来说，提高普通话的普及率，提升当地人的普通话水平，实施语言文字精准扶贫策略，将非常有助于当地扶贫—脱贫工作的开展以及扶贫—脱贫目标的实现。特别是在奋力打赢脱贫攻坚战的新形势下，掌握普通话已经成为我国少数民族群众的重要能力，对于其脱贫致富具有重要意义。④

值得一提的是，对于在少数民族地区该施行何种语言教育政策这一议题，笔者更倾向于在综合考虑当地师资力量、经济产业结构、语言的资源性、语言的身份认同性等参项的基础上，采用分阶段教学的策略，即初级阶段的教学可以使用少数民族的母语，随着教学阶段的提升，逐渐过渡到母语和普通话的双语教学，似乎不宜采用所有学习阶段的教学语言都是普通话的"一刀切式"策略。构建和谐的双语双言/多语多言社会，应该是理论与实践上的指向所在。

对于汉语方言区的特困地区来说，加大普通话推广力度，提升当地人的普通话水平，同样具有基础性作用。因为方言差异会阻碍劳动力的市场流动，只会说方言者的经济收入往往要比会说通用语者低。⑤

特别值得一提的是，并不是说一推广普通话就能促进经济发展，而是有个普及程度的问题。比如，卞成林等以广西 2011—2015 年普通话普

---

① 戴庆厦、董艳：《中国国情与双语教育》，《民族研究》1996 年第 1 期，第 35 页。

② 李宇明：《关于中小学"双语教学"的思考》，《语言文字应用》2003 年增刊号。

③ 朱维群：《把推广普通话纳入扶贫攻坚战》，《环球时报》2017 年 8 月 26 日第 7 版。

④ 余金枝：《把推广普通话纳入民族地区脱贫攻坚战》，《人民日报》2017 年 11 月 14 日第 7 版。

⑤ 王春辉：《城市化移民诸变量的社会语言学分析》，《北华大学学报》2014 年第 2 期；刘毓芸、徐现祥、肖泽凯：《劳动力跨方言流动的倒 U 型模式》，《经济研究》2015 年第 10 期；W. Gao, and R. Smyth, "Economic Returns to Speaking 'Standard Mandarin' among Migrants in China's Urban Labour Market", *Economic of Education Review*, 30, April 2011, pp. 342 – 352; Yuxin Yao, Jan C. van Ours, "The Wage Penalty of Dialect-Speaking", The Institute for the Study of Labor (IZA) Discussion Paper No. 10333, Bonn, October 2016.

及率、人口增长率、固定资产投资率、贸易依存度等数据为样本进行研究，认为广西普通话普及率与经济增长率之间存在二次曲线关系，普通话普及率存在最低有效规模，且广西这一最低有效规模为 60%—63.8%。即要使普通话推广对经济发展产生正面效应，就必须保证普通话普及率大于 60%。[①] 这一研究具有很强的启示价值。

习近平总书记多次强调要注重扶贫同扶志、扶智相结合。扶志就是从思想观念、信心毅力和志气勇气方面帮助被帮扶者；扶智就是从文化水平、知识素养、智慧能力方面帮助被帮扶者。从这个意义上说，《国家通用语言文字普及攻坚工程实施方案》中提出的"强国必先强语，强语助力强国""扶贫首要扶智，扶智应先通语"的方针策略是必要而恰当的。

（二）提升普通话能力助力脱贫攻坚的实例[②]

在实际扶贫工作中，一些地方政府就将掌握普通话作为重要的扶贫手段。比如，云南泸西县白水镇全镇已经把少数民族地区普通话培训列为精准扶贫的一大举措，为畅通语言交流搭建平台，由专业教师长期担任教学和辅导工作，开展各种培训学习，通过"走出去，请进来"的方式，让普通话在少数民族村寨推广开来，消除少数民族语言交流障碍，实现与外界语言、文化、思想的融合，促进当地经济发展，以精准教育助力脱贫攻坚。[③] 四川凉山州通过教习普通话、加强技能培训，帮助贫困群众增长见识、增加知识，掌握脱贫致富的方法与技巧，获得追求幸福生活的信心、能力和勇气。[④] 甘肃省教育厅围绕语言文字精准扶贫，提出"一抓两促三支撑"工作思路，以此提升农村普通话水平。[⑤]

正如郭龙生指出的："将国家通用语言普通话的推广程度纳入贫困县

---

① 卞成林、刘金林、阳柳艳、苏丹：《少数民族地区普通话推广的经济发展效应分析：来自广西市际面板数据的证据》，《制度经济学研究》2017 年第 3 期。

② 王春辉（2018b）中有详细介绍。

③ 人民网（http://yn.people.com.cn/news/yunnan/n2/2016/0812/c368196 – 28826579.html）。

④ 四川省人民政府网（http://www.sc.gov.cn/10462/10778/10876/2016/9/19/10396190.shtml）。

⑤ 新华网（http://news.xinhuanet.com/politics/2016 – 09/19/c_129287324.htm）。

脱贫考核评价指标体系之中，必然会有效促进语言文字的精准扶贫，也会有利于尽快提升贫困地区的社会文化程度，从而在经济脱贫过程中实现教育脱贫、文化脱贫，达到最终'脱真贫'和'真脱贫'的目标。"[1]

（三）提升普通话能力的措施

提升贫困地区人民的普通话水平和能力，至少在以下几个方面用力。[2]

（1）在民族地区实行"双语教育"的同时，加强幼儿园、小学阶段的普通话教学，让普通话成为人们的日常使用语言，同时增进教师的普通话培训和能力水平。

（2）结合当地产业发展需求，在农村职业技能培训体系中增加或强化对不具备普通话沟通能力的青壮年进行专项培训的内容。

（3）外来务工人口较多的城市将外来常住人口纳入本地语言文字工作范围，将普通话培训纳入职业技能培训。

（4）参加扶贫对口支援工作的省市和企业，将推广学习普通话列入援助计划，提高受援地方青壮年与社会交流、自主就业的能力。

（5）借助广播电视"户户通"推进普及国家通用语言文字。广播电视是人们学习普通话的重要途径。

（6）开发定向教材，开展推普周定向支持。2018 年 5 月，教育部、国家语委在京发布 2017 年中国语言文字事业发展状况。教育部语用司、语信司司长田立新谈及语言扶贫过程中采取的相关举措时提到：为了更好地指导农村和民族地区学习普通话，6 月将出版教材《千句普通话　沟通你我心》；将在第 21 届推普周活动中，在 11 个西部省区对 30 个国家级贫困县给予重要支持。

（7）开发语言文化资源，抓好重点活动。有计划地进行贫困地区语

---

① 郭龙生：《扶贫必先扶智　扶智可先通语》，《光明日报》2018 年 1 月 28 日第 12 版。

② 朱维群：《把推广普通话纳入扶贫攻坚战》，《环球时报》2017 年 8 月 26 日第 7 版；余金枝：《把推广普通话纳入民族地区脱贫攻坚战》，《人民日报》2017 年 11 月 14 日第 7 版；郭龙生：《扶贫必先扶智　扶智可先通语》，《光明日报》2018 年 1 月 28 日第 12 版；郝琳：《语言扶贫有助于永久脱贫》，《中国教育报》2018 年 5 月 31 日第 5 版；林露：《教育部官员：语言扶贫攻坚战打响》，人民网，2018 年 5 月 29 日。

言文化资源的整理、整合、转化和利用，开发贫困地区语言文化产业以及人文旅游，推动贫困地区语言文化资源的可持续性价值转换。开展与普通话相关的重点活动，可以在一定程度上激发贫困地区民众学习普通话的热情。

（8）构建语言扶贫志愿者服务制度。可以尝试有计划地组织大学生和研究生开展到村、到户、到人的跟踪滚动式语言志愿者服务。同时，依托在线语言服务平台，把面对面服务和远程在线服务相结合，形成立体、长效的语言志愿者服务体系。

六　结语

贫困问题是一个世界性问题，不管是发达国家、发展中国家还是贫穷国家，都面临着此问题。贫困问题是一个涉及许多方面的系统问题，比如收入、食物、教育、医疗等。贫困问题的解决无疑需要多维路径、多方努力，语言应该是重要考量因素之一。

在日常生活和公共决策中，语言因素往往因其"大隐隐于市"而被人习焉不察。但是在许多情形下，语言因素往往是社会—经济发展中边缘性和脆弱性的症结之一。就扶贫—脱贫方略来说，处理好各种语言问题，利用好语言因素的积极作用，以语言文字精准扶贫为重点提升贫困地区的普通话水平，无疑会帮助相关部门和组织在实际项目中减少贫困。语言文字精准扶贫是"真脱贫""脱真贫"的核心途径之一，因为"通语是脱贫攻坚的治本之策"[①]。"通过对现有的贫困劳动力进行语言扶贫，有助于他们提高战胜贫困的能力，也有助于培养他们永久脱贫的能力；通过对贫困地区和贫困家庭的中小学生进行语言扶贫，可以帮助他们获得更强的生存和发展能力，消除下一代再陷入贫困的人文诱因。"[②] 语言扶贫必将助力打赢"脱贫攻坚战"。

要发挥好语言因素的作用，就需要有一些合理而系统的语言规划，如国家通用语言的进一步推广、合理而有效的双语教育政策等。一个好

[①]　张世平：《通语是脱贫攻坚的治本之策》，中国语言文字网，2018 年 4 月 29 日。
[②]　郝琳：《语言扶贫有助于永久脱贫》，《中国教育报》2018 年 5 月 31 日第 5 版。

的语言规划，对于贫困的减少甚至消除有着不可忽视的影响。① 对于贫困地区来说，好的语言规划可以在消除绝对贫困和饥饿、接受基本教育、减少婴儿夭折、孕妇健康、减少传染疾病等方面有积极作用。②

最后需要指出，本文的考察显然是初步的、尝试性的。在"语言与贫困的关系"这一大议题之下，在国家脱贫—扶贫这一大背景下，还有许多问题尚待探讨，如贫困对于贫困地区儿童语言能力的影响③，语言因素在教育、医疗和政府管理等方面作用④等。此外，要真正了解和发挥语言因素在国家脱贫—扶贫方略中的作用，还需要大量的实地调研和考察。这些应该就是下一步亟待研究的议题。

---

① Seth Kaplan, "Are Language Policies Increasing Poverty and Inequality?", http://www.globaldashboard. org/2012/07/25/does-language-policy-increase-poverty-and-inequality/, 2012 年 7 月 25 日。

② Herbert Igboanusi, "The Role of Language Policy in Poverty Alleviation in West Africa", *International Journal of the Sociology of Language*, Vol. 225, January 2014, pp. 75 - 90.

③ 罗仁福、张林秀、刘承芳、赵启然、邓蒙芝、史耀疆：《贫困农村儿童的能力发展状况及其影响因素》，《学前教育研究》2010 年第 4 期；J. Brooks-Gunn, G. J. Duncan, "The Effects of Poverty on Children", *The Future of Children*, Vol. 7, No. 2, May 1997, pp. 55 - 71.

④ Paulin G. Djité, *The Sociolinguistics of Development in Africa*, Clevedon：Multilingual Matters, 2008.

语言与贫困的理论和实践[*]

语言与贫困的理论和实践*

一　引言

大致来说，语言与贫困关系的理论研究主要包含互为关联的两个视角：（1）语言对于贫困的影响及机制研究；（2）贫困对于语言的影响及机制研究。与第一个视角相关的议题主要涉及语言能力对个人、家庭、地区、国家经济状况或经济收入的影响。Nettle[1]、Tang 等[2]、英吉卓玛[3]以及卜成林等[4]、王海兰[5]、王浩宇[6]的文章就属此类。与第二个视角相关的议题包括但不限于：贫困对于（儿童、成人）语言能力发展、使用的影响，贫困与语言多样性的关系等。比如 Hirsh-Pasek 等[7]、王海

* 本文发表在《语言战略研究》2019 年第 1 期"语言与贫困"专题中。

[1]　Daniel Nettle, "Linguistic fragmentation and the wealth of nations: The Fishman-Pool hypothesis reexamined", *Economic Development & Cultural Change*, Vol. 48, No. 2, January 2000, pp. 335 – 348.

[2]　Wenfang Tang, Yue Hu and Shuai Jin, "Affirmative inaction: Education, language proficiency, and socioeconomic attainment among China's Uyghur minority", *Chinese Sociological Review*, Vol. 48, No. 4, November 2016, pp. 346 – 366.

[3]　英吉卓玛：《青海藏区藏族学生语言能力与个人发展关系个案考察》，《语言战略研究》2018 年第 5 期。

[4]　卜成林、刘金林、阳柳艳：《中越边境居民语言能力与经济收入关系实证研究：以广西东兴为例》，《语言战略研究》2019 年第 1 期。

[5]　王海兰：《国内语言与贫困研究：经济学视角》，《语言战略研究》2019 年第 1 期。

[6]　王浩宇：《藏区青年一代语言能力与社会经济地位的关系》，《语言战略研究》2019 年第 1 期。

[7]　Kathy Hirsh-Pasek, Lauren B. Adamson, Roger Bakeman, Margaret Tresch Owen, Roberta Michnick Golinkoff, Amy Pace, Paula K. S. Yust and Katharine Suma, "The contribution of early communication quality to low-Income children's language success", *Psychological Science*, Vol. 26, No. 7, June 2015, pp. 1 – 23.

兰①以及张洁全文②和方小兵的部分内容③就是此视角的考察。还有一些研究则聚焦语言与贫困相互影响的深层原因与机制，如李宇明④、王春辉⑤以及同一专题刘艳的文章⑥就属此类。

语言扶贫的实践研究涵盖但不限于：语言扶贫的政策；语言扶贫的措施与机制；语言扶贫的效果等。石琳⑦、王春辉⑧以及张洁⑨、刘艳⑩、方小兵⑪的文章就对这些方面有所涉及。

显然，贫困是一个涉及因素众多、维度多样、层次多重的复杂现象，语言与贫困的理论探究和实践探索必然是一个动态的复杂适应系统，所以一厢情愿的简单化、片面化分析是不可取的。

二 贫困对于语言能力的影响分析

以往关于贫困对于语言能力影响的研究主要聚焦于对儿童语言能力的影响，本节也将对贫困区成人语言能力的问题进行探讨。

---

① 王海兰：《语言多样性与经济发展的互动关系分析》，《制度经济学》2017 年第 4 期。

② 张洁：《国外贫困与儿童语言发展研究：回顾与展望》，《语言战略研究》2019 年第 1 期。

③ 方小兵：《语言与贫困：国外学者的视角》，《语言战略研究》2019 年第 1 期。

④ 李宇明：《修筑扶贫脱贫的语言大道——序〈中国语言生活状况报告（2018）〉》，载郭熙主编《中国语言生活状况报告（2018）》，商务印书馆 2018 年版，第 3—5 页；李宇明：《语言扶贫：中国语言经济学发展的重大机遇》，第 9 届中国语言经济学年会学术报告，北京师范大学，2018 年 10 月 20 日。

⑤ 王春辉：《论语言因素在脱贫攻坚中的作用》，《江汉学术》2018 年第 5 期。

⑥ 刘艳：《语言交换理论视角下的贫困人口普通话推广——基于安徽省某贫困地区的语言调查》，《语言战略研究》2019 年第 1 期。

⑦ 石琳：《精准扶贫视角下少数民族地区国家通用语言文字普及深化的策略》，《社会科学家》2018 年第 4 期。

⑧ 王春辉：《论语言因素在脱贫攻坚中的作用》，《江汉学术》2018 年第 5 期。

⑨ 张洁：《国外贫困与儿童语言发展研究：回顾与展望》，《语言战略研究》2019 年第 1 期。

⑩ 刘艳：《语言交换理论视角下的贫困人口普通话推广——基于安徽省某贫困地区的语言调查》，《语言战略研究》2019 年第 1 期。

⑪ 方小兵：《语言与贫困：国外学者的视角》，《语言战略研究》2019 年第 1 期。

（一）贫困对于儿童语言能力的影响

家庭经济状况和社会地位会影响儿童的生理发育、认知发展和心理健康已成为学界的共识。

此论题讨论已经比较多了，在此不再赘述而仅做简略分析。唯一的例外是影响的原因部分，对于神经机制视角这一方兴未艾领域做了稍微详细的介绍。

1. 影响的表现

社会经济地位影响儿童的生理发育、认知发展和心理健康已然成为学界的共识。具体到家庭环境对儿童语言能力的影响，大量研究表明儿童早期的生活环境对于其后期语言和非语言相关的脑功能与相应脑结构的发展都具有重要影响，家庭社会经济地位对于儿童语言发展的作用尤其显著。Smith、Brooks-Gunn 和 Klebanov 指出："持续的贫困对于孩子的智商、语言能力和学习分数有着极为负面的影响。那些持续贫困家庭的孩子在各种测试中，都比不贫困的孩子得分低6—9分。另外，持续贫困的负面影响似乎随着孩子长大而变得越严重。"[①] 李艳玮等针对 185 名年龄在 43—77 个月的幼儿园中班儿童的研究也指出，家庭收入对儿童早期语言能力有显著的独立预测作用，高收入家庭儿童早期语言能力和家庭学习环境得分均高于低收入家庭儿童。[②] 相比于生活在低家庭社会经济地位的儿童，那些生活在高社会经济地位家庭的孩子在儿童期的前三年内会多听到 3000 万的词汇，即所谓的"三千万词汇差距"（30‐million‐word gap）。[③] 除了词汇和交际输入的数量差距外，不同社会经济地位家庭的儿童在输入的质量上也有很大差距，体现在言语复杂度、反应性回复、

[①] J. R. Smith, J. Brooks-Gunn, P. Klebanov, "Consequences of Living in Poverty for Young Children's Cognitive and Verbal Ability and School Readiness", in G. Duncan & J. Brooks-Gunn, eds., *Growing Up Poor*, New York: Russell Sage, 1997, p. 164.

[②] 李艳玮、李燕芳、刘丽莎:《家庭收入对儿童早期语言能力的影响作用及机制: 家庭学习环境的中介作用》,《中国特殊教育》2012 年第 2 期。

[③] B. Hart, R. R. Risley, *Meaningful Differences in the Everyday Experiences of Young American Children*, Baltimore, MD: Paul H. Brooks, 1995; A. Fernald, V. A. Marchman, A. Weisleder, "SES differences in Language Processing Skill and Vocabulary are Evident at 18 Months", *Developmental Science*, Vol. 16, No. 2, March 2013, pp. 234 –248.

成人—儿童互动等诸多方面。①

近些年，学者们对于儿童语言发展的研究越来越突破以往的对于语音、词汇、语法等语言系统的研究，更关注话语输入与输出的能力。Romeo 等的最新研究就表明，在早期家庭环境中，亲子言语交流时更多的话轮（conversational turns）体验可能更有利于儿童的言语发展，并且这一作用机制不受家庭社会经济地位的影响。话轮数量和布洛卡区激活水平共同传导了家庭社会经济地位中父母受教育水平指标和儿童语言成绩之间的关系，这表明话轮经验的差异可能是导致不同家庭社会经济地位儿童语言发展不均衡的原因。换句话说，高社会经济地位家庭的父母（或祖父母/雇佣人员）往往与孩子之间有更多的话轮体验，从而在这个维度使孩子具有更好的语言发展基础。② 李志行和刘建如通过对保定市范围内的市区、县城城区、农村区域和山区农村四个区域 405 名 3—12 岁幼儿和小学生进行访谈和调查，发现：从表达愿望、语言面貌到综合表达效果，各区域儿童都存在显著性差异，从变化规律看，依次呈现从市区向外递减的状态，即距离城市中心越远的地方，儿童的言语状况越不理想。除了县城与平原农村区域之间的儿童言语能力差异略小但依然显著外，其他层次之间的差异都异常突出。③ 这些研究不免让人联想起 Bernstein、Cohen 等学者提出的复杂/局限语码与经济社会地位的关系问题：高经济社会地位家庭的儿童倾向于习得复杂语码，低经济社会地位家庭的儿童

① E. Hoff, "How Social Contexts Support and Shape Language Development", *Developmental Review*, Vol. 26, No. 1, January 2016, pp. 55 – 88; Kristin Leffel, Dana Suskind, "Parent-directed Approaches to Enrich the Early Language Environments of Children Living in Poverty", *Seminars in Speech and Language*, Vol. 34, No. 4, November 2013, pp. 267 – 277; Kathy Hirsh-Pasek, Lauren B. Adamson, Roger Bakeman, Margaret Tresch Owen, Roberta Michnick Golinkoff, Amy Pace, Paula K. S. Yust, Katharine Suma, "The Contribution of Early Communication Quality to Low-income Children's Language Success", *Psychological Science*, Vol. 26, No. 7, June 2015, pp. 1 – 23.

② Rachel Romeo, Julia Leonard, Sudney Robinson, Martin West, Allyson Mackey, Meredith Rowe, John Gabrieli, "Beyond the 30 – million-word Gap: Children's Conversational Exposure Is Associated with Language-related Brain Function", *Psychological Science*, Vol. 29, No. 5, October 2018, pp. 700 – 710.

③ 李志行、刘建如：《保定城乡儿童言语习惯比较调查与分析》，《陕西学前师范学院学报》2018 年第 2 期。

倾向于习得局限语码。① 正如伯恩斯坦假定的那样："社会关系形式选择语码的种类，然后该语码成为社会关系的代表，进而调节交谈的性质。简言之，社会关系形式的影响由语码通过言语计划功能传递并维持在心理上。语码将诱发、维持、概括言语计划的学习，标出可以学到的东西，并限定顺利学习的条件。"②

2. 影响的原因

贫困之所以会给儿童认知心理和语言发展等带来负面影响，主要与以下因素密切相关：（1）贫困的家庭往往与饥饿和营养不良紧密相连；（2）与一些疾病带来的家庭生活状况连锁反应相关；（3）贫困对于孩子们的学习有不利的影响，因为贫困家庭缺乏能促进孩子学习的资源，如书籍、电脑、各种补习材料以及其他的课外学习机会等；（4）父母因为被日常生活的其他事情所占据，不会有太多时间关注孩子的认知和语言发展，如与儿童的对话等；（5）贫困的状况让家庭和整个社区有着更多的压力氛围，孩子们在种种压力下会受到直接影响，这严重损害孩子的学习能力；一些社区存在的不良问题，如犯罪、暴力、不上学等也让学习过程特别困难。

学界目前对贫困影响儿童语言发展的研究，可以概括为两个模型：家庭压力模型和父母投资模型。③ 家庭压力模型认为，经济压力导致父母情感痛苦的增加，并导致更严厉、更专制的育儿做法以及更少的感情和抚养机会；父母投资模型则认为，贫困家庭不可避免地会把时间集中在基本需求而非其他的获取和评估上。

除了上述聚焦于语言系统、语言能力及相关社会因素分析的研究之外，近些年从神经机制视角来解读贫困对认知、语言等能力的影响正在成为热点研究领域。其实，早在20世纪60年代末，一支科研团队就为危

---

① Basil Bernstein, "Elaborated and Restricted Codes: Their Social Origins and Some Consequences", *American Anthropologist*, Vol. 66, No. 6, December 1964, pp. 55 – 69; Rosalie Cohen, "Language and the Structure of Poverty", *Sociological Focus*, Vol. 3, No. 2, April 1970, pp. 53 – 66.

② 巴兹尔·伯恩斯坦：《复杂语码和局限语码：社会根源及影响》，姜望琪译，载祝畹瑾编《社会语言学译文集》，北京大学出版社1985年版，第105页。

③ Suzanne C. Perkins, Eric D. Finegood, James E. Swain, "Poverty and Language Cevelopment: Roles of Parenting and Stress", *Innovations in Clinical Neuroscience*, Vol. 10, No. 4, April 2013, pp. 10 – 19.

地马拉有幼童的乡村家庭提供营养补充剂。他们想要测试这样一个假设：在生命早期为儿童提供充足的蛋白质可以降低生长发育迟缓的发生率。事实也确实如他们所料。继危地马拉研究之后，在全世界范围内（巴西、秘鲁、牙买加、菲律宾、肯尼亚、津巴布韦）开展的许多研究发现，生长发育迟缓或生长发育不良的孩子的认知测试成绩更低，学业表现也更糟糕。[①] 但是此研究之后的很长时间里，这一方向的探索进展缓慢。直到 21 世纪初，神经科学家及儿科医生金柏丽·诺贝尔（Kimberly Noble）以及认知神经生物学家玛莎·法拉赫（Martha Farah）等学者在自身生活观察的基础上开始琢磨，贫穷在限制了孩子脱离贫穷机会的同时，会不会还影响了大脑发育，从而改变他们的整个人生？她们在 2005 年发表了第一篇学术论文[②]，这也很可能是此领域最早的论文（之一）。此后的十多年里，诸多研究发现家庭的社会经济状况和孩子童年时期的海马体容量有关，指出贫穷家庭孩子的大脑结构在其他部位也有差别，而且大脑发育轨迹也会不同。

比如，Hair 等[③]分析了 389 名年龄在 4—22 岁的儿童和青少年的 MRI 图像，然后根据儿童的认知、学业成就以及大脑扫描图像（包括全脑、额叶、颞叶以及海马区灰质的总量）为儿童打分，发现生活于国家贫困线以下的儿童，其大脑灰质体积较正常发育的大脑小 8%—10%，低于贫困线水平 150% 的儿童，其大脑灰质体积低于正常发育大脑的 3%—4%；在入学准备及学业表现上（包括语言能力），在标准化测试中来自低收入家庭的孩子得分低了 4—7 个百分点。另外，Noble 等[④]的研究成果也显

---

① Carina Storrs, "How Poverty Affects the Brain", *Nature*, 547, July 2017, pp. 150–152.

② Kimberly Noble, Frank Norman and Martha Farah, "Neurocognitive Correlates of Socioeconomic Status in Kindergarten Children", *Developmental Science*, Vol. 8, No. 1, January 2005, pp. 74–87.

③ N. L. Hair, J. L. Hanson, B. L. Wolfe, S. D. Pollak, "Association of Child Poverty, Brain Development, and Academic Achievement", *JAMA Pediatrics*, Vol. 169, No. 9, September 2015, pp. 822–829.

④ Kimberly Noble, Suzanne Houston, Natalie Brito, Hauke Bartsch, Eric Kan, Joshua Kuperman, Natacha Akshoomoff, David Amaral, Cinnamon Bloss, Ondrej Libiger, Nicholas Schork, Sarah Murray, B. J. Casey, Linda Chang, Thomas Ernst, Jean Frazier, Jeffrey Gruen, David Kennedy, Peter Van Zijl, Stewart Mostofsky, Walter E Kaufmann, Tal Kenet, Anders Dale, Terry Jernigan, Elizabeth Sowell, "Family Income, Parental Education and Brain Structure in Children and Adolescents", *Nature Neuroscience*, Vol. 18, No. 5, May 2015, pp. 773–780.

示，家庭环境贫穷会影响孩子的大脑发育。研究者通过核磁扫描了1000多名美国3—20岁青少年的大脑，并且对他们进行横断研究。在同时考虑基因因素的情况下，研究者发现：孩子大脑皮层的表面积会随着家庭收入的增加而扩大；家庭年收入超过15万美元（约合人民币93万元）的孩子大脑皮层要比家庭年收入2.5万美元（约合人民币15.5万元）的孩子多6%的面积。此外，平均来说，随着父母对孩子教育年限的增加，孩子大脑皮质区的表面积也会相应增加，特别是在与语言学习、阅读以及自我调节能力相关的皮质区域。孩子大脑皮层与结构发展受工资水平影响的情况在那些贫穷家庭中尤为显著。大脑不同区域对于语言、记忆和逻辑能力的发展至关重要，这些能力是在校获得良好教育的核心力量。另外，家长的教育水平同样影响孩子的大脑结构，主要表现为海马回会随着家长教育水平的提高而增大，而海马回决定了短时记忆能力和空间导航能力。在一项针对孤儿的研究中，波士顿儿童医院儿科神经学家Charles Nelson及其研究小组发现，MRI数据显示，和那些由亲生父母养大的孩子相比，在8岁孤儿脑中，与注意以及语言相关的白质和灰质区域更小。一些在幼儿时期离开孤儿院被收养的孩子，这一缺陷则少一些。

虽然上述研究不能直接证明贫穷是导致大脑变化发展的原因，但研究者相信自己的研究还是反映出贫困家庭儿童大脑发展背后的各种环境因素。这些影响大脑发展的因素包括：儿童经历更多的压力事件、居住在污染环境中、在日常生活中得到更少的认知刺激、很少与人交流、母亲怀孕时因为贫穷而缺失营养。这些研究的意义在于解释了孩子的大脑发育是如何受家庭收入影响的。显然，改善这些因素的唯一方法在于摆脱贫困，虽然短时间内很难做到，但是如果能够针对性地干预这些影响因素，缩小这种差异，就能够让贫困家庭儿童的发展得到改善。

（二）贫困对于成人语言能力的影响

上述贫困对于儿童语言能力发展的影响效应及解释机制显然无法适用于成人语境。本节将聚焦两个问题：地理及社会网络对于语言能力的束缚，以及由稀缺带来的后果。

1. 地理及社会网络的影响

戴蒙德在分析世界上为什么有的国家富裕、有的国家贫穷这个问题时，提到了两个因素：地理因素和制度因素。① 应该说，这一分析也适用于国家内部的贫穷/财富差距问题。比如，目前中国的 14 个连片集中特困地区的基本特征就是老（革命老区）、少（少数民族地区）、边（边疆地区）、穷（瘠苦地区），恶劣的自然地理环境就是一个核心阻碍因素，往往由此带来交通不畅、信息闭塞、长期与外界隔绝、基础设施与社会事业发展滞后等一系列连锁问题。

越是地理封闭、交通不便的地区，人口流动的动力和机会便越少，其内部社会关系的血缘性/同质性趋向就更强，内部社会网络也越趋于紧密。这一状况往往产生一些消极的后果。比如，一方面，会使当地居民安土重迁，社会网络和文化网络更为稳固，进而形成一些固定思维，投射到贫困上往往形成贫困思维，投射到语言上往往就是更高程度的语言忠诚。② 这些固定思维可能是有意识的，但更可能是无意识的。另一方面，是其生活惯习（包括语言使用）往往趋于固定，外来因素比较难进入，创新和变化较难出现。即使有人试图尝试使用新的生活方式或语言范式，稳固的社会网络力量也会将之拉回到原来的模式。毕竟对于同质性、社会网络封闭的言语社区来说，语言变异和语言变化的可能性与程度都会很低。③

2. 稀缺的语言后果

Sendhil Mullainathan 是芝加哥大学布斯商学院的计算与行为科学教授。他与另一位贫困研究专家 Abhijit Banerjee 一起在麻省理工学院经济学系创办了"贫困行动实验室"（Poverty Action Lab）。④ 此实验室通过随机实验的路径来探究发展和贫困研究中的焦点，通过向决策者提供有明确科学依据的结论来提高扶贫方案的有效性，从而制定成功的扶贫政策。

Mullainathan 教授最知名的研究之一就是从稀缺（scarcity）视角对贫穷与忙碌等社会问题的研究和解读。他指出，贫困不仅仅是资金匮乏的问

---

① 贾雷德·戴蒙德：《为什么有的国家富裕，有的国家贫穷》，栾奇译，中信出版集团 2015 年版，第 15—75 页。

② 王春辉：《语言忠诚论》，《语言战略研究》2018 年第 3 期。

③ 王春辉：《城市化移民诸变量的社会语言学分析》，《北华大学学报》（社会科学版）2014 年第 2 期。

④ 实验室主页：http://economics.mit.edu/centers。

题，与贫困相关的长时间段的、日复一日的艰难选择，比如是否让孩子上学或继续上学，是否需要在农作物生产等方面继续投资，孩子由谁来看管，房屋修葺以及其他物质性或社会性基础设施的缺位等，实际上消耗了个体的心理和社会资源。① 这种心理和认知的损耗往往导致他们做出使贫困永久化的经济决策。比如：（1）贫困导致对当前的重视而损害了未来的发展。当贫困人口将心理资源消耗在当前的日常贫困问题上（比如借还款、农业收成、家人疾病治疗等），他们用于其他需要更多认知和心理能力的长远任务（比如提高农业生产效率或对教育的投资等）的精力就会更少。② 当然，对于语言能力的提升这样更长远或边缘的问题，他们就更不会有更多认知，甚至可能根本就不考虑。（2）贫困往往能钝化人们的渴望，弱化甚至丧失抓住出现在眼前的机遇的能力。③ 以往研究贫困的文献对贫困原因的描述往往归结于个体无法控制的外部因素④，或聚焦于贫困的环境因素（如放贷机构、交通工具的不可靠性等），或强调穷人本身的特点（如较低的教育水平和父母关注度等），这显然是不全面的。稀缺理论提醒我们，在扶贫工作中，应减少贫困居民的认知负担，比如解读新规则、对复杂的激励做出反应、填写长表格或准备长时间的面试等，都会消耗认知资源。

在《稀缺》一书中，一些观点尤其与本文的讨论密切相关。⑤（1）一方面，稀缺会导致人们的认知能力下降，削弱人们分析、判断和逻辑推

---

① Abhijit Benerjee, Sendhil Mullainathan, "Limited Attention and Income Distribution", *American Economic Review*, Vol. 98, No. 2, May 2008, pp. 489 – 493；马克·罗伯特·兰克（《国富民穷：美国贫困何以影响我们每个人》，屈腾龙、朱丹译，重庆大学出版社 2014 年版，第 30—40 页）也表达了相同的观点。

② Sendhil Mullainathan, Eldar Shafir, *Scarcity：Why Having too Little Means so Much*, New York：Times Books, 2013. 其中文版为：赛德希尔·穆莱纳森、埃尔德·沙菲尔《稀缺：我们是如何陷入贫穷与忙碌的》，浙江人民出版社 2014 年版。

③ Arjun Appadurai, "The Capacity to Aspire：Culture and the Terms of Recognition", in Vijayendra Rao and Michael Walton, eds., *Culture and Public Action*, Washingtong, DC：World Bank；Palo Alto, CA：Stanford University, 2014, pp. 59 – 84.

④ Federica Misturelli, Claire Heffernan, "The Language of Poverty：An Exploration of the Narratives of the Poor", *Sustainable Development*, Vol. 19, No. 3, May 2011, pp. 206 – 222.

⑤ 赛德希尔·穆莱纳森、埃尔德·沙菲尔：《稀缺：我们是如何陷入贫穷与忙碌的》，浙江人民出版社 2014 年版。下文提到的"带宽""管子"等术语的解释请参见此书。

理的能力；另一方面，也会导致人们的执行控制力下降，削弱抑制行为和控制冲动的能力。（2）无能可以导致贫穷，贫穷也可以导致无能。穷人的稀缺心态，是导致他们无能的主要原因。研究表明，穷人的认知能力和执行控制力更弱。他们的大脑中装满了稀缺，没有心思去想其他事。穷人不仅缺钱，更缺带宽。反过来，带宽负担会致使他们的智力下降。（3）从稀缺心态的角度出发，我们不难理解发生在穷人身上的众多失误。这些失误的不可避免，不是因为他们缺少积极性，而是因为缺少带宽。

这些观点至少给本文的讨论带来以下启示：（1）语言能力属于"管子"视野之外的事情，所以被抑制了。（2）语言能力问题，处于贫困地区人口认知和心理关注点的边缘。客观地说，贫困人口出于生存需求本能往往会形成一个由强到弱的心理关注连续统，语言问题基本上处于连续统的最远端。（3）尽管对贫困人口的心理来说语言问题是一个可有可无的点，但是一旦他们在内力和外力的作用下走上摆脱贫困之路，语言问题就会慢慢向连续统的近端移动。特别是当他们需要以人口流动、旅游产业扶贫等方式实现脱贫，需要更多与外地人交流的时候，语言能力的作用就会更为凸显。①

三　语言能力对贫困的影响分析

本节集中讨论两个问题：语言能力在历时和共时层面对于经济社会状况的影响性；语言能力对于经济社会状况改善是概率性而非充分/必要/充分必要条件。

（一）影响的历时与共时

2017 年 12 月，《自然》（Nature）杂志发表了一份由 Kohler 等 18 位教授完成的大规模考古研究。他们试图考察从原始社会逐步进化到半农业再到全农业以及其他类别社会的过程中，财富差距是如何变迁的。其主要结论之一就是，随着人类技术的提升和经济社会形态的变迁，人力资本在收入高低中的作用和比重越来越大。由于每个人的自然天赋在体

———————————

① 从稀缺的视角提出一些语言扶贫的策略和建议将在下文第四部分讨论。

力、智力和情商之间的配置不同，每次技术革新实际上把不同人的收入能力都进一步拉开，特殊人力资本多的人会看到自己的财富机会增加，普通人也许能分享到新技术的好处，但程度可能偏低。[①]

这正与舒尔茨对当代世界情形的观察一致。他在20世纪60年代提出知识、能力、健康等人力资本提高获取的收益要高于物质资本和劳动力数量增加的观点。其理论指出：（1）比起物质资本投入，人力资本投入对经济增长的贡献更大；（2）低收入国家和地区教育投资的社会经济效益比高收入国家和地区高，对初等教育投入的社会及个人效益要高于高等教育；（3）个人收入水平与受教育程度存在正相关关系。[②]

语言是一种典型的人力资本。[③] 所以，如果历时地来看，语言能力在贫富分化以及导致贫穷诸因素中所起的作用越来越重要；如果共时地来看，语言能力对于一个国家和地区以及家庭和个人的经济状况也起着至关重要的作用。

以往的大量研究已经证明单语（特别是少数民族语言单语者）、单言（只会本地方言）对于经济收入的消极影响，以及学会通用语言进而成为双语双言人对于经济收入的积极作用。[④] 不同语言具有功能上的差异。[⑤] 一国的优势语言（往往也是国语或官方语言）具有功能上的优势。所以，提升贫困地区的优势语言能力，构建居民的双语能力，就能使他们有更多机会享受到更多的公共资源以及语言功能上的各种优势。

简言之，语言能力与社会阶层以及社会经济地位通常有着正相关的关系。特别是对于贫困地区的居民来说，提升语言能力是提升其经济状况和社会阶层的重要条件。

（二）概率性条件

语言能力对经济社会状况的改善有重要作用，但它不是一个充分或

---

① Timothy A. Kohler, et al., "Greater Post-neolithic Wealth Disparities in Eurasia than in North America and Mesoamerica", *Nature*, Vol. 551, November 2017, pp. 619–622.

② 西奥多·舒尔茨：《论人力资本投资》，北京经济学院出版社1990年版。

③ 王海兰：《语言人力资本推动经济增长的作用机制研究》，《语言战略研究》2018年第2期。

④ 王春辉：《论语言因素在脱贫攻坚中的作用》，《江汉学术》2018年第5期；王浩宇：《藏区青年一代语言能力与社会经济地位的关系》，《语言战略研究》2019年第1期。

⑤ 李宇明、王春辉：《论语言的功能分类》，《当代语言学》2019年第1期。

必要或充要的条件，而是概率性条件：有些社区和居民语言能力基本维持现状也可能脱贫致富，提升生活质量，而有些社区和居民提升语言能力之后也可能还是处于贫穷状态。但是，提升语言能力无疑会提升脱贫致富的可能性。

时至今日，香港、广东、福建等地的许多居民依然基本保持着粤方言、闽方言的单语状态，但他们搭乘整个地区快速发展的列车，早已摆脱往日的贫困状态而进入温饱或小康的生活。

对于美国或者中国城市郊区的一些贫困区特别是所谓的"贫民窟"来说，许多居民可以说很好的通用语，但是其他各种因素的影响（失业、疾病、老弱孤残、自甘堕落等）而导致了贫穷状态。

但是毫无疑问，语言能力的提升无疑能增加脱贫致富的概率。20 世纪 50 年代初期，中国政府制定了语言文字工作的三大任务：简化汉字、推广普通话、制订和推行汉语拼音方案。70 多年来，这三大任务为中国的扫盲事业、教育提升、社会进步和经济发展提供了基础保障，做出巨大贡献。语言的标准化是一个国家从落后状态进入发展甚至领先状态的重要影响因素，语言能力提升则是家庭或个人从贫穷状态进入温饱甚至富裕状态的重要一环。

正是在这个意义上，我们可以说"语言能力与经济发展之间并不是简单的线性关系，而是一种概率性关系"[1]，语言能力是经济社会地位提升的概率性条件。

四　当代中国语言扶贫的实践探索

世界各地的政府或民间组织为了解决生理/社会问题，特别是帮助贫困家庭儿童提升语言能力，都曾或正在做着一些语言扶贫的实践探索。比如，美国曾发起"三千万词倡议"（Thirty Million Words Initiative）[2] 和"普罗维登斯谈话"（Providence Talks）项目[3]等。[4] 本节试图聚焦当下中

---

[1] 王春辉：《论语言因素在脱贫攻坚中的作用》，《江汉学术》2018 年第 5 期。

[2] 项目主页：http：//tmwcenter. uchicago. edu/。

[3] 项目主页：http：//tmwcenter. uchicago. edu/。

[4] 更为详细的信息可参见张洁（2019）一文。

国的实践和经验，探讨语言扶贫实践的几个方面。

（一）语言扶贫越来越凸显

改革开放以来，中国的反贫困事业大致经历了五个阶段：1978—1985 年的体制减贫阶段，1986—1993 年的大规模开发式扶贫阶段，1994—2000 年的扶贫攻坚阶段，2001—2010 年是扶贫新开发阶段，2011—2020 年是精准扶贫和全面建成小康社会阶段。[①] 翻阅这五个阶段政府出台的相关政策文件就会发现，直到第五个阶段才有了与语言文字相关的政策表述：《中国农村扶贫开发纲要（2011—2020 年）》"行业扶贫（二十三）"中提到的"在民族地区全面推广国家通用语言文字"。随后的文件中关于语言文字政策的表述越来越多。

这说明，在扶贫开发由解决温饱问题转到加快脱贫致富的阶段，在全国打响脱贫攻坚战的背景下，语言文字因素在扶贫开发中的作用越来越凸显。语言文字是一个后发因素，换句话说，在扶贫开发着重于解决温饱问题的初始阶段，它并非一个需要迫切关注的问题或者是因其习焉不察而为人所忽视的因素，但是到了加快脱贫致富阶段，提升语言文字能力的需求就慢慢凸显出来。在不同地区，语言文字因素的紧迫性和语言能力提升的目标达成度可能会有差异。

（二）语言精准扶贫的内涵

精准扶贫、精准脱贫，是当前中国扶贫开发工作的战略思想和重点工作，是新时期党和国家扶贫工作的精髓与亮点。《中共中央 国务院关于打赢脱贫攻坚战的决定》明确指出："坚持精准扶贫，提高扶贫成效。扶贫开发贵在精准，重在精准，必须解决好扶持谁、谁来扶、怎么扶的问题，做到扶真贫、真扶贫、真脱贫，切实提高扶贫成果可持续性，让贫困人口有更多的获得感。"

对于语言扶贫来说，就是要求能做到语言精准扶贫。这至少涵盖以下一些方面：（1）扶贫方式的精准。不同地区，具体的语言扶贫方式要区别对待。（2）扶贫对象的精准。语言扶贫要精准到村甚至家庭及个人。

---

① 李培林、魏后凯：《中国扶贫开发报告（2016）》，社会科学文献出版社 2016 年版。

（3）扶贫内容的提升。在扶贫资本构成上，渐渐从物质资本向人力资本提升和过渡。在资本积累达到一定程度后，促进生产率和经济增长的不再是土地、人口或物质资本三大传统要素的增加，而是人的知识、能力、健康等人力资本水平的提高。所以，真脱贫和脱真贫的实现，政府投资从一开始的物质资本占优势向人力资本占优势转变具有重要的战略意义。

（4）扶贫方略的精准对接。主要包括：第一，中共中央、国务院《关于打赢脱贫攻坚战三年行动的指导意见》指出，"到2020年，巩固脱贫成果，通过发展生产脱贫一批，易地搬迁脱贫一批，生态补偿脱贫一批，发展教育脱贫一批，社会保障兜底一批，因地制宜综合施策，确保现行标准下农村贫困人口实现脱贫，消除绝对贫困"。在这几个"一批"中，语言在异地搬迁脱贫、发展教育脱贫中的作用应该大于其他方面。第二，在中共中央、国务院颁布的《关于打赢脱贫攻坚战的决定》中提到了许多精准扶贫方略，如"发展特色产业脱贫""引导劳务输出脱贫""实施易地搬迁脱贫""着力加强教育脱贫"。这些政策和措施无不与语言能力密切相关，因此需要精准扶贫方略与语言能力提升的精准对接。第三，《关于打赢脱贫攻坚战的决定》中提到要"健全东西部扶贫协作机制"，中共中央办公厅、国务院办公厅也专门印发了《关于进一步加强东西部扶贫协作工作的指导意见》。东西部扶贫协作必然涉及人员的沟通和语言能力的提升问题。第四，国家旅游局、国务院等部门颁布的《关于支持深度贫困地区旅游扶贫行动方案》《乡村旅游扶贫八大行动方案》等政策，通过旅游产业扶贫，也需要语言能力的积极参与：一方面，是当地居民需要提升通用语以方便与游客的交流，另一方面，当地的语言文化也可以作为旅游产品或副产品以吸引更多的游客。

（三）稀缺的启示

在稀缺理论的框架下，语言扶贫的实践可能需要在以下方面有所加强。

第一，语言因素在扶贫脱贫事业中是一个非急迫性因素，即比起水、食物、健康、糖、烟、生产资料甚至电视等娱乐设施这些贫困群体所急需的物品，语言以及教育都是非急迫获取的要素，应该理解贫困群体对语言问题不太关注的问题。但是正如班纳吉和迪弗洛所展示的印度及其他东南亚国家使用蚊帐之后产生的"使用蚊帐—减少传染病及其他疾病—身体好了—收入增加—进一步投资—摆脱贫困"正向链条一样①，在基本生活条件具备的同时或之后，在政府和社会力量的帮助下，提升语言能力也将会出现"语言能力提升—工作机会增多/可移动范围增大—收入增加—进一步投资—摆脱贫困"的正向反应链。

第二，树立语言致富样板，看到语言能力提升的价值，提高贫困地区群众对通用语言"红利"的认知，体会到"语言资本—信息—工作—收入"之间实实在在的关联，以期产生示范和带动效应。② 要让群众认知到自己或子女语言能力的提升是值得的。甚至在一定条件下可以使用"有条件现金转移"③ 的方式，即随着语言能力的提升，整笔扶贫资金逐步给付到位，达不到此目标的则不给资金。

第三，为贫困人口提供的培训要简单、实用——节省带宽的教育方法才是好方法。所以，针对贫困人群语言能力的提升，可能需要不同于一般教学的专门的教学计划、方案、教材、教学法等。此外，也要为教师、教学、教材配备充足的资金支持。语言培训内容、培训方式、培训周期等须因地、因人而异，做到精准培训。④ 在此方面，云南省的语言扶贫工作就采用了很多创新培训模式，值得其他地区借鉴。⑤

第四，语言扶贫要用在正确、恰当的地方，尤其是要让人们知道其所在，知道如何拥有或提升语言能力；要对那些根本不会想到语言因素的人进行重点扶持。

第五，要注重语言政策与规划在语言扶贫中的作用。提升贫困地区的语言能力要有基本方略，做专门的语言规划。⑥ 扶贫减贫需要各项公共

① 阿比吉特·班纳吉、埃斯特·迪弗洛：《贫穷的本质：我们为什么摆脱不了贫穷》，景芳译，中信出版社2013年版。

② 王春辉：《精准扶贫需要语言教育协力》，《中国社会科学报》2018年3月6日第3版。

③ 阿比吉特·班纳吉、埃斯特·迪弗洛：《贫穷的本质：我们为什么摆脱不了贫穷》，景芳译，中信出版社2013年版，第71—72页。

④ 王海兰：《深化语言扶贫，助力脱贫攻坚》，《中国社会科学报》2018年9月11日第3版。

⑤ 袁伟：《上下联动 多方协同——云南省全面打响推普脱贫攻坚战》，《语言文字报》2018年7月11日。

⑥ 李宇明：《修筑扶贫脱贫的语言大道——序〈中国语言生活状况报告（2018）〉》，载郭熙主编《中国语言生活状况报告（2018）》，商务印书馆2018年版，第5页。

政策的保障，语言政策作为公共政策的一部分，应该积极参与到整个社会保障网络的构建和落实中去。除了其他公共政策外，语言学习、学校教育等作为社会和公共产品，应该要更容易地为贫困人口所获取。有效的、积极的语言政策应当：一方面，最大限度地提高大众获取知识的能力，从而有效提高教育水平和生产力；另一方面，最大限度地增强大众的凝聚力，提升他们的合作能力，从而促进国家发展。

第六，提升语言能力和教育水平，对于贫困人口来说是一项重要的投资或者说消费。对于这种基础性消费，国家和当地政府应该承担更多的责任。以语言能力为基础的教育提升是补足现代性伦理缺失、阻断贫困文化代际传递的核心环节；优化消费结构，挖掘能为他们产生高强度收入增长的机会，则是避免陷入"经济性贫困陷阱"的最佳手段。[1] 毕竟，比起财富差距和收入差距，消费差距才是更为关键的社会稳定影响因素。[2]

第七，有必要从学理上区分个人发展与国家发展：从国家战略的角度，脱贫攻坚有其宏观目标，对应到语言上就是国家通用语传播和贫困地区当地语言或方言的和谐发展；从个人的角度来说，是否需要提升普通话水平，是否需要保持母语或母方言，或者选择成为双言双语者，往往要依据自身情况，遵从自己的选择。

最后需要指出的是，农村绝对贫困人口实现脱贫和贫困县摘帽，并不意味着农村贫困的消失，也不意味着扶贫工作的结束。贫困是一个相对概念。农村贫困在 2020 年后仍将以相对贫困和多维度贫困的形式存在，未来的扶贫工作还会继续下去。教育扶贫特别是在深度贫困地区发展学前教育，提高义务教育质量，不仅是防止新的贫困产生的有效机制，还是防止返贫的重要制度保障。[3] 语言扶贫是教育扶贫的重要内容，也是防止返贫的重要环节保障。从这个意义上说，语言扶贫实践将会继续探索下去。认识语言的扶贫功能，为贫困人口和贫困地区修筑起脱贫的语言

---

① 李小云：《把深度性贫困的治理作为精准扶贫的重中之重》，光明网，2017 年 4 月 24 日。

② Bruce Meyer, James Sullivan, "Consumption and Income Inequality and the Great Recession", *American Economic Review*, Vol. 103, No. 3, May 2013, pp. 178–183.

③ 李小云：《脱贫摘帽重在不返贫》，《人民日报》2018 年 8 月 26 日。

大道，为改变经济劣势和发展劣势、促进当地社会的文明进步贡献"语言之力"，最终也将为永久脱贫的实现贡献"语言之力"。

五 结语

贫困是人类发展的阶段性产物，是全球性"3P"（pollution 污染，population 人口，poverty 贫困）问题之一，也是一直以来人类共同面对和必须解决的重大问题。所以，联合国在成立伊始就把"消除贫困"写进《联合国宪章》。贫困是不平等的表现之一。随着人类技术的进步和组织体系的精密，不平等现象有越来越扩大的趋势。历史已经向人类证明，不平等问题往往会成为人类灾难（战争、内乱等）的导火索，因此，出思路、下气力解决人类社会的一系列不平等问题也就具有了深远的历史意义。就此意义来说，中国扶贫脱贫实践的历史意义无论怎么拔高都不为过。也是在此意义上，不同学科和领域基于各自的视角和范式来深化与贫困相关的研究就具有了特殊的历史意义。

当代中国进行的扶贫脱贫实践（语言扶贫实践当然包括在内）正在创造新的历史，正在为人类历史的发展写下浓墨重彩的一笔。无疑，中国的扶贫实践正在为人类的语言与贫困研究提供着可能是史无前例的一次研究机遇。国际上对语言与贫困的研究虽然已不少，但是基于中国扶贫实践的观察、描写、思考和解释，必将给已有的理论、范式和方法带来新视野、新视角，甚至修正已有的理论和结论[1]，也很可能产生新的理论范式。比如，如此大规模、政府主导的集体脱贫史所罕见，其提供的学术研究背景以及蕴含其中的各种社会现象可能是独特的，以此为背景的相关语言问题和现象也很可能具有不同于以往的特质。正因如此，有些研究议题就是国外学者尚未涉及或研究薄弱的，如异地搬迁式扶贫中搬迁群众的语言适应问题，其他成系统、成规模的扶贫措施或路径给语言因素提出的要求和挑战，"村民夜校""讲习所"等培训形式对于贫困人口语言能力提升的作用，语言能力提升对于阻断贫困代际传递的作

---

[1] 李宇明：《语言扶贫：中国语言经济学发展的重大机遇》，第 9 届中国语言经济学年会学术报告，北京师范大学，2018 年 10 月 20 日。

用等。

　　语言与贫困有着双向互动的关系，对两者关系的研究形成很多论题和理论思考，语言扶贫的实践则为贫困问题的解决提供了语言视角的策略和路径。理论与实践的结合在语言与贫困的界面上得到完美呈现。

新中国的语言扶贫事业[*]

一　引言

　　新中国成立 70 多年来，中华人民共和国的扶贫减贫事业取得了举世瞩目的成就。在中国共产党领导下，经过 70 多年的奋斗发展，中国由穷变富、由弱变强。从 1978 年到现在，已经有 7 亿多人口摆脱了贫困，贫困发生率由 1978 年的 97.5% 下降到 2017 年年底的 3.1%，创造了人类减贫史上的中国奇迹。[①]

　　70 年来，中华人民共和国的语言扶贫事业成绩卓著。从 1978 年到现在，中国的成人识字率[②]从 1982 年的 65% 左右[③]上升到 2015 年的 96.4%[④]，普通话普及率从 2000 年的 53% 提高到 2015 年的 73% 左右。当前，我们国家脱贫攻坚战略正在全面实施，作为扶贫攻坚的一个重要切入点，我们的语言扶贫攻坚战已经全面打响。[⑤] 中国的语言扶贫事业正稳步开拓前行。

　　本文意在梳理中华人民共和国成立 70 多年语言扶贫事业的历史和现

---

　　[*]　本文曾以《中华人民共和国语言扶贫事业七十年》为题发表在《云南师范大学学报》（哲学社会科学版）2019 年第 4 期"语言与贫困"专题中，收入本书时略有修改。

　　[①]　国务院扶贫办网（http://www.cpad.gov.cn/art/2018/12/8/art_624_91743.html？td-sourcetag=s_pcqq_aiomsg）。

　　[②]　成人识字率是指全国 15 岁以上的人口中识字者的百分比。

　　[③]　世界银行网（https://data.worldbank.org/indicator/SE.ADT.LITR.ZS？locations=CN）。

　　[④]　国家统计局网（http://data.stats.gov.cn/files/lastestpub/gjnj/2018/zk/indexch.htm）。

　　[⑤]　教育部语信司司长田立新于 2018 年 5 月 29 日在"2017 年中国语言文字事业发展状况发布会"上答记者问时的回答。参见国务院新闻办公室网（http://www.scio.gov.cn/xwfbh/gbwxwfbh/xwfbh/jyb/Document/1630260/1630260.htm）。

状，考察不同阶段语言扶贫的特点，提炼语言扶贫的经验和路径，以期为将来国内以及国际的语言扶贫事业发展提供借鉴和参考。

二 语言扶贫事业

（一）语言扶贫

语言扶贫是指以整体素质提高为导向，以提升语言文字能力为中心，以各类语言因素和语言政策的高效协调配合为路径的扶贫开发过程。

作为一种内生发展机制，通过制定与语言文字相关的扶贫语言政策，通过在贫困地区、社区面向贫困居民普及国家通用语言文字能力的教育，使贫困居民有机会接触并掌握他们所需要的语言文字能力，进而通过教育的提升、文化知识的获取，提升自身"造血"能力，根植发展基因，激活发展动力，以此阻断贫困发生的动因。

（二）语言精准扶贫

精准扶贫、精准脱贫，是当前中国扶贫开发工作的战略思想和重点工作，是新时期党和国家扶贫工作的精髓与亮点。语言精准扶贫，就是要做到扶贫方式的精准抉择、扶贫对象的精准定位、扶贫内容的精准提升、扶贫策略的精准实施。[1]

（三）语言扶贫事业阶段划分

经历了计划经济时代单一性、救济式的扶贫模式以后[2]，改革开放以来中国的反贫困事业大致经历了五个阶段：1978—1985 年的体制减贫阶段，1986—1993 年的大规模开发式扶贫阶段，1994—2000 年的扶贫攻坚阶段，2001—2010 年是扶贫新开发阶段，2011—2020 年是精准扶贫和全面建成小康社会阶段。[3] 翻阅这五个阶段政府出台的相关政策文件就会发现，直到第

---

① 王春辉：《语言与贫困的理论和实践》，《语言战略研究》2019 年第 1 期。
② 陈标平、胡传明：《建国 60 年中国农村反贫困模式演进与基本经验》，《求实》2009 年第 7 期；杨宜勇、吴香雪：《中国扶贫问题的过去、现在和未来》，《中国人口科学》2016 年第 5 期。
③ 李培林、魏后凯：《中国扶贫开发报告（2016）》，社会科学文献出版社 2016 年版。

五个阶段才有了与语言文字相关的政策表述，即 2011 年 5 月中共中央、国务院印发的《中国农村扶贫开发纲要（2011—2020 年）》在"行业扶贫（二十三）"中提到"在民族地区全面推广国家通用语言文字"，这是国家层面的扶贫政策中首次出现语言文字的措施表述。本文以此为界将新中国 70 多年的语言扶贫事业分为两大阶段：1949—2011 年和 2012—2019 年。整体上说，前一个阶段的特点是，语言扶贫的效应是间接的，模式是分点发力；后一个阶段的特点是，语言扶贫的效应是直接的，模式是系统推进。

三　中国语言扶贫事业：1949—2011 年

1955 年 10 月 26 日，《人民日报》发表了题为《为促进汉字改革、推广普通话、实现汉语规范化而努力》的社论；1956 年 1 月 28 日，国务院第 23 次全体会议通过《关于公布〈汉字简化方案〉的决议》和《关于推广普通话的指示》，决定分批推行《汉字简化方案》中的简化字、推广普通话；1958 年 2 月 11 日，第一届全国人民代表大会第五次会议批准颁布《汉语拼音方案》。由此，简化汉字、推广普通话、推行《汉语拼音方案》、汉语规范化等工作构成从中华人民共和国成立之初直至今天的语言文字工作的重点任务。1949—2011 年的语言扶贫事业在整体上正是聚焦于这几项工作，在间接效应上为中国的扶贫减贫工作默默助力。

（一）普通话推广

普通话推广工作，一直以来都是中国语言扶贫事业的核心部分。《关于推广普通话的指示》印发之后，在国家政策引导和扶持、社会经济发展的客观需求、人民群众的自愿学习、大规模下乡串联等形式的人口流动、广播通信技术的长足发展等因素的共同作用下，普通话的覆盖范围大幅拓展，普及率得到大幅提升，特别是为改革开放之后区域经济的协调发展、生产力的更大释放以及中国社会经济的整体进步搭建了坚实的沟通桥梁，提供了雄厚的人力资本基础。1982 年，"国家推广全国通用的普通话"写入《中华人民共和国宪法》，推广普通话成为中国的基本国策；1998 年，经国务院批准，将每年 9 月第 3 周设为"全国推广普通话宣传周"；2001 年，《国家通用语言文字法》实施，规定"国家通用语言文字是普通话和规范汉字""国家推广普通话，推行规范汉字"，进一步明确普通话和规范汉字的法定地位。此外，教育、广播影视、旅游等系统与行业都出台了与普通话相关的规定与文件。①

第十二届全国人大代表、第四届全国道德模范热汗古丽·依米尔用她的切身经历告诉我们："如果不能掌握普通话，在工厂里掌握技术技能各个方面都会遇到很多困难。普通话给了我用知识、用技能改变命运的机会。"② 用普通话扶贫，用扶贫推广普通话，不仅具有重要的经济意义，而且具有深远的政治意义。③

（二）汉字简化与规范

1952 年 2 月 5 日，"中国文字改革研究委员会"成立；1954 年 12 月，中国文字改革委员会成立④；1956 年《汉字简化方案》的颁布和推广，开启了简化和规范化汉字扶贫减贫的历史。改革开放之后延续了这一任务，比如，1986 年 10 月 10 日重新发表《简化字总表》；1988 年 1 月 26 日，国家语委、国家教育委员会发布《现代汉语常用字表》的联合通知；2002 年 6 月 7 日，教育部、国家语委发布在教育系统试行《第一批异形词整理表》的通知；2009 年 8 月 12 日，教育部就研制出的《通用规范汉字表（征求意见稿）》面向社会公开征求意见，并于 2013 年 6 月 5 日正式颁布。

尽管有人认为几十年来中国大部分人摆脱文盲状态是义务教育的功劳，但显而易见的是，使用规范的简体字是大幅提高中国人识字率、大幅降低文盲率的强大工具之一。从这个意义上说，汉字的简化和规范为教育的发展和扶贫减贫事业贡献良多。

（三）推行《汉语拼音方案》

《汉语拼音方案》的产生过程虽然很是艰辛，但是 60 多年的历史表

---

① 教育部语言文字应用管理司编：《新时期语言文字法规政策文件汇编》，语文出版社2005 年版。
② 柴如瑾：《书同文 语同音 人同心——写在第二十个"全国推广普通话宣传周"之际》，《光明日报》2017 年 9 月 12 日。
③ 朱维群：《把推广普通话纳入扶贫攻坚战》，《环球时报》2017 年 8 月 26 日。
④ 1985 年 12 月 16 日，改名为国家语言文字工作委员会。

明，方案在给汉字注音、帮助学生学习、作为少数民族创制和改革文字的基础、降低文盲率、提升教育效率和效果等方面有着特殊的作用。1984 年 5 月，教育部和中国文字改革委员会联合发出《关于小学"注音识字，提前读写"实验的几个问题的通知》，开始进行小学语文"注音识字，提前读写"教学实验。1986 年，国家在制定新时期语言文字政策时明确指出："现行的《汉语拼音方案》不是代替汉字的拼音文字，它是帮助学习汉语、汉字和推广普通话的注音工具。"也是从 20 世纪 80 年代，人们又逐渐认识到：电子计算机等现代化技术的发展和应用的普及，为《汉语拼音方案》作用的发挥开辟了应用的新天地。

（四）创制文字

自 1956 年起，中国政府在全国少数民族语言普查的基础上，陆续为壮、布依、侗、黎、苗、彝、纳西、傈僳、哈尼、羌、佤、土等 12 个民族创制了 16 种拉丁字母形式的拼音文字，改革和改进了已有的傣、苗、景颇、拉祜等少数民族文字。① 改革开放后，1980 年国务院批准推行《彝文规范方案》，1986 年国家民族事务委员会批准试验推行《土文方案（草案）》，1991 年 8 月四川省人民政府批准了《羌族拼音文字方案》。新创制和改革的少数民族文字在扫除少数民族成人文盲、发展民族教育、培养少数民族人才、传承和发展少数民族文化等方面发挥了巨大作用。②

（五）扫盲事业

中华人民共和国成立时，全国 5.4 亿人口中文盲总数高达 80% 以上；在广大农村地区，文盲比例更是超过 95%。1949—2010 年，中国人口从 5.4 亿人增长到 13.4 亿人，全国文盲人口却从 1949 年的 4.32 亿人减少到 2010 年的 0.55 亿人，累计扫除约 2.73 亿文盲，使全国文盲率从 80% 以上降低到 4.08%。③ 以上的语言文字工作无疑为扫盲事业的发展提供了

---

① 黄行：《汉语拼音与少数民族文字拼音化》，《语言教学与研究》2012 年第 5 期。
② 王爱云：《中共与少数民族文字的创制与改革》，《中共党史研究》2013 年第 7 期。
③ 吴雪钰：《当代汉语母语教育政策发展研究》，博士学位论文，北京语言大学，2016 年。

必要的条件准备和学术支撑。

（六）规范标准

中国语言文字规范标准研究中心统计，目前面向社会应用的国家通用语言文字规范标准共 6 类 47 种。[①] 这些规范标准为国家通用语言文字的教学和使用提供了准绳，也为语言扶贫事业的发展提供了参照。

（七）法制建设

中华人民共和国成立尤其是改革开放以来，中国颁布了一系列语言文字法律法规，同时制定了一大批包含语言文字问题条款规定的法律法规。据统计，截至 2016 年总计有近 2200 项，覆盖宪法、法律、法规、规章和规范性文件。[②] 比如，法律层的《中华人民共和国国家通用语言文字法》、行政法规的《扫除文盲工作条例》、地方政府规章的《新疆维吾尔自治区语言文字工作条例》等。[③] 语言文字法制建设为语言文字服务于扶贫减贫和国家发展提供了法律依据。

几十年来，上述工作作为社会主义建设事业的组成部分，有领导、有组织、有计划、有步骤地持续推进，取得了很大进展。特别是在改革开放新时期，中央明确提出"促进语言文字规范化标准化"的工作方针，为语言文字工作在现代化建设中更好地发挥作用指明了方向。普通话、规范汉字、汉语拼音及其他语言文字规范化标准化的成果广泛应用于经济建设和社会生活，为提高识字和教学效率、扫除文盲、普及教育，发展广播电视、新闻出版、现代通信，对于中文信息处理技术的发展与普及、加速国家信息化进程，提供了基础条件。

---

① 国家语言文字工作委员会组编：《中国语言文字事业发展报告》，商务印书馆 2017 年版，第 13—16 页。

② 国家语言文字工作委员会组编：《中国语言文字事业发展报告》，商务印书馆 2017 年版，第 123—130 页。

③ 李俊宏、杨解君：《论健全国家语言文字法律体系的多维价值》，《广东外语外贸大学学报》2015 年第 6 期。

四　中国语言扶贫事业：2012—2019 年

中共十八大之后，中央提出了"精准扶贫""精准脱贫"的重要思想，开启了中国扶贫减贫事业的新征程。语言扶贫事业从《中国农村扶贫开发纲要（2011—2020 年）》开始直接参与到国家脱贫攻坚的整体规划中，自此也迈进了中国语言扶贫事业直接参与、系统推进的新阶段。全国很多地方已经把送政策、送资金、送项目更好地提升到语言扶贫的层面，把教授普通话纳入工作系列当中。比如，云南省率先而为，对不通普通话的"直过民族"和人口较少民族提供手机进行普通话学习，覆盖目标人群 7.4 万。四川省凉山州已经开办了 3744 所夜校，这些夜校教学的第一课就是要学好普通话。①

新阶段语言扶贫的内容和特点至少包括以下方面。

（一）党的领导和高层重视是根本保证

中国扶贫减贫事业最大的政治优势和制度优势就是始终坚持中国共产党对脱贫攻坚的全面领导。中共十八大以来，习近平总书记在不同场合的讲话中多次论及语言文字以及以之为基础的教育工作在扶贫减贫事业中的重要性。2014 年 9 月 28 日，习近平总书记《在中央民族工作会议上的讲话》中指出："语言相通是人与人相通的重要环节。语言不通就难以沟通，不沟通就难以达成理解，就难以形成认同。在一些有关民族地区推行双语教育，既要求少数民族学习国家通用语言，也要鼓励在民族地区生活的汉族群众学习少数民族语言。少数民族学好国家通用语言，对就业、接受现代科学文化知识、融入社会都有利。要积极推进民汉合校、混合编班，形成共学共进的氛围和条件，避免各民族学生到了学校还是各抱各的团、各走各的圈。"2014 年 12 月 9 日，《在中央经济工作会议上的讲话》中指出："抓好教育是扶贫开发的根本大计，要让贫困家庭的孩子都能接受公平的有质量的教育，起码学会一项有用的技能，不要

_____

① 国务院新闻办公室网站（http://www.scio.gov.cn/xwfbh/gbwxwfbh/xwfbh/jyb/Document/1630260/1630260.htm）。

让孩子输在起跑线上，尽力阻断贫困代际传递。"2017 年 3 月 23 日，《在中央政治局常委会会议审议〈关于二〇一六年省级党委和政府扶贫开发工作成效考核情况的汇报〉时的讲话》中指出："对民族地区、游牧地区、'直过民族'地区，对语言不通的地方和语言通的地方，对文化背景不同的地方，工作要因地制宜。可以多提供一些脱贫攻坚工作方面的好经验好做法，给大家启发。"2017 年 6 月 23 日，《在深度贫困地区脱贫攻坚座谈会上的讲话》"全面把握深度贫困的主要成因"中指出："三是社会发育滞后，社会文明程度低。由于历史等方面的原因，许多深度贫困地区长期封闭，同外界脱节。有的民族地区，尽管解放后实现了社会制度跨越，但社会文明程度依然很低，人口出生率偏高，生病不就医、难就医、乱就医，很多人不学汉语、不识汉字、不懂普通话，大孩子辍学带小孩。"

上述论述，一是道出语言文字与扶贫事业之间的重要联系，二是为语言扶贫实践指明了路径和努力的方向。

（二）政策扶持和精准方略是核心要义

《中国农村扶贫开发纲要（2011—2020 年）》是中共中央、国务院根据扶贫新形势制定的指导今后十年农村扶贫开发工作的纲领性文件。从语言扶贫的角度来说，比起《国家八七扶贫攻坚计划（1994—2000 年）》和《中国农村扶贫开发纲要（2001—2010 年）》，新的扶贫开发纲要最大的变化是在"行业扶贫"部分的"发展教育文化事业"中提到："在民族地区全面推广国家通用语言文字。"这是在国家层面扶贫政策中首次出现语言文字的措施表述。以此为开端，《"十三五"脱贫攻坚规划》《关于加强贫困村驻村工作队选派管理工作的指导意见》等文件增强了语言文字政策表述比重，部委层面更是出台专门的语言文字扶贫规划和方案，如《国家语言文字事业"十三五"发展规划》《国家通用语言文字普及攻坚工程实施方案》《推普脱贫攻坚行动计划（2018—2020 年）》等。

为贯彻落实习近平总书记关于脱贫攻坚工作的重要指示精神，充分发挥普通话在提高劳动力基本素质、促进职业技能提升、增强就业能力等方面的重要作用，采取更加集中的支持、更加精准的举措、更加有力的工作，为打赢脱贫攻坚战、全面建成小康社会奠定良好基础，教育部、国务院扶贫办、国家语委于 2018 年 1 月 15 日联合发布《推普脱贫攻坚行动计划（2018—2020 年）》。其中明确提出，"到 2020 年，贫困家庭新增劳动力人口应全部具有国家通用语言文字沟通交流和应用能力，现有贫困地区青壮年劳动力具备基本的普通话交流能力，当地普通话普及率明显提升，初步具备普通话交流的语言环境，为提升'造血'能力打好语言基础"。《推普脱贫攻坚行动计划（2018—2020 年）》吹响了三年语言扶贫攻坚战的号角，是助力打赢攻坚战的纲领性文件。

这一系列政策表述和方案的出台，显示语言文字因素在扶贫开发中的作用越来越凸显它是一个后发因素。换句话说，在扶贫开发着重于解决温饱问题的初始阶段，语言文字并非一个需要迫切关注的问题或者是因其习焉不察而为人所忽视的因素，但是到了加快脱贫致富阶段，提升语言文字能力的需求就会慢慢凸显出来。[①] 语言扶贫事业在数十年默默助力之后，在中国扶贫事业的新阶段被赋予了更大的责任和使命，已经成为中国整个扶贫减贫事业不可或缺的有机组成部分。

（三）五级联动和加大投入是基本保障

中共十八大之后的语言扶贫体现出省、市、县、乡、村"五级联动"的工作模式。特别是在落实《推普脱贫攻坚行动计划（2018—2020 年）》的过程中，许多特困地区的五级政府互相配合、落实到位，把推广普通话纳入脱贫攻坚，把普通话普及率纳入地方扶贫工作绩效考核，从而提升语言扶贫的效率和效果。比如，河南省教育厅、河南省扶贫开发办公室[②]，三门峡市教育局、三门峡市扶贫开发办公室[③]，海南省澄迈县仁兴镇人民政府[④]等各级单位和部门积极创新工作方式，落实推普脱贫攻坚行动计划。

（四）协调整合和凝聚合力是强大动力

与其他扶贫措施相配合、相协调，从而在整体上发挥作用，也是当

---

① 王春辉：《语言与贫困的理论和实践》，《语言战略研究》2019 年第 1 期。

② 河南教育新闻网（http：//news. haedu. cn/shengnazixun/2018/0919/1042014. html）。

③ 三门峡教育信息港（http：//www. smxjy. cn/zwgk/view. aspx？id = 128456）。

④ 海南省人民政府网（http：//xxgk. hainan. gov. cn/cmxxgk/rxz/201809/t20180925 _ 2771884. htm）。

前中国语言扶贫的另一特点。《"十三五"脱贫攻坚规划》提出了包括"旅游扶贫、科技扶贫、教育扶贫、产业发展扶贫、转移就业扶贫、易地搬迁扶贫、健康扶贫、生态保护扶贫、提升贫困地区区域发展能力、社会扶贫、开展职业培训"等在内的多种产业扶贫措施。语言作为人力资本的核心因素之一，提升贫困地区人们的通用语语言能力，无疑可以为这些措施的传达和实施提供必要的基础和保障。[1] 比如在广西恭城，普通话助力恭城百姓走上了农旅结合的新路子，不仅为生态旅游发展营造了良好语言环境，而且为年轻人开网店销售当地土特产提供了便利。[2]

（五）方式多样和确保质量是实施路径

当前，中国的语言扶贫方式和路径呈现出方式多样、系统配合、质量确保的特点。比如：由国务院扶贫办、教育部发起和指导的面向学前儿童的"学前学会普通话"行动[3]；农民利用"村级夜校""新时代农民讲习所"等学习包括普通话在内的知识和政策法规，助力推普脱贫攻坚行动计划的实施[4]；充分考虑贫困地区不通普通话的青壮年劳动者的需求，为成年普通话学习者编写了《普通话1000句》的专门教材；运用前沿科技，设计"语言扶贫App"帮助少数民族群众学说普通话，学习生产生活技能[5]；开展"推普脱贫攻坚"全国大学生暑期社会实践专项活动，深入中西部地区、少数民族聚居区和欠发达地区，充分发挥大学生在国家通用语言文字宣传、推广、教育等方面的优势，深入开展推普脱贫攻坚活动，推动推普脱贫攻坚工作向纵深发展[6]；第21届推普周活动中，对11个西部省区30个国家级贫困县给予重要支持；把推广普通话纳

---

① 王春辉：《论语言因素在脱贫攻坚中的作用》，《江汉学术》2018年第5期。

② 柴如瑾：《书同文 语同音 人同心——写在第二十个"全国推广普通话宣传周"之际》，《光明日报》2017年9月12日。

③ 搜狐网（http://www.sohu.com/a/270220962_802269）。

④ 搜狐网（http://www.sohu.com/a/250341124_312708）；涟源新闻网（http://www.hnlyxww.com/Info.aspx? ModelId=1&Id=28782）。

⑤ 教育部语用司网（http://www.moe.edu.cn/s78/A18/moe_807/201804/t20180418_333531.html）。

⑥ 教育部语用司网（http://www.moe.edu.cn/s78/A18/moe_807/201806/t20180611_339133.html）。

入脱贫攻坚，把普通话普及率纳入地方扶贫工作绩效考核，列入驻村干部和驻村第一书记的主要工作任务，力求实效①。

（六）深入调研和因地施策是工作策略

没有调查就没有发言权。各级部门在当前的语言扶贫工作中都非常重视一线调研。比如，教育部语用司先后赴四川省凉山州布拖县和喜德县、云南怒江州泸水市和福贡县、甘肃临夏回族自治州和甘南藏族自治州等地开展了座谈会、发放问卷、实地走访等形式的推普脱贫攻坚专项调研，从而为推普脱贫攻坚规划的制定和实施提供了坚实基础。②

比如，基于四川省凉山州昭觉县的调研，提出民族高度聚居地区语言扶贫的新路径：统一干部思想，提高群众认识；聚焦精准施策，建立工作台账；广泛动员力量，汇聚工作合力；创新培训模式，建立长效机制。③ 再如，基于云南省的调研，总结出语言扶贫工作取得重大成绩的经验：思想统一，认识到位；工作机制完善，职责明确；多方联动，大数据聚焦精准；建立多层次、多类别的培训体系；全体总动员，开展推普结对帮扶等活动；宣传措施有效，营造良好气氛。④

其他部门的调研也有许多涉及了语言问题，比如全国政协扶贫调研小组的调研⑤、国家发改委国际合作中心的南疆调研⑥等。这些调研工作为不同地区因地定策、因地施策提供了坚实的基础。

（七）学术研究和广泛研讨是理论支撑

随着中国脱贫攻坚方略的深入展开和实施，学术界开始了对语言与贫困的关系、语言扶贫等论题的系统性研究和探讨。比如，《中国语言生活状况报告（2018）》刊发了李宇明和王春辉的两篇报告；《语言战略研

---

① 新华网（http：//education. news. cn/2018 – 05 – 30/c_129883113. htm）。

② 教育部语用司网（http：//www. moe. edu. cn/s78/A18/A18_ztzl/tptpgj/）。

③ 袁伟：《力推民族高度聚居深度贫困地区推普脱贫》，《语言文字报》2018 年 6 月 15 日第 7 版。

④ 袁伟：《上下联动　多方协同——云南省全面打响推普脱贫攻坚战》，《语言文字报》2018 年 7 月 11 日第 7 版。

⑤ 朱维群：《把推广普通话纳入扶贫攻坚战》，《环球时报》2017 年 8 月 26 日。

⑥ 中国扶贫在线网（http：//f. china. com. cn/2016 – 09/14/content_39299351. htm）。

究》在 2019 年第 1 期刊出了由 7 篇文章组成的"语言与贫困"研究专题；江苏师范大学于 2018 年 6 月承办了"推普脱贫攻坚研讨会"，紧接着在《语言科学》第 4 期推出一组笔谈；《人民日报》《光明日报》《中国社会科学报》《语言文字报》等媒体也刊发了一些学者的评论文章。这些研究和研讨为中国语言扶贫事业的稳步推进提供了必要的学术支撑。

在国家脱贫攻坚战略的大背景下，在上述方面各显神通、通力协作的基础上，中国的语言扶贫事业迈上新的台阶，取得了比以往更丰硕的业绩。

五 余论

中华人民共和国 70 多年扶贫减贫事业披荆斩棘，波澜壮阔，成就非凡。邓小平指出："贫穷不是社会主义。"1978 年党的十一届三中全会"实现新中国成立以来党的历史上具有深远意义的伟大转折，开启了改革开放和社会主义现代化的伟大征程"。"40 年来……我国贫困人口累计减少 7.4 亿人，贫困发生率下降 94.4 个百分点，谱写了人类反贫困史上的辉煌篇章。"[1]

扶贫首要扶智，扶智应先通语。语言文字工作是国家整体工作的重要构件，语言文字事业有力地服务于国家战略。语言扶贫是中国扶贫减贫事业的有机组成部分。70 多年来，它经历了从间接效应到直接效应、从分点发力到系统推进的历史进程（见图 1）。

2020 年如期打赢脱贫攻坚战，这将在中华民族几千年发展史上首次整体消除绝对贫困现象，对于中华民族、整个人类都具有载入史册的伟大意义。但是，我国作为全球人口最多的发展中国家，将长期处于社会主义初级阶段，发展不平衡不充分将长期存在。2020 年后打赢脱贫攻坚战，消除的只是绝对贫困现象，中国相对贫困问题依然存在，扶贫工作将进入一个新的发展阶段。[2] 在这个新的阶段，农村贫困将会进入一个以

---

① 《习近平在庆祝改革开放 40 周年大会上的讲话》，新华网（http://www.xinhuanet.com/2018－12/18/c_1123872025.htm）。

② 黄承伟：《我国新时代脱贫攻坚阶段性成果及其前景展望》，《江西财经大学学报》2019 年第 1 期。

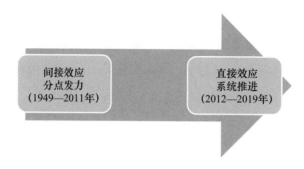

图1　新中国七十年语言扶贫事业历史进程

转型性的次生贫困和相对贫困为特点的阶段。① 中国的扶贫减贫事业、中国的语言扶贫事业必将面临新的形势和挑战。从这个意义上说，70 多年语言扶贫历史的梳理和经验总结就变得更有意义。

---

① 李小云、许汉译：《2020 年后扶贫工作的若干思考》，《国家行政学院学报》2018 年第1 期。

后脱贫攻坚时期的中国语言扶贫[*]

一 引言

按照《中共中央　国务院关于打赢脱贫攻坚战的决定》的要求，2020 年如期打赢脱贫攻坚战，在中华民族几千年发展史上将整体消除绝对贫困现象，这必定会载入人类发展的史册。2020 年，现有贫困标准下贫困人口全部脱贫目标的完成并不意味着贫困的终结。随着长期困扰中国的原发性绝对贫困的消失，中国的贫困问题将会进入一个以次生贫困和相对贫困为主的阶段。农村扶贫开发工作将进入新的历史时期，即相对贫困问题的有效治理阶段。这将成为推动乡村振兴战略、城乡统筹发展和未来现代化建设中的重大议题。[①]

一如之前，后脱贫攻坚时期的语言扶贫还是需要放在贫困状况变化和整个扶贫脱贫事业与贫困治理的体系中展望和思考。一方面，要以后脱贫攻坚时期中国贫困状况的变化为基础，继续将语言扶贫事业作为中国扶贫脱贫事业的有机构成部分来发挥作用；另一方面，要根据语言扶贫自身的特色，稳定性与创造性并举，进行实践探索。

本文意在对后脱贫攻坚时期的中国语言扶贫进行展望：勾勒后脱贫攻坚时期的特征，探讨后脱贫攻坚时期语言扶贫的主要任务，阐释对后脱贫攻坚时期语言扶贫的整体性认知。

---

* 本文得到北京市教委财政科研类专项项目"高校智库与社会服务能力建设项目：语言因素助力脱贫攻坚的政策、路径与成效（SK2020ZK05）"资助。原文发表在《语言文字应用》2020 年第 4 期。感谢匿名审稿专家和《语言文字应用》编辑部提出的宝贵意见。

① 黄承伟：《我国新时代脱贫攻坚阶段性成果及其前景展望》，《农经》2019 年第 3 期。

二　后脱贫攻坚时期的特征变化

2020 年之后的后脱贫攻坚时期有着与脱贫攻坚时期不同的特征。[①] 对于后脱贫攻坚时期的扶贫脱贫事业学者已多有研究，比如邢成举等、陆汉文等、何阳等、唐任伍等、高强等文章分析了相对贫困期的基本特征和重难点，并就相对贫困的多方面治理以及地方实践进行探讨。[②] 又如，郑瑞强等、高强、豆书龙等、左停等对贫困地区乡村振兴与精准扶贫的协同策略、逻辑关系、机制建构、战略和政策指向等问题进行了分析。[③] 本节将列述几项与本文主旨密切相关的特征，为下文论述提供背景和基础。

（一）进入相对贫困治理阶段

绝对贫困是指家庭或个人收入不足以支付基本生活需求的一种生存状态；相对贫困则是指一个人或家庭的收入低于社会平均收入水平达到一定程度时的生活状态。

---

① 对于 2020 年以后的扶贫脱贫时期说法有多种，比如"后扶贫时代""后脱贫时代""后精准扶贫时代""2020（年）后"等。本文称为"后脱贫攻坚时期"，是因为"脱贫攻坚"有特定的内涵，在时间上指的是 2015 年 11 月 27—28 日中央扶贫开发工作会议召开并发布《中共中央　国务院关于打赢脱贫攻坚战的决定》到 2020 年年底全国打赢脱贫攻坚战、消除绝对贫困这一时期。鉴于这一时期的特殊性以及与之前和之后扶贫脱贫工作的差异性，笔者认为称为"后脱贫攻坚时期"更恰当。

② 邢成举、李小云：《相对贫困与新时代贫困治理机制的构建》，《改革》2019 年第 12 期；陆汉文、杨永伟：《从脱贫攻坚到相对贫困治理：变化与创新》，《新疆师范大学学报》（哲学社会科学版）2020 年第 5 期；何阳、娄成武：《后扶贫时代贫困问题治理：一项预判性分析》，《青海社会科学》2020 年第 1 期；唐任伍、肖彦博、唐常：《后精准扶贫时代的贫困治理——制度安排和路径选择》，《北京师范大学学报》（社会科学版）2020 年第 1 期；高强、孔祥智：《论相对贫困的内涵、特点难点及应对之策》，《新疆师范大学学报》（哲学社会科学版）2020 年第 3 期。

③ 郑瑞强、赖运生、胡迎燕：《深度贫困地区乡村振兴与精准扶贫协同推进策略优化研究》，《农林经济管理学报》2018 年第 6 期；高强：《脱贫攻坚与乡村振兴有机衔接的逻辑关系及政策安排》，《南京农业大学学报》（社会科学版）2019 年第 5 期；豆书龙、叶敬忠：《乡村振兴与脱贫攻坚的有机衔接及其机制建构》，《改革》2019 年第 1 期；左停、苏武峥：《乡村振兴背景下中国相对贫困治理的战略指向与政策选择》，《新疆师范大学学报》（哲学社会科学版）2020 年第 4 期。

后脱贫攻坚时期，一直以来困扰中国的原发性绝对贫困将消失，中国的贫困问题将进入一个以次生贫困为特点的新阶段。[①] 贫困的标准将有所区别，贫困的特征将从绝对变为相对。相对贫困时期具有政治性、长期性、相对性、风险性等特征。[②] 相对贫困问题的有效治理将贯穿中国特色社会主义初级阶段，必然成为后脱贫攻坚时期的重大议题。[③]

（二）聚焦发展追求

如果说在绝对贫困时期"两不愁，三保障"是贫困群众的核心诉求，那么，在相对贫困治理阶段，贫困群众的基本需求则发生从"求温饱、图生存"到"求公平、图发展"的深刻转变。阿马蒂亚·森在贫困理论中加入人的全面发展内容[④]，联合国发展计划署和英国牛津贫困与人类发展中心（OPHI）（2010）共同研发了多维贫困指数，通过 3 个维度 10 个指标来测量贫困个体或家庭在整体或各指标上的贫困状态，并以此评测相对贫困。2020 年之后，中国农村的贫困问题将不再是解决温饱和基本生存问题，而是从人的发展角度解决包括良好公共服务、高质量教育、高水平医疗等方面的发展需要。[⑤]

打赢脱贫攻坚战之后，马斯洛的需求五层次理论中较低层次的需求将得到满足，较高层次的需求将成为最迫切的需求，后脱贫攻坚时期面对的将主要是发展性贫困。[⑥]

（三）提升内生动力

精准扶贫提倡"注重扶贫同扶志、扶智相结合"。实践证明，坚持志

---

① 李小云、许汉泽：《2020 年后扶贫工作的若干思考》，《国家行政学院学报》2018 年第 1 期。

② 陆汉文、杨永伟：《从脱贫攻坚到相对贫困治理：变化与创新》，《新疆师范大学学报》（哲学社会科学版）2020 年第 5 期。

③ 黄承伟：《决胜脱贫攻坚的若干前沿问题》，《甘肃社会科学》2019 年第 6 期。

④ 阿马蒂亚·森：《以自由看待发展》，中国人民大学出版社 2000 年版。

⑤ 姜会明、张钰欣、吉宇琴、顾莉丽：《2020 年后扶贫开发政策转型研究》，《税务与经济》2019 年第 6 期。

⑥ A. Harold Maslow, "A Theory of Human Motivation", *Psychological Review*, Vol. 50, No. 4, July 1943, pp. 370 – 396.

智双扶，能增强贫困者摆脱贫困的内生动力和发展能力，有利于解决贫困人口"有体力、无能力"以及贫困户"等、靠、要"的问题，帮助贫困家庭克服精神贫困、铲除滋生贫穷的土壤，进而从根本上解决贫困代际传递的问题。激发贫困者的内生动力，充分发挥扶贫对象的脱贫主动性是减贫可持续发展的重要路径。摆脱贫困思维，增强贫困者内生发展能力，也是筑牢脱贫稳定基础的治本之策。① 当然，要充分认识到内生动力的培养是个长期的、缓慢的过程。

（四）防止返贫现象

2020 年之后的农村减贫工作需要由长期以来的"扶贫战略"转向"以防贫为主"的新减贫治理框架。② 因为刚刚脱贫的人口经济基础原本就很薄弱，抗风险能力较弱，存在脱贫状态的不稳定性。③ 绝对贫困虽然消失了，但是如果没有一定的机制和措施，就有可能出现各种类型、不同程度的返贫现象。所以，巩固好脱贫成效，增强脱贫户自身"造血"功能，提升他们的内生动力，建立长效脱贫机制，不能轻易出现返贫现象，将是后脱贫攻坚时期的重要任务之一。

（五）构建贫困治理长效机制

随着脱贫攻坚政策红利的释放，原有的基于防范农村绝对贫困的整套资源配置将面临重组，建立合理而有效的扶贫开发常态化机制便是当务之急。扶贫开发长效机制的构建，需要按照全国减贫脱贫的基本政策定位，建立健全贫困治理常态化的制度体系，保障 2020 年后贫困治理政策的平衡性与可持续性。④ 在 2020 年后，贫困治理需要吸纳更多的社会主体参与，通过政府、社会与贫困户的共同合作，建构合作共治的贫困治理体系。

---

① 黄承伟：《决胜脱贫攻坚的若干前沿问题》，《甘肃社会科学》2019 年第 6 期。

② 李小云、苑军军、于乐荣：《论 2020 后农村减贫战略与政策：从"扶贫"向"防贫"的转变》，《农业经济问题》2020 年第 2 期。

③ 徐曼：《打好"后扶贫时代"脱贫攻坚战》，《人民论坛》2019 年第 9 期。

④ 刘建：《主体性视角下后脱贫时代的贫困治理》，《华南农业大学学报》（社会科学版）2019 年第 5 期。

（六） 与乡村振兴战略对接

《乡村振兴战略规划（2018—2022 年）》为未来中国农村的和谐发展与整体提升规划了蓝图。后脱贫攻坚时期的贫困治理应实现减贫政策与乡村振兴等其他政策的衔接，利用乡村振兴等其他政策帮扶相对贫困群体发展，缩小因机会不均等造成的发展差距。① 后脱贫攻坚时期，乡村振兴战略的实施将是重中之重，脱贫攻坚也必将实现与乡村振兴的无缝对接。

（七） 建立城乡统筹协调扶贫体系

伴随城乡融合规划的不断推进和城市结构的转型，城市中的不平等和贫困问题日渐凸显，城市反贫困治理将成为未来中国减贫工作的重要方向之一。② 随着城镇化的推进和老龄化的发展，进城务工农民群体、城镇低保人群、未来由于贫困线调整形成的新贫困人口的贫困问题，将可能日益突出，后脱贫攻坚期的工作重点将是城乡统筹综合贫困治理。③

上述几方面的特征无疑为后脱贫攻坚时期的语言扶贫体系提供了基础背景和施策依据。

三　后脱贫攻坚时期语言扶贫的主要任务

在深刻把握后脱贫攻坚时期主体特征的基础上，后脱贫攻坚时期的中国语言扶贫应"着力解决国家通用语言文字推广普及中存在的发展不平衡、不充分等问题"④，至少在以下方面树立目标、形成任务。

---

① 何阳、娄成武：《后扶贫时代贫困问题治理：一项预判性分析》，《青海社会科学》2020 年第 1 期。

② 冯丹萌、陈洁：《2020 年后我国城市贫困与治理的相关问题》，《城市发展研究》2019 年第 11 期。

③ 汪三贵、曾小溪：《后 2020 贫困问题初探》，《河海大学学报》（哲学社会科学版）2018 年第 2 期。

④ 田学军：《谱写国家通用语言文字推广普及新篇章》，《光明日报》2019 年 9 月 17 日。

（一）总结脱贫攻坚时期的语言扶贫经验

新时代脱贫攻坚的成就与经验总结，具有不可替代的现实意义和长远影响。[①] 做好脱贫攻坚期的语言扶贫经验总结，是完成推普助力脱贫攻坚行动计划的内在要求，是客观评价语言扶贫脱贫攻坚成果、权衡得失的需要，可以稳定语言减贫成果、推进语言助力脱贫攻坚与乡村振兴衔接、为研究 2020 年后扶贫工作提供参考，是有效开展宣传、有力激发社会正能量的需要，也可以发展中国语言减贫知识产品，从而为全球语言减贫治理提供公共产品。[②]

（二）普及与提升并重，实施城乡统筹推普方略

卞成林等的研究显示，"要使普通话推广对经济发展产生正面效应，就必须保证普通话普及率大于 60%"[③]。后脱贫攻坚时期，有些贫困地区（比如"三区三州"地区）的普通话普及率仍然有待提升，已经学习了普通话的脱贫人口，其普通话水平更有待提升。后脱贫攻坚时期的推普助力减贫脱贫目标群体将由农村聚焦转向农村—城市的双重聚焦，形成乡村和城市并行发展的新格局。在推动扶贫工作走向城乡统筹的同时，语言扶贫的政策与规划也需要走向城乡统筹，即建构以乡村提升普及率和城市提高质量、不同区域不同政策的语言扶贫体系。在这个框架下，需要同时研究乡村的语言扶贫治理和城市的语言扶贫治理。

（三）明确语言扶贫对象，发挥后发优势

精准扶贫、精准脱贫是新时代脱贫攻坚的基本方略，扶贫对象的精

---

① 黄承伟：《决胜脱贫攻坚的若干前沿问题》，《甘肃社会科学》2019 年第 6 期。

② 王春辉：《推普助力脱贫攻坚效果评估体系的建构及实施》，《江汉学术》2020 年第 5 期。2020 年度教育部哲学社会科学研究重大课题攻关项目和 2019 年度国家语委科研项目重大项目的课题指南中就有与此论题直接相关的选题，即"推普助力脱贫攻坚效果评估研究"和"中国语言扶贫的经验成效及相关理论问题研究"。这也从侧面反映出经验总结工作的重要价值。

③ 卞成林、刘金林、阳柳艳、苏丹：《少数民族地区普通话推广的经济发展效应分析：来自广西市际面板数据的证据》，《制度经济学研究》2017 年第 3 期。需要说明的是：卞成林等（2017）的调查聚焦于广西壮族自治区，其结论是否适用于更广泛的地区还有待进一步考察。即使其限于广西壮族自治区之内，60% 这个数字是否就是可靠的也有待进一步的研究证实。

准定位是精准语言扶贫的内涵之一。① 后脱贫攻坚时期，语言扶贫的对象将由绝对贫困人口转向相对贫困人口。在城乡统筹的视角下，相对贫困人口的范围和规模可能不一定小，推普的方式和力度也应该有所改变，探索以不平衡不充分的问题为重心、以相对贫困人口为主要对象的推普体系就成为亟待解决的课题。这也与上文提及的后脱贫攻坚时期的第一个特征相适应。

在扶贫脱贫的整个体系中，语言文字因素是一个后发因素。在扶贫开发着重于解决温饱的初始阶段，语言文字并非一个需要迫切关注的因素，但是到了脱贫后的阶段，提升语言文字应用水平的需求就慢慢凸显出来。作为后发因素，在后脱贫时期会有更大的发挥空间。② 这一特点是由马斯洛需求层次决定的，也是由语言学习的时长规律和语言学习转化为个体自身人力资本的时长规律决定的。当然，这是就推普助力脱贫攻坚行动计划的效果而言的。这一时期是重点解决通语的问题；后脱贫时期是在通语的基础上，更加注重"通"的质量及其语言文字应用能力提升的问题。

（四）与乡村振兴战略有效衔接，探索后扶贫时期语言扶贫的长效机制

脱贫攻坚与乡村振兴既存在叠加和交叉，又存在差异和不同。③ 具体到后脱贫攻坚时期的语言扶贫工作，在与乡村振兴战略衔接的过程中还应遵循三个原则。一是继续坚持精准语言扶贫思想，即扶贫方式的精准抉择、扶贫对象的精准定位、扶贫内容的精准提升、扶贫策略的精准实施。④ 二是坚持语言扶贫的分类型统筹推进，即控制不会国家通用语言文字人口"增量"、减少不会国家通用语言文字人口"存量"、提升国家通用语言文字推广普及"质量"。⑤ 三是坚持语言扶贫的分地区逐步推进，即乡村地区聚焦于提高国家通用语普及率，城市地区则重点考虑提升国家通用语的普及质量。另外，也需要二者在观念、机制、规划、政策、

① 王春辉：《语言与贫困的理论和实践》，《语言战略研究》2019 年第 1 期。
② 王春辉：《语言与贫困的理论和实践》，《语言战略研究》2019 年第 1 期。
③ 张琦：《稳步推进脱贫攻坚与乡村振兴有效衔接》，《人民论坛》2019 年第 S1 期。
④ 王春辉：《语言与贫困的理论和实践》，《语言战略研究》2019 年第 1 期。
⑤ 田学军：《谱写国家通用语言文字推广普及新篇章》，《光明日报》2019 年 9 月 17 日。

投入等方面的有机对接。

在上述因素的共同作用下，后脱贫攻坚时期就需要探索一套有效且可持续的语言扶贫长效机制。这套机制需要参考脱贫攻坚时期的理论和实践经验，更需要对后扶贫时期的特征变化和扶贫脱贫的整体工作体系有精准的理解和把握。具体措施，比如各级健全完善语言文字工作体制和机制；建立普通话推广情况监督检查机制并切实落实；各级党委和政府把推广普通话列入精神文明建设内容并有效落实；有公务员和公共窗口单位工作人员普通话培训计划并有效实施；学校定期开展推普周活动，日常开展中华经典诵写讲活动，充分发挥辐射带动作用；利用推普周开展集中宣传活动，营造良好的社会氛围等。

（五）继续发挥阻遏返贫和阻断贫困代际传递的作用，尤其关注贫困地区留守儿童的语言问题

作为贫困地区居民自身内在能力的一种，语言属于内生动力型因素，语言扶贫能在阻遏返贫中发挥积极作用。脱贫人口返贫风险的主要来源之一就是返贫人口内生动力缺失。[①] 这也是造成脱贫群众迷茫性的主因。[②] 语言能力作为一种人力资本，也是有效提升内生发展动力的途径和工具。

贫困者子女可能因为教育不充分和人力资本投资不足不能适应未来市场和工作的要求而重新陷入贫困，进而引发贫困代际传递问题。[③] 语言能力是重要的人力资本，提升国家通用语言文字应用能力，可以为个体获得优质教育资源提供基础，也是实现更公平的公共教育服务的重要保障。[④] 以语言能力为基础的教育水平的提升，是阻断贫困文化代际传递的核心环节。政府投入贫困地区学前教育对于防止贫困的再生产和代际传递有重大意义，所以尤其需要继续注重对学前和学龄儿童语言能力的提升。

国家卫健委发布的《中国流动人口发展报告（2018）》显示，贫困地

---

① 郑瑞强、曹国庆：《脱贫人口返贫：影响因素、作用机制与风险控制》，《农林经济管理学报》2016 年第 6 期。

② 徐曼：《打好"后扶贫时代"脱贫攻坚战》，《人民论坛》2019 年第 9 期。

③ 田波、柳长兴：《人力资本视角下的"志智双扶"问题研究：后扶贫时代的扶贫治理》，《重庆理工大学学报》（社会科学版）2020 年第 2 期。

④ 陈丽湘、魏晖：《推普脱贫有关问题探讨》，《语言文字应用》2019 年第 3 期。

区农村留守儿童的比例高达 20.3%，超过儿童总数的 1/5；低龄留守现象突出，3 周岁以下儿童中，留守儿童占 1/6；90% 以上留守儿童的主要看护人为祖父母辈，平均年龄 59 岁，小学及以下学历者占 70% 以上。[1] "贫困＋留守" 这两个不利因素的叠加，使得贫困地区留守儿童的认知语言能力发展条件限制更多。后脱贫攻坚时期，留守儿童的通用语能力发展应该是一个重点工作。

（六）助力易地搬迁扶贫的社会适应和进城贫困群体的社会融入

国家通用语学习和能力提升为包括易地搬迁扶贫在内的多种产业扶贫措施的传达和实施提供了必要条件。[2] 具体到易地搬迁扶贫，它就有一个搬迁群众的语言适应问题。"十三五" 期间，全国建档立卡贫困人口中有易地扶贫搬迁需求的约 1000 万人。[3] 不管哪种安置方式，易地搬迁贫困人口都面临着或多或少的语言环境变化以及语言适应的问题。这一问题的解决途径不外乎以下几种：（1）继续保持自己的语言、方言；（2）转用新安置地的语言、方言；（3）转用普通话；（4）形成双言、双语社区。不管是哪种，其结果显然都需要很长一段时间的调整和适应才能显现。语言适应的问题关涉搬迁群众的心理稳定和社区融入，也关涉他们的工作机会和稳定收入。

贫困群体进城、加入城镇化的进程，与进城务工农民面临的情形很相似。进城务工农民的语言市民化主要是在语言使用习惯、语言态度上转向国家通用语。提高进城务工农民的国家通用语和城市方言能力，将有助于减少他们与城市居民的社会心理距离，增强他们对城市身份的认同感。[4] 贫困农民进城后的语言选择受到多种因素的影响，而语言选择以及语言使用水平在一定程度上会影响到其在城镇生活中的身份建构和社会融入。[5]

---

① 中国乡村之声（网易号），http：//dy. 163. com/v2/article/detail/E3SO34700514C5EJ. html。

② 王春辉：《论语言因素在脱贫攻坚中的作用》，《江汉学术》2018 年第 5 期。

③ 人民网（http：//politics. people. com. cn/n/2015/1016/c70731 – 27708044. html）。

④ 俞玮奇：《新型城镇化视野下上海农民工的语言市民化与城市融入》，《语言文字应用》2017 年第 1 期。

⑤ 王春辉：《城市化移民诸变量的社会语言学分析》，《北华大学学报》（社会科学版）2014 年第 2 期；王春辉：《城市化进程中的社会语言学效应研究》，《江汉学术》2014 年第 5 期。

四 后脱贫攻坚时期语言扶贫的认知

在后脱贫攻坚时期中国扶贫事业的整体图景中，对语言扶贫工作的认知至少涉及以下方面。

（一）贫困治理体系的有机组成部分

脱贫攻坚时期，语言扶贫是整个扶贫脱贫体系的有机组成部分，语言是一个基础性因素。① 在以相对贫困为特征的后脱贫攻坚时期，需要合理回应贫困者的实际需求和发展意愿，综合考量市场、资本、劳动力、人才、技术、信息以及文化、观念、心理等多重发展要素和资源，进而探寻解决相对贫困、促进可持续发展的路径，建立贫困群体稳定脱贫的长效机制。显然，贫困地区和贫困群体的语言能力就是上述综合考量的重要构成要素。在后脱贫攻坚时期，语言扶贫仍将是整个贫困治理体系的有机组成部分，是一个基础性因素。

（二）基本能力的有机组成部分

阿马蒂亚·森从贫困者个体和家庭层面指出，贫困主要是由人的基本能力受到剥夺和机会的丧失造成的，并非单纯的收入少。他认为应高度重视人类贫困、收入分配不公等问题，并从赋权给贫困者以增强其可行能力的角度来探寻减贫和发展方案。能力的提高能使贫困者获得更多的收入，良好的教育和健康的身体是能力提升的基础。② 显然，语言能力是基本能力的重要构成。有了更多、更系统的基本能力，脱贫群众才有机会获得更全面的发展。

（三）由蛰伏积累到发挥实效

新中国成立 70 多年来，语言扶贫一直默默助力中国的贫困治理。③

① 王春辉：《论语言因素在脱贫攻坚中的作用》，《江汉学术》2018 年第 5 期。
② 阿马蒂亚·森：《贫困与饥荒：论权利与剥夺》，商务印书馆 2009 年版。
③ 王春辉：《中华人民共和国语言扶贫事业七十年》，《云南师范大学学报》（哲学社会科学版）2019 年第 4 期。

《推普脱贫攻坚行动计划（2018—2020 年）》颁布之后，我国各级政府采取一系列措施推动落实，比如媒体宣传、专项培训、政企合作、搭建信息化平台以及开展专项活动等。[①] 通过上述努力，应当说贫困群众都不同程度地接触到、认知到、学习到了普通话。经过语言学习的规律性时长，他们的语言能力应该在后脱贫攻坚时期发挥更多的实际效力，能真正转化为生产力。第一部分提到的后脱贫攻坚时期的特征和第二部分提到的语言因素的后发特征，决定了作为教育扶贫重要内容之一的语言扶贫必将在 2020 年后的贫困治理中发挥出越来越大的实际效用。

五　结语

新中国成立 70 多年来，中国累计减少贫困人口 8 亿余人，对全球减贫贡献率超过 70%。尤其是党的十八大以来，每年有大约 1200 万人稳定脱贫，贫困发生率从 10.2% 下降到 1.7%。中国的减贫工作取得了举世罕见的辉煌成就，书写了人类反贫困历史上的雄伟篇章。

但是也应当冷静地看到，脱贫攻坚战的胜利还是减贫脱贫工作的阶段性胜利。相对贫困问题仍然会在未来一段时期甚至很长一段时期继续存在，所以扶贫减贫事业也会在很长一段时间之内继续存在，语言扶贫工作也是同理。经历特殊的脱贫攻坚时期，后脱贫攻坚时期的扶贫减贫事业将面临新的形势与挑战，语言扶贫工作亦是如此。

语言治理是国家治理的有机构成，语言因素也在有效助力国家治理。[②] 研究制定 2020 年后的中国语言扶贫规划是贫困治理和国际治理的重要内容，也是一项复杂的系统工程。在此背景下开始思考后脱贫攻坚时期的语言扶贫未来图景，应该说是正当其时。

---

① 柴如瑾：《推普脱贫培训年覆盖百万人次》，《光明日报》2019 年 10 月 16 日。
② 王春辉：《论语言与国家治理》，《云南师范大学学报》（哲学社会科学版）2020 年第 3 期。

第三编

语言治理的领域视角：应急语言

突发公共事件中的语言
应急与社会治理[*]

一 引言

突发公共事件，指的是突然发生，造成或者可能造成严重社会危害，需要采取应急处置措施予以应对的自然灾害、事故灾难、公共卫生事件和社会安全事件。2019 年末 2020 年初，新型冠状病毒感染肺炎疫情悍然而起，席卷中国，成为又一场考验中国治理的突发公共事件。

突发公共事件应对时期，关键者有四：物资、信息、心理和措施。语言是信息的主要载体，是内在心理的主要外显形式；语言会影响心理，进而左右人们的行为，甚至影响政策的制定和措施的实施。语言应急关涉整个应急体系的运作效率和效果，也影响到疫情灾害时期的社会治理。

本文主要考察：（1）突发公共事件中的相关语言问题和语言应急措施；（2）语言问题和语言应急对社会治理的重要作用；（3）展示突发公共事件中语言因素与社会治理的相互作用。

二 信息发布与多语服务

信息是应对突发公共事件时最重要的四个因素之一。及时、准确地发布信息和事实真相是稳定民心、保证处置措施得当的基本前提。与此

　　* 本文是北京市教委财政科研类专项项目"高校智库与社会服务能力建设项目"（项目号：SK2020ZK05）的阶段性研究成果。原文发表在《社会治理》2020 年第 3 期。

相关的语言问题涉及信息发布渠道、信息和新闻发布话语、信息发布与传播的多语服务等。在这次抗击新冠肺炎疫情的过程中，就出现了发布信息不主动、不详细、不及时、渠道混乱、内容单一等问题。①

（一）信息发布渠道

现在的信息发布渠道日趋多元化，从常规的报纸、电视、广播、杂志到网络媒体、新媒体、户外宣传标语、宣传单，从口耳相传②到书面通告，建构起一个立体的信息发布治理体系，使得绝大多数居民都能在第一时间获悉事件的相关信息。

当然，不同信息渠道的功能有别，比如网络媒体以及微信、微博、融媒体等新媒体开始起着越来越重要的作用。在不同地域，这些信息渠道所起的作用不同，比如户外宣传标语、广播、宣传单等在乡村特别是偏远区域的信息发布中占据核心位置。在不同情形下，人们对渠道的选择偏好各异，比如 Arlikatti 等针对公共和非营利组织向得克萨斯州伊达尔戈县的科洛尼亚居民传达灾害风险信息的信息渠道研究显示，电视、广播、公共活动和双语员工被认为是最有效的，社交媒体（脸书、推特和城市网站）根本没有被考虑。③

（二）信息和新闻发布话语

在新媒体时代，普通公民具备了"人人皆记者"的技术条件，可以随时借助网络平台发布并共享信息，信息传播的速度加快，群众的表达

---

① 《抗疫考评基层治理十大软肋》，"半月谈"微信公众号，2020 年 2 月 22 日。

② 比如 Nepal 等（Vishnu Nepal, Deborah Banerjee, Mark Perry, "Deborah Scott, Disaster Preparedness of Linguistically Isolated Populations: Practical Issues for Planners", *Health Promotion Practice*, Vol. 13, No. 2, March 2012, pp. 265 – 271）对居住在大休斯敦市区的语言孤立的移民人群进行了 16 次焦点小组讨论，他们主要讲西班牙语、中文、越南语和索马里语中的一种。讨论的问题集中在对灾难的一般认识和理解上，并探索了休斯敦最近一次灾难"艾克"飓风的经历。研究发现：（1）对灾难和备灾的理解与受访人的背景相关；（2）语言孤立人群对备灾需求和实际计划的认识是不充分的；（3）口耳相传是语言孤立群体的首选信息源。

③ Sudha Arlikatti, Hassan Taibah, Simon A. Andrew, "How Do You Warn Them If They Speak Only Spanish? Challenges for Organizations in Communicating Risk to Colonias Residents in Texas, USA", *Disaster Prevention and Management*, Vol. 23, No. 5, October 2014, pp. 533 – 550.

意愿增强。新媒体与传统媒体、政府主流媒体与社会自媒体等在突发公共事件报道中扮演着不同的角色，甚至使用着不同的话语体系。它们在竞合中共同引导着舆论，其传播效果也以往单一传统媒体报道效果大不相同。① 所以，在多媒体时代，如何发挥各种媒体的积极作用，抑制它们的不良作用，成为一个很重要的社会治理问题。信息发布平台、信息发布者、各类媒体都有各自的职责和恪守。

此外，突发公共事件的新闻发布会是检验政府相关部门及人员的试金石之一。政府在面对突发公共事件网络舆情时，是否第一时间进行回应，是否准确、全面地公开信息，是否有效地发布信息等，不仅关系到公众的切身利益，还直接体现出政府应对网络舆情的能力，从而影响政府形象和政府公信力。但目前来看，有些事件新闻发布会暴露出了一些问题，有着不足和可改进之处。② 就新闻发布会使用的话语来说，要想达到良好而积极的发布效果，至少应遵循以下原则：（1）备课准则，在新闻发布会前要做足功课，形成预案，避免发布会一问三不知；（2）质的准则，实事求是地将真实信息和情况公布于众，要专业、不能外行；（3）量的准则，讲求效率，不讲空话、大话，把公众最亟须知道的信息公布出来；（4）方式准则，表达方式要清楚明白，要明确、有条理、不打官腔，要重视沟通，逐渐完成从"发言人"到"对话者"的转变。

（三）信息发布和传播中的语言服务

截至目前，普通话在全国范围内普及率接近80%，识字人口使用规范汉字的比例超过95%，文盲率从新中国成立之初的80%以上下降至4%以下，各民族各地区交流交往的语言障碍基本消除。③ 但是突发事件

① 吴亚楠：《传统媒体与自媒体的博弈研究》，博士学位论文，黑龙江大学，2012年；钟孟秀：《报纸和微博对山东疫苗事件的报道框架建构比较》，硕士学位论文，西南交通大学，2017年。

② 崔鹏：《面向突发公共事件网络舆情的政府应对能力研究》，博士学位论文，中央财经大学，2016年；丁柏铨：《对天津港爆炸事件新闻发布会得失的思考》，《新闻爱好者》2016年第1期；文杰：《危机事件中官方话语的公关修辞研究——以天津港"8·12"爆炸事件为例》，硕士学位论文，西南大学，2017年。

③ 田学军：《谱写国家通用语言文字推广普及新篇章》，《光明日报》2019年9月17日第9版。

来临时，仍然有许多方言区群众、少数民族群众、在华国际人士、听障人士、不会读写的群众等面临信息获取的难题。大量研究已证实通用语有限的个人在获取及时、准确和有用的灾难信息方面会面临许多障碍。在许多情况下，这些障碍也导致了不成比例的不利后果。① 所以，在信息发布和传播时应该采取普通话、方言、少数民族语言、外语、手语等多语服务的模式，要让最基本、最重要的信息第一时间传送到每一名群众的手里。

比如，此次新冠肺炎疫情期间，一些部门和机构就及时推出多语服务。面向少数民族群众，中央广播电视总台的分语微信公众号用蒙、藏、维、哈、朝 5 种民族语言节目对疫情防控进行充分播报②；在少数民族地区，一些老年人听不懂汉语，看不懂汉字，当地纷纷创作抗击疫情山歌、民谣，以最接地气的形式呼吁民众做好防疫工作③。面对民众大多为少数民族的特点，贵州省黄平县公安局用汉语、苗语、侗语、僳语 4 种语言教授民众防疫知识。④ 针对在华国际人士，国家移民管理局推出英、俄、法、德、日、韩 6 种外文版本的《新型冠状病毒感染的肺炎公众预防提示》。⑤ 山东省日照市、滨州市政府外事办公室致外籍人士的倡议书被翻译成英、日、韩、西班牙等多种外语。⑥ 面向听障人士，2 月 3 日，北京市疫情防控新闻发布会上首次出现手语翻译，以方便听障人士获取更多、

---

① Jonathan P. Purtle, Nadia J. Siddiqui, Dennis P. Andrulis, "Language Issues and Barriers", in K. Bradley Penuel & Matt Statler, eds., *Encyclopedia of Disaster Relief*, Thousand Oaks: SAGE Publications, 2011, pp. 176 – 177; N. Leelawat, A. Suppasri, P. Latcharote and F. Imamura, "The Evacuation of Thai Citizens During Japan's 2016 Kumamoto Earthquakes: An ICT Perspective", *Journal of Disaster Research*, Vol. 12, No. sp, June 2017, pp. 669 – 677; Shinya Uekusa, "Disaster Linguicism: Linguistic Minorities in Disasters", *Language in Society*, Vol. 48, No. 3, February 2019, pp. 353 – 375.

② 国际在线（https://baijiahao. baidu. com/s? id = 1657397846396422173&wfr = spider&for = pc）。

③ 中国新闻网（http://www. chinanews. com/sh/2020/01 – 30/9073602. shtml）。

④ 《暖心！贵州民警用四种语言向民众传递防疫知识》，2020 年 1 月 28 日，中新网（http://www. chinanews. com/sh/shipin/cns – d/2020/01 – 28/news846075. shtml）。

⑤ "国家移民管理局" 微信公众号，2020 年 1 月 30 日。

⑥ 日照外事网（http://wsb. rizhao. gov. cn/art/2020/1/28/art_31211_8759659. html）；中国滨州网（http://m. binzhou. gov. cn/xinwen/html/79171. html）。

更权威的信息，保持心态稳定，做好自身防护。① 上海市残联也推出《手语版防护知识！速码速学！》的手语视频。②

在信息发布和传递时，要注意多用简单、容易理解的话语，专业术语要多渠道解释、反复解读。因为在突发公共事件来临时，当事人的心理认知过程往往会产生障碍，导致行为失常、语言能力下降。日本在"平易语言政策"下研制的"减灾日语/平易日语"③ 就是应对此种情况而推出的，值得借鉴。④ 宣传疫情防控时，也不应使用过激甚至威胁性的口号标语，尤其是在广大的农村地区。有些地方传发的标语的确体现出民间智慧，如"我宅家，我骄傲，我为国家省口罩""口罩还是呼吸机您老看着二选一"，但类似"出来聚会的是无耻之徒，一起打麻将的是亡命之徒"等就不是很恰当。

三 救援沟通与翻译服务

不管是在一国之内还是跨国之间，突发公共事件救援中往往会出现语言沟通的难题。在缺乏文化和语言上适当备灾计划的情况下，灾前沟通和灾后应对工作中，沟通差距会给应急准备规划人员和应对人员带来挑战。但是人们在讨论与突发事件治理有关的沟通或信息时，却又往往忽略这些沟通和信息常常必须以多种语言进行，也就忽略了有限语言使用者的需求以及对翻译的重视。⑤

---

① 人民网—北京频道（http://bj.people.com.cn/n2/2020/0204/c82840-33764688.html）。

② 新民晚报（https://baijiahao.baidu.com/s? id=1657401315189585192&wfr=spider&for=pc）。

③ 韩涛：《日本的"平易语言"政策》，载国家语言文字工作委员会编《中国语言生活状况报告2019》，商务印书馆2019年版，第331—336页。

④ 司罗红和王晖（《重视生存普通话在紧急救援中的作用》，《光明日报》2020年2月22日第12版）称为"生存普通话"，并做了初步勾勒。此外，据悉国内一些语言学者已经开始了"应急简明汉语"的研制工作。

⑤ Vishnu Nepal, Deborah Banerjee, Monica Slentz, Mark Perry, Deborah Scott, "Community-Based Participatory Research in Disaster Preparedness among Linguistically Isolated Populations: A Public Health Perspective", *Journal of Empirical Research on Human Research Ethics*, Vol. 5, No. 4, December 2010, pp. 53-63; Sharon O'Brien, Federico Federici, Patrick Cadwell, Jay Marlowe, Brian Gerber, "Language Translation during Disaster: A Comparative Analysis of Five National Approaches", *International Journal of Disaster Risk Reduction*, Vol. 31, 2018, pp. 627-636.

2010 年玉树地震救援时，央视《新闻 1 + 1》记者现场连线奔赴一线的白岩松和工作人员，他们一致反映的困难之一就是语言障碍，因为玉树县 90% 多的是藏族同胞，还是带有特殊地方口音的藏语。这个时候就需要翻译人员。但是如果救援相对集中，有一个或者几个翻译就能解决问题，但由于当时救援队是分散开的，所以在遇到一些局部救援情况的时候在沟通上就会变得非常艰难，于是才涌现出才仁旦周那样的小小翻译志愿者。国内救援如此，国际救援更是如此。国家地震紧急救援训练基地教官卢杰就谈到一次在巴基斯坦地震救援时，当地人只会说当地话，连他们当时找的向导也听不懂，最后只能找到当地既会说土话又会说英语的人，把话翻译成外语，再把它转给救援队员。①

在这次抗击新冠肺炎疫情中，为了解决来自全国的医疗支援队与当地患者语言沟通的难题，山东大学齐鲁医院援鄂医疗队在进驻武汉 48 小时内便组织策划编写出《国家援鄂医疗队武汉方言实用手册》和《国家援鄂医疗队武汉方言音频材料》以及《护患沟通本》，使用效果非常好。② 接着，教育部也指导北京语言大学、武汉大学、华中师范大学等高校及商务印书馆等单位，组织有关专家学者和人员成立 40 余人的"战疫语言服务团"，编制了《抗击疫情湖北方言通》的融媒体口袋书版、微信版和网络版，积极帮助外地援鄂医疗队解决医患沟通方言障碍问题，用语言学专业知识助力湖北省抗击新冠肺炎疫情。③

灾难中的翻译是一个高度语境化的书面的与口头的跨语言和跨文化转换的过程。④ O'Brien 等提出突发公共事件中信息翻译的四个原则：第一，在灾害管理的所有阶段正式纳入获得翻译信息的权利，包括确保在适当的时候正确区分书面翻译和口头翻译。第二，通过多种传播模式，确保在多个平台上以当地相关语言提供免费和现成的翻译。第三，采取必要行

---

① 李宇明、王春辉：《为抗疫救灾架起语言之桥》，光明日报客户端，2020 年 2 月 10 日。

② 《进驻武汉 48 小时内，齐鲁医院医疗队编写了一本方言手册》，齐鲁网（https://baijia-hao. baidu. com/s？ id = 1658074878848165863&wfr = spider&for = pc）。

③ 《"战疫语言服务团"助力湖北抗击疫情》，中华人民共和国教育部（http：//www. moe. gov. cn/jyb_xwfb/gzdt_gzdt/s5987/202002/t20200213_420810. html）。

④ Patrick Cadwell, Sharon O'Brien, "Language, Culture, and Translation in Disaster ICT: An Ecosystemic Model of Understanding", *Perspectives*, Vol. 24, No. 4, May 2016, pp. 557 – 575.

动保证翻译信息的可接受性，包括但不限于：使用专业笔译员和口译员作为第一选择、紧急情况下的笔译和口译培训，以及对所有人（包括语言志愿者及其他人员）的持续批准和培训。第四，与灾害管理和备灾的任何其他领域一样，社区在语言获取问题上的需求不是一成不变的。①

除了特定机构的翻译人员外，语言志愿者是应对突发公共事件翻译问题的主要路径，大致分为外语语言志愿者、通用语语言志愿者和本地语/方言语言志愿者等类型。在美国，很多机构会专门招募语言志愿者解决事件中的翻译问题。比如，爱荷华州的"译者无界组织"、明尼苏达州的"人权倡导者组织"，都有成系统的翻译志愿者招募和培训。随着中国志愿服务事业的长足发展，志愿服务已经在突发公共事件应对中发挥着越来越重要的作用。在此次新冠肺炎疫情防控期间，各类志愿服务队以及语言翻译志愿者也在需要他们的时刻勇挑重担。

比如，"战疫语言服务团"为其开发的"抗击疫情湖北方言通在线服务系统"寻找方言志愿者，短短半天时间收到 529 位志愿者的报名电话。② 武汉新冠肺炎防控指挥部应急保障组发出国外标准翻译的需求通知后，短短数日，高校师生、翻译员、医学专业人士就组成 300 多人的"武汉志愿者翻译总群"进行相关工作对接。③ 上海市闵行区专门征集了服务外籍旅客的志愿服务分队，机动支援虹桥枢纽 6 个卡点，担任外籍旅客的健康信息登记、确认及沟通交流等工作。④ 为充分保障武汉地区听障人士做好疫情防控，社会各界联合发起"武汉手语支援"项目，并向社会招募手语志愿者。⑤ 这些语言志愿队的工作有效支援了抗击疫情的整

---

① Sharon O'Brien, Federico Federici, Patrick Cadwell, Jay Marlowe, Brian Gerber, "Language Translation during Disaster: A Comparative Analysis of Five National Approaches", *International Journal of Disaster Risk Reduction*, Vol. 31, 2018, pp. 627 – 636.

② 《"战疫语言服务团"方言志愿者征集活动致谢公告》，"中国语情"公众号，2020 年 2 月 12 日。

③ 《高校学子发挥外语专业特长"志愿翻译"国外标准助力疫情防控》，中新网（http://dy. 163. com/v2/article/detail/F4G282CS0534AZ71. html）。

④ 《外语流利的防控志愿者在沪上岗　每天 3 班支援虹桥枢纽》，新浪上海（http://sh. sina. com. cn/news/m/2020 – 02 – 12/detail-iimxxstf0800938 – p2. shtml）。

⑤ 《武汉手语支援项目招募志愿者，提供在线手语翻译及信息无障碍服务》，WHEISA 公众号，2020 年 2 月 8 日。

个战"役"。

可以说，鉴于全球许多社区（包括城市和乡村的）日益增长的语言多样性的实际情况和需求，关注在灾害或其他危机情况下提供语言翻译服务将成为紧急情况和灾害管理日益普遍的工作。[①]

四　谣言防治与舆论引导

互联网和新媒体时代，信息发布主体和大众信息获取渠道趋向多元化。突发公共事件中的谣言治理和舆论引导也随之变得更为复杂。

（一）谣言防治

突发公共事件中，网络谣言的传播给政府舆情治理带来了严峻的挑战。谣言是突发事件的寄生虫，它只会助长事件的扩散，妨碍抗疫救灾措施的实施。在这次新冠肺炎疫情中，从"双黄连/童子尿可以预防新冠病毒"到"带毛领或绒线的外套容易吸附病毒""治疗主要靠激素，会成为废人"，种种谣言带来的是更多的恐慌、人际信任的破坏甚至肺炎医治的延误。新媒体对谣言的成因和防治也带来了新的特点，比如微博谣言的传播。[②]

以下措施应该有助于抗疫救灾时期的谣言治理：（1）及时锁定突发事件，建立有效的谣言预警机制；（2）把握信息传播规律，及时、准确传递信息；（3）与其他媒体积极合作，扩大辟谣信息的影响力；（4）完善相关法律法规，让谣言治理有法可依；（5）增加公众知识储备，提高谣言辨识能力。[③]

---

① Sharon O'Brien, Federico Federici, Patrick Cadwell, Jay Marlowe, Brian Gerber, "Language Translation during Disaster: A Comparative Analysis of Five National Approaches", *International Journal of Disaster Risk Reduction*, Vol. 31, 2018, pp. 627 – 636.

② 苗丰：《突发公共事件中微博谣言的传播成因浅析及反思——以"8·12"瑞海公司危险品仓库特别重大火灾爆炸事故为例》，《新闻传播》2015 年第 21 期；钟孟秀：《报纸和微博对山东疫苗事件的报道框架建构比较》，硕士学位论文，西南交通大学，2017 年。

③ 匡素勋、朱婷佳：《突发事件中网络谣言的政府应对——以"泸县太伏中学案"为例》，《行政与法》2018 年第 8 期。

（二）舆论引导

在政务公开和新媒体快速发展的背景下，做好突发公共事件舆情回应和引导成为现代政府应急管理的重要组成部分，也是政府提升治理能力的内在要求。突发事件舆论引导中，政府部门、媒体、公众分别有着不同的地位和作用。政府部门作为高位舆论引导主体，应发挥积极主动的作用，并尽量弥补突发事件发生时的信息不对称；市场化媒体对突发事件的建构和舆论表达也制约着突发事件的发展；公众作为突发事件舆论引导的客体，其利益诉求和价值诉求满足与否最终决定突发事件舆论引导的效果。[①]

网络舆情的出现为公民寻求体制外的利益表达渠道提供了场所，也暴露了传统行政管理的不足，促使政府为适应现代化治理进行改革创新。公众参与的叙述方式呈现多样化特点，以情感话语策略和事件声援策略为主，参与目的主要是对突发事件的问责和情感宣泄，表达对危机事件处理方式的质疑和不满等，从而对事件进展起到推动的作用。[②] 对于新媒体这一媒介话语载体，政府要给予足够的重视，适应新媒体环境，以公众诉求为导向，优先把握信息发布的时机，运用多元平台，重视民众反馈并积极回应，面对谣言传播及时、有效辟谣。

网络舆情治理已成为治国理政的题中之义。对网络舆情的治理，既是网络空间治理的重要内容，又是信息化浪潮中我国国家治理、政府治理和社会治理面临的重要课题。在此背景下，有必要从以下方面予以提升：（1）依托大平台，发挥政务新媒体力量，建立全媒体传播体系；（2）建立和完善舆情发布、引导工作机制；（3）完善舆论监督制度，切实履行媒体的职能与职责；（4）建立健全新媒体及其网络空间的综合治理体系；（5）加强培训和练习，提高与媒体打交道的能力。[③] 此外，可能

---

① 焦俊波：《突发事件舆论引导机制研究》，博士学位论文，华中科技大学，2013 年。

② 顾海云：《突发危机事件中我国公民网络参与的话语表达——以天津危险品仓库爆炸案为例》，硕士学位论文，上海外国语大学，2017 年。

③ 郭慧、雷智博：《建立和完善突发事件舆论引导策略新格局》，《行政管理改革》2019 年第 2 期；沈正斌：《社会治理视域下重大突发事件的舆论引导机制创新》，《新闻战线》2020 年第 1 期。

还需要进一步改变话语方式，加强人文关怀、遵守新闻操作规范等，也需要尝试舆论引导的新路向，如建构面向突发公共事件舆论引导的应急科普机制。①

五　命名问题

在突发公共事件的应急和处置中，有一个问题往往被忽视，就是命名问题。

在四大类突发公共事件中，对于自然灾害、事故灾难和社会安全三类突发公共事件来说，涉及的命名问题相对简单，比如直接用地名（汶川地震）、用焦点物件名（长生疫苗事件）、用事件本身（上海外滩踩踏事件）。但是对于突发公共卫生事件来说，命名问题真的是一个大问题，因为它往往涉及两个现象：病毒和疾病，也往往涉及两个层次：国内和国际。

世卫组织卫生安全助理总干事 Keiji Fukuda 博士指出："近年出现了若干新型人类传染病。使用'猪流感'和'中东呼吸综合征'等名称因对某些群体或者经济部门造成的污名化而产生了意想不到的负面影响。这对某些人而言似为一个细微问题，但病名对直接受到影响的人们而言的确事关紧要。我们看到有些病名引起了人们对特定宗教或者民族社区成员的强烈反应，对旅行、商业和贸易带来了不合理障碍，并触发了对食用动物的不必要宰杀。这对人们的生活和生计可能带来严重后果。"②

科学界以外的人员往往会给疾病取俗名，这些俗名一旦通过互联网和社会媒体传播，就会导致即使所用名称不够恰当甚至带来更大负面影响也很难做出更改。因此，无论何人在初次报告新确定的人类疾病时都要尽量使用科学上合理且社会上可接受的适当名称。为此，世界卫生组织与世界动物卫生组织和联合国粮食及农业组织密切合作，并与牵头负责《国际疾病分类》的专家磋商之后，于 2015 年 5 月发布了《世卫组织

---

① 刘彦君、吴玉辉、赵芳、刘如、李荣：《面向突发公共事件舆论引导的应急科普机制构建的路径选择——基于多元主体共同参与视角的分析》，《情报杂志》2017 年第 3 期。

② 世界卫生组织（https://www.who.int/zh/news-room/detail/08-05-2015-who-issues-best-practices-for-naming-new-human-infectious-diseases）。

发布新型人类传染病命名最佳实践》（*World Health Organization Best Practices for the Naming of New Human Infectious Diseases*）。该最佳实践指出，疾病名称应当包括疾病症状（如呼吸道疾病、神经综合征、水样腹泻）的通用描述性术语和疾病表现、受影响人群、疾病严重性或者季节性特征等有力可得信息方面（如进行性、青少年、严重、冬季）更具体的描述性术语。当已知引起疾病的病原体时，该病原体就应当被纳入疾病名称（如冠状病毒、流感病毒、沙门氏菌）。在疾病名称中应当避免的术语包括地理方位（如中东呼吸综合征、西班牙流感、裂谷热）、人名（如克罗伊茨费尔特—雅各布病、恰加斯氏病）、动物或食物种群（猪流感、禽流感、猴痘），以及涉及文化、人口、工业或职业（如军团）和可煽动过度恐慌的术语（如不明、致命、流行）。新规则的目标是在反映真实具体的情况下，尽量减少疾病名称对于贸易、旅游、动物福利以及任何文化、社群、国家、种族、宗教群体等带来的负面影响。

以新冠肺炎疫情为例。这次疫情出现后，2020 年 1 月 12 日，世界卫生组织正式将此新型冠状病毒命名为 2019 – nCoV（2019 新型冠状病毒），其中 2019 代表最早出现的年份，n 代表 Novel（新的），CoV 代表 Corona Virus（冠状病毒）。2 月 11 日，世卫组织总干事谭德塞在记者会上宣布，将由新型冠状病毒（2019 – nCoV）引发的疾病正式命名为：2019 冠状病毒病，英文缩写 COVID – 19（Corona Virus Disease 2019）。[①] 在国内，大家一开始都不知道是什么病毒，所以病毒被命名为"不明原因病毒"，疾病被命名为"不明原因（病毒性）肺炎"或"武汉肺炎"，到后来称为"新型冠状病毒"和"新型冠状病毒感染的肺炎"，再到后来的"新冠病毒"和"新冠肺炎"，中间经历了一个长期的过程。[②] 易记、统一、客观的名称能强化动员，规范用语，提高效率，有

---

① 但目前看来学界对此命名尚存争议，可参见《新型冠状病毒命名，先别"一锤定音"》，科学网（http://news. sciencenet. cn/sbhtmlnews/2020/2/353298. shtm）。

② 李权：《从"新型冠状病毒感染的肺炎"到"新冠"需要多久》，"语情局"公众号，2020 年 1 月 9 日。此外，使用"新冠肺炎"的倡议最早是由社科院语言所所长刘丹青研究员提出的（《"新冠肺炎"——一个呼之欲出的简称》，"今日语言学"公众号，2020 年 1 月 28 日），《新华每日电讯》也发表评论文章支持此简称。2 月 7 日，国家领导人首次在公开场合使用这个简称。2 月 8 日，卫健委新闻发布会正式对外公布了这一简称。

助于全国上下一心、目标明确地向疫情发起冲锋；舍弃"武汉/中国肺炎"的说法也避免了由此带来的各种负面影响。①

对于突发公共事件来说，命名是议题设置的核心要素，需要准确聚焦，更需要及时、专业的处置。

六 国家语言应急机制建设

我国是世界上受各种灾害影响比较严重的国家之一。近些年，国家特别加强包括灾害在内的各种突发公共事件防控的法制建设和技术建设，成效十分明显。但是，我国在突发公共事件语言应急方面的系统建设还未提上日程，突发事件语言应急能力还亟待提升。② 语言应急机制是国家治理体系和治理能力现代化的重要体现。为了有效应对突发公共事件中的语言问题，发挥语言文字工作者在突发公共事件中的作用，建议立足坚持底线思维，着力防范和化解重大风险，相关部门要尽早建立"国家突发公共事件语言应急机制和预案"。

第一，制定"国家突发公共事件语言应急机制和预案"，或在《中华人民共和国突发事件应对法》《国家突发公共事件总体应急预案》《突发公共卫生事件应急条例》等文件中加入语言应急的内容。尤其注意在事件四个级别中制定相应的语言应急机制、预案，做好预防与应急准备、监测与预警、应急处置与救援、事后恢复与重建等各个环节的语言条目设置。

第二，设立"突发公共事件应急语言志愿服务团"。③ 志愿服务团属非营利民间组织，主要职能是根据国家突发公共事件应急预案进行各项基础性预备工作。平时在各自岗位上工作，需要时召集起来进行语言服务。

第三，加强灾难语言学或应急语言学的相关研究，设立研究基地，培养相关专业人才，加快"应急简明汉语"的研制和应用。

---

① 可以参见肖俊敏《正义之声——向"武汉病毒"说"不"》，"语言与治理"公众号，2020 年 2 月 9 日。

② 方寅：《实现"通事"与"通心"——提升突发事件语言应急能力》，《人民日报》2018 年 3 月 9 日第 7 版；王辉：《发挥社会应急语言能力在突发公共事件中的作用》，光明日报客户端，2020 年 2 月 13 日。

③ 可以借鉴美国紧急语言服务体系的经验，参见滕延江（2018）。

第四，重视现代科技手段的运用，让互联网、新媒体、人工智能、大数据、区块链等技术在语言应急机制的设立和实施中发挥应有的作用。

第五，注重语言志愿者的招募和培训，可以由政府或社会团体自组织进行，也可以将之纳入国家志愿服务事业的整体规划，使之常态化、组织化、系统化。①

第六，加强国际合作，与相关国际组织或国家增进沟通、互通有无，共同提升突发公共事件的语言应对能力和协作效率。

2月14日，中央全面深化改革委员会第十二次会议召开，强调要完善重大疫情防控体制机制，健全国家公共卫生应急管理体系。在突发公共事件应急处置中加入语言应急机制的内容，应当说是完全符合国家需要和这次会议精神的。

七　结语

就在中国暴发新冠肺炎疫情的同时，世界各地也不太平：美国暴发了大流感和"诺如"病毒，加拿大遭遇了罕见暴风雪的袭击，加勒比海地区发生了7.7级地震，秘鲁再次暴发"登革热"疫情，刚果（金）"埃博拉"疫情再次恶化，尼日利亚出现不明疾病，巴西出现了一种全新神秘病毒，澳大利亚经受着火灾、洪灾，东非、印度、巴基斯坦等面临着一场蝗灾等。突发公共事件几乎每天都在破坏着人类的和平与安宁。

突发公共事件发生，在预防与应急准备、监测与预警、应急处置与救援、事后恢复与重建等各个环节都存在一系列的语言问题，都需要专业的语言学者和语言应急体系来助力。医患沟通、疾病命名、多语言信息发布、语言翻译服务、宣传用语、新闻语言、谣言防控、舆情引导等语言问题，关涉抗疫救灾的方方面面，对抗疫救灾具有现实和深远的影响。限于篇幅，其他一些论题只能留待以后再深入探究，如科研成果的发表语言与抗疫救灾生产力转换的问题②、应急反应语言志愿培训、事后

---

① 据悉，在国家语言文字工作委员会的指导下，已有科研单位就此问题开始了立项研究。

② 李宇明、王春辉：《中文发论文利于及时转化科研生产力》，光明日报客户端，2020年2月1日。

恢复期的语言心理干预等。

语言是助力社会和国家治理的重要力量。中国需要建设语言应急机制和预案、常态化应急语言志愿服务团，这是突发公共事件应急处置的需要，也是推进国家治理体系和治理能力现代化的重要举措。

语言不仅能创造和传递信息（通事），也能鼓舞斗志、增强信心（通心）。它不仅是精神的体现和载体，也是实实在在的生产力。

大变局下的语言应急体系建设[*]

突如其来的新冠肺炎疫情使突发公共卫生事件成为热搜词，也使得学界开始沉心思考本领域研究与国家治理的关系。对于语言学界来说，虽然一直有学者呼吁要重视应急语言研究，2016 年教育部和国家语委也印发了《国家语言文字事业"十三五"发展规划》，明确提出要"建立应急和特定领域专业语言人才的招募储备机制，为大型国际活动和灾害救援等提供语言服务，提升语言应急和援助服务能力"①，但是政府和学界真正提升认知、付诸行动却是由此次疫情直接促发的。

2020 年 2 月 10 日，在教育部语言文字信息管理司的指导下，经李宇明教授倡议、运作，来自高校、科研单位、企业的 50 余位人士共同组成"战疫语言服务团"。他们日夜奋战，在几天的时间内就研制出涵盖湖北 9 个地市的《抗击疫情湖北方言通》，并以微信版、网络版、迷你视频版、融媒体口袋书、即时翻译软件、全天候在线方言服务系统、抖音版等载体形式，为抗疫一线的医护人员及相关群体提供多维度的语言服务。后来，疫情蔓延至全球，北京语言大学语言资源高精尖中心又开发出涵盖41 个语种的《疫情防控外语通》，在服务来华在华留学生和外籍人士的同时，也为国际社会的疫情防控提供了帮助。在"战疫语言服务团"之外，还有来自全国各地、各行各业人士组成的各类语言翻译志愿团。他们或者帮助翻译相关材料，或者在防控一线帮助外籍人士，或者在线解答相

* 本文系国家社科基金"加快构建中国特色哲学社会科学学科体系、学术体系、话语体系"研究专项重大委托项目"新时代中国特色语言学基本理论问题研究"（项目号：19VXK06）的阶段性研究成果。原文发表在《广州大学学报》（社会科学版）2020 年第 4 期。

① 中国政府网（http://www.gov.cn/xinwen/2017 – 01/16/content_5160213.htm）。

关疑难。除了这些助力疫情防控的实践，语言学界也掀起一股"语言应急研究"的热潮：《语言战略研究》《中国语言战略》《语言文字应用》《天津外国语大学学报》等专业杂志纷纷设立"语言应急专题"；《光明日报》《人民政协报》《语言文字报》等媒体发表了一些评论文章；"语言战略研究""语言资源高精尖中心""语言服务 40 人论坛"等微信公众号相继推出语言应急的推文或笔谈。

在此背景下，政府、学界和大众一致认同现在已经到了将建设语言应急机制和体系提上议程的时候，许多学者已经为此建言献策。本文不在于进一步论证语言应急的体系内涵、各子系统的内容以及具体实施方案等，而是试图聚焦语言应急体系建设的当下历史环境，提请人们注意语言应急体系建设中的国内和国际宏观背景。

一　在应急管理体系背景下建设

2019 年 11 月 29 日，中共中央政治局就我国应急管理体系和能力建设进行第十九次集体学习，强调要发挥我国应急管理体系的特色和优势，借鉴国外应急管理有益做法，积极推进我国应急管理体系和能力现代化。[1] 新冠肺炎疫情暴发之后，中央全面深化改革委员会于 2020 年 2 月 14 日召开第十二次会议，强调要完善重大疫情防控体制机制，健全国家公共卫生应急管理体系。[2] 正如"疫情防控不只是医药卫生问题，而是全方位的工作，是总体战，各项工作都要为打赢疫情防控阻击战提供支持"[3] 一样，语言应急体系应该是应急管理体系的组成部分，也仅仅是其中的一个部分。所以，语言应急体系建设需要清楚自身在整体应急管理体系中的作用和位置，不能自我边缘化，也不能喧宾夺主、自我抚慰，需要根据应急需求侧的实际情况来精准定位、提供供给、协同助力。

---

① 新华网（http：//www.xinhuanet.com/politics/leaders/2019 – 11/30/c_1125292909.htm）。

② 新华网（http：//www.xinhuanet.com/politics/leaders/2020 – 02/14/c_1125575922.htm）。

③ 汪晓东、张音、钱一彬：《凝聚起坚不可摧的强大力量——习近平总书记关于打赢疫情防控的人民战争总体战阻击战重要论述综述》，《人民日报》2020 年 9 月 8 日第 1 版。

二 在国家治理背景下建设

完善和发展中国特色社会主义制度，推进国家治理体系和治理能力现代化，是新时代中国全面深化改革的总目标，语言应急体系建设应当在这个总目标下展开。语言体系建设是语言治理体系和治理能力现代化的重要体现，也是助推国家治理体系和治理能力现代化的重要一环。这就要求语言应急体系建设不仅考虑其在国家整体应急体系中的位置，也要充分考虑其在国家治理体系中的位置；不仅考虑其自身的现代化提升，更要考虑对于整体国家治理体系和治理能力现代化的推进作用。此外，新时代"中国之治"的关键在于中国历史、中国国情、中国人民、中国实践，以及基于此生发的中国道路、中国制度、中国理论、中国文化。因此，中国的语言应急体系建设虽然要充分借鉴他山之石，但是更要充分尊重中国国情，契合中国之治，最终建构起中国特色的语言应急体系。

三 在"两个共同体"背景下建设

新时代中国筑牢中华民族共同体、倡导人类命运共同体是中国人民在历史和现实中做出的抉择，也是在为世界和谐发展贡献中国智慧和中国方案。语言应急体系建设需要在"两个共同体"的目标下，统筹国内和国际两个大局，稳健筹划，渐次推进。疫情面前，"中华儿女心往一处想、劲往一处使，形成抗击疫情的强大力量"[1]。筑牢中华民族共同体，要求语言应急体系建设以国家通用语言文字为主导，充分考虑少数民族地区群众、方言地区群众、残障人士等社会各类语言应急需求，以期建构起"多元一体"的服务体系。"流行病本身和由此产生的经济危机都是全球性问题，只有全球合作才能有效解决这些问题。"[2]"这次疫情再次证

---

[1] 人民日报评论员：《凝聚众志成城抗击疫情的磅礴力量》，《人民日报》2020 年 2 月 3 日第 1 版。

[2] 尤瓦尔·赫拉利：《冠状病毒之后的世界》，《金融时报》2020 年 3 月 20 日。

明，构建人类命运共同体的重要性和紧迫性。"① 建构人类命运共同体，要求语言应急体系建设加强国际沟通与合作，在吸收国际经验的同时亦为国际社会提供中国经验，在服务在华外籍人士的同时注重为国际社会提供中国语言应急服务以及语言应急的公共知识、公共产品，以承担起国际责任，彰显出大国担当。比如，北京语言大学语言资源高精尖中心制作的 41 个语种的《疫情防控外语通》，就为国内涉外部门和国际社会的疫情防控提供了很大帮助。

四　在科技革命背景下建设

人类正在经历第四次科技革命，这是以石墨烯、基因、虚拟现实、量子信息技术、可控核聚变、人工智能、清洁能源以及生物技术为技术突破口的工业革命。科学技术已经越来越成为影响人类进程的核心力量。不管是互联网、新媒体，还是大数据、人工智能、云计算，都在此次抗击新冠肺炎疫情的阻击战中发挥了很大作用。比如，"战疫语言服务团"在助力疫情防控的过程中就充分利用了许多语言新技术：语言资源技术规范和音像采录软件、微信朋友圈、微信公众号、迷你视频、自动翻译、融媒体、大数据库、抖音、迁移学习模型。语言应急体系建设需要充分注意科技的新发展，利用人工智能、量子科技、大数据、区块链等最新科技成果，特别是语言科技成果，提升语言技术的基础工程地位，推进语言与技术的深度融合。

五　在"历史大变局"背景下建设

虽然新冠肺炎疫情最终会给世界格局带来怎样的影响尚未有定论，但是其对人类政治、经济、文化、心理等方面已经并将在未来很长时期内产生广泛而深刻的效应已是世界共识。2020 年 4 月 8 日，中共中央政治局常务委员会召开会议，中共中央总书记习近平主持会议并发表重要

---

① 新华网（http://www.xinhuanet.com/2020 – 05/08/c_1210609072.htm）。

讲话。① 习近平总书记指出，面对严峻复杂的国际疫情和世界经济形势，我们要坚持底线思维，做好较长时间应对外部环境变化的思想准备和工作准备。美国前国务卿、全球著名地缘政治战略家亨利·基辛格在《华尔街日报》撰文发出"世界将在新冠肺炎疫情后永远改变"的警示，并指出"各国领导人面临的历史性挑战在于：在应对危机的同时建设未来，而失败可能会让世界万劫不复"。② 著名记者托马斯·弗里德曼在《纽约时报》的评论中将历史分为"冠状病毒前的世界"和"冠状病毒后的世界"，③ 似乎新冠肺炎疫情已经成为历史分水岭。无论如何，世界正在经历"百年未有之大变局"是毋庸置疑的，语言应急体系建设应顺应此变局，建构起全域而非单域的语言应急体系，即涵盖四大类突发公共事件、军事—国防—战备、外交等全方位领域的系统。由此构建起来的语言应急体系才有可能承担起应负之责任，发挥应有之功效。当然，不同时期、不同需求下，在各领域建设次序和侧重点上应该有所区别。

上述诸种背景，无疑使当下中国的语言应急体系建设承载了更浓郁的时势感和历史感。但"自古不谋万世者，不足谋一时；不谋全局者，不足谋一域"，值此大变局之时进行语言应急体系建设更宜全局着眼、长远打算、战略定力、行稳致远。

---

① 新华网（http：//www. xinhuanet. com/politics/2020 – 04/08/c_1125829634. htm）。
② 人民网（http：//world. people. com. cn/n1/2020/0409/c1002 – 31667560. html）。
③ 澎湃新闻（https：//www. thepaper. cn/newsDetail_forward_6652153）。

战疫语言服务团：实践、经验与启示*

一　引言

对于中国来说，新冠肺炎疫情是新中国成立以来发生的传播速度最快、感染范围最广、防控难度最大的一次重大突发公共卫生事件。① 对于世界来说，正在全球蔓延的新冠肺炎疫情，很可能会是两个世界——新冠之前（before corona）的世界与新冠之后（after corona）的世界的历史分界点。②

新冠肺炎疫情摧毁了一些旧事物，也催生了一些新事物。中国和世界经历着突发公共事件的知识普及，也使得不同领域的研究者开始沉心思考本领域研究与国家治理和全球治理的关系。对于语言学界来说，虽然一直有学者呼吁要重视应急语言研究③，2016年教育部和国家语委也印发了《国家语言文字事业"十三五"发展规划》，明确提出"建立应急和特定领域专业语言人才的招募储备机制，为大型国际活动和灾害救援等提供语言服务，提升语言应急和援助服务能力"，但是政府和学界真正

＊ 本文为教育部"教育'十四五'规划研究课题""'十四五'时期语言文字事业发展研究"的阶段性成果。原文发表在《云南师范大学学报》（对外汉语教学版）2020年第4期"战疫语言服务团"研究专题。

① 《在统筹推进新冠肺炎疫情防控和经济社会发展工作部署会议上的讲话》，新华网（http://www.xinhuanet.com//2020 - 02/23/c_1125616016.htm）。

② 《弗里德曼：新冠肺炎是新的历史分期的起点》，澎湃新闻（https://www.thepaper.cn/newsDetail_forward_6652153）。

③ 比如李宇明《国家的语言能力问题》，《中国科学报》2013年2月25日第7版；方寅《实现"通事"与"通心"——提升突发事件语言应急能力》，《人民日报》2018年3月9日第7版。

提升认知、付诸行动却是此次疫情直接促发的。更精准一点说，应该是肇始于"战疫语言服务团"（以下除非特别说明，皆简称"服务团"）。

本文意在对服务团的战疫实践进行简单复盘，总结归纳其语言应急经验，分析其对后续中国及世界应急语言体系建设的启示。

二 服务团的实践

从 2 月 10 日到 5 月 10 日，服务团的战疫实践已经有三个月时间。战疫工作还在继续，但是梳理这三个月的实践无疑是很必要也极其有价值的。本节将从以下方面简要叙述：缘起、团队分工、战疫产品、相关研究。①

（一）缘起

应该说，"战疫语言服务团"在正式组建之前，有一个较长的酝酿阶段：一是疫情的不断恶化，积累了事态之势能；二是学界的关注持续升温，累积了思考之势能②；三是山东援鄂医疗队自制的"护患沟通本"，激发了行动之势能③，亦是促发服务团组建的点睛之因。

2020 年 2 月 10 日上午 11 时左右，北京语言大学李宇明教授发起组建"战疫语言服务团"的倡议。李教授联系了处在疫情风暴中心的武汉大学赵世举教授，商议为抗击疫情做些工作。很快，两位教授就请示了

---

① 更为详细的复盘和思考可参见李宇明、赵世举、赫琳《"战疫语言服务团"的实践及启示》，《语言战略研究》2020 年第 3 期。

② 比如：（1）1 月末 2 月初，李宇明、王春辉、田列朋等就谈起"简易汉语""科研成果中文首发""语言应急专题"等话题；（2）赵世举、邓毕娟《良言三冬暖，恶语六月寒：危难之时更需语言正能量》一文在"中国语情"公众号刊发；李宇明、王春辉《光明时评：中文发论文利于及时转化科研生产力》《祈年文潭：为抗疫救灾架起语言之桥》两文接连在"光明日报（客户端）"刊发，这些文章在当时引起了较大的社会反响。

③ 2 月 9 日，"齐鲁网"刊发了题为《进驻武汉 48 小时内，齐鲁医院医疗队编写了一本方言手册》的报道，指出："这段时间，全国各地的医疗队纷纷奔赴湖北抗疫一线，与疫情抗争。然而，医疗队来自各个地方，面对着武汉人民，方言沟通困难有时候是存在的。为了解决这个问题，进驻武汉 48 小时内，齐鲁医院医疗队立马组织编写了一套《国家援鄂医疗队武汉方言实用手册》和《国家援鄂医疗队武汉方言音频材料》。"参见齐鲁网（https：//baijiahao.baidu.com/s? id = 1658074878848165863&wfr = spider&for = pc% E3% 80% 82）。

教育部语信司，并邀请北京语言大学、武汉大学、商务印书馆、华中师范大学、首都师范大学等单位研究人员，组建团队，当即开通取名"战疫语言服务团"的20余人微信群作为工作平台，后来逐渐扩至50余人。经过简单合议，决定研发《战疫湖北方言助手》（后来定名为《抗击疫情湖北方言通》）系列产品。

"战疫语言服务团"由李宇明、赵世举二位教授负责总体设计和协调。

（二）团队分工

服务团由来自北京语言大学语言资源高精尖创新中心、武汉大学中国语情与社会发展研究中心、北京语言大学中国语言资源保护研究中心、华中师范大学语言与语言教育研究中心、清华大学计算机科学与技术系、北京语言大学汉语国际教育研究院、北京语言大学中国语言政策与标准研究所、暨南大学华文学院、首都师范大学国际文化学院、首都师范大学语言产业研究院、广州大学粤港澳大湾区语言服务与文化传承研究中心、华中师范大学文学院等科研机构的学者，湖北省九地市的方言专家，商务印书馆、科大讯飞股份有限公司、传神语联网网络科技股份有限公司等企业的专家组成。

服务团大体形成5个工作组，即设计和协调组、方言采集组、技术开发组、审核组、宣传报道组。设计协调组由武汉大学团队组成；方言采集组由北京语言大学、华中师范大学和湖北省九市方言团队组成；技术开发组由北京语言大学团队、清华大学团队、商务印书馆团队、科大讯飞股份有限公司团队和传神语联网网络科技有限公司组成，随后广州大学团队加入；审核组由李宇明教授任组长，赵世举教授和杨尔弘教授任副组长，成员有李强、赫琳、王春辉、饶高琦；宣传组由王春辉负责，近30家语言学微信公众号的责任编辑组成。

（三）战疫产品

目前为止，服务团的主要产品有三：《抗击疫情湖北方言通》《疫情防控外语通》和《疫情防控"简明汉语"》。

1. 《抗击疫情湖北方言通》①

服务团隔空协同，经过数小时的群策群力，组建的当天傍晚就敲定了《抗击疫情湖北方言通》的研发总体方案和普通话脚本。随即各团队分头行动，日夜奋战。在服务团组建的第二天（2 月 11 日晚），即开始陆续发布《抗击疫情湖北方言通》系列产品：微信版、网络版、迷你视频版、融媒体口袋书、即时翻译软件、全天候在线方言服务系统。

2. 《疫情防控外语通》②

面对国际疫情日趋严重的形势，服务团骨干单位北京语言大学语言资源高精尖创新中心又紧急研发了《疫情防控外语通》，面向在华来华留学生和外籍人士提供疫情防控和治疗方面的语言服务。从 3 月 1 日至 4 月22 日，连续推出 41 种语言的服务。

3. 《疫情防控"简明汉语"》

为向在华外籍人士提供疫情防控相关信息，北京语言大学语言资源高精尖创新中心和北京大学对外汉语教育学院主持研制的《疫情防控"简明汉语"》于 3 月 12 日在教育部官网正式上线发布，这在国内尚属首次。

（四）相关研究

服务团的工作可以说带起一波"应急语言"研究的潮流。《语言战略研究》《中国语言战略》《语言文字应用》《天津外国语大学学报》等专业杂志纷纷设立"应急语言研究专题"；《光明日报》《人民政协报》《语言文字报》《中国社会科学报》等媒体发表了一些评论文章；"语言战略研究""语言资源高精尖中心""语言服务 40 人论坛"等微信公众号相继推出应急语言方面的推文或笔谈。可以说，服务团的实践极大地推动了应急语言的研究。

---

① 详细内容请参见王莉宁《〈抗击疫情湖北方言通〉的研制和应用》，《云南师范大学学报》（对外汉语教学与研究版）2020 年第 4 期。

② 详细内容请参见刘晓海、田列朋《应急语言服务领域的语言资源建设与应用——以〈疫情防控外语通〉研发为例》，《云南师范大学学报》（对外汉语教学与研究版）2020 年第 4期。

三　服务团的经验

截至目前，服务团的工作取得了良好的实践效果和社会效益。其有许多经验值得总结，至少包括以下方面。

（一）学者的社会责任

本次服务团的组建和实践，是语言学者胸怀家国、勇担社会责任的一次充分展现。直接参与本次语言服务的语言学者有上百人之多，间接参与者更多。这在中国乃至世界历史上都是罕见的，充分体现了中国语言学人在国家和民族困难之时服务国家的一种精气神和行动力，也必将为后来的中国语言学人乃至相关领域学者继承和发扬。

（二）主体的多方协力

服务团成员有来自政府的公务人员，有来自高校的研究人员，有来自出版界的专家，有来自高新技术企业的负责人，也有各微信公众号的负责人，他们共同构成服务团的多方主体。多方主体间的创新协同在服务团的有效运行中发挥了核心作用。

（三）服务的需求导向

服务团从组建开始就将方便战"疫"一线的抗疫工作作为核心目标，所以产品的设计和服务的提供都是需求导向的，即从一线需求侧而非服务团供给侧出发研制和推出各种产品，并在实际使用的反馈中不断完善和提升质量。

（四）产品的多元开发

服务团的产品研发是开放、多元的，只要有需要，服务团可以随时提供相应产品或研发思路。

（五）科技的广泛应用①

比如《抗击疫情湖北方言通》的研制过程中，充分利用中国语保工程已有的语言资源规范标准、技术规范和音像采录软件，紧急研制湖北各方言录音用表，完成方言与普通话的对齐语音数据，以最快速度完成基础数据汇集工作。有的团队运用采录展示平台核心技术，快速研制出微信版《抗击疫情湖北方言通》；有的团队借助融媒体技术，制作完成融媒体口袋书版《抗击疫情湖北方言通》；有的团队通过迁移学习模型训练，上线武汉话转普通话功能软件。借助语言技术支撑，这些产品和语言服务迅速在移动互联网、微信公众号、抖音等音视频平台遍地开花，取得了很好的实际应用效果和社会反响。②

四 服务团的启示

滕延江分析过美国的紧急语言服务体系的构建与启示③，韩涛分析过日本的"简易日语"在应急救灾中的应用④，在借鉴国外经验的同时，"战疫语言服务团"的思考与实践无疑也为中国和国际的相关工作和研究带来很多启示。

（一）提升应急语言能力，建构语言应急机制

语言因素是突发公共事件处置中的重要助力因素。⑤ 服务团的实践表明，中国需要提升应急语言能力，建设语言应急机制和预案。这是突发公共事件应急处置的需要，也是推进国家治理体系和治理能力现代化的

---

① 详细内容请参见饶高琦《战疫语言服务中的语言技术》，《云南师范大学学报》（对外汉语教学与研究版）2020 年第 4 期。

② 田列朋：《现代语言技术搭起桥梁助力抗疫》，2020 年 2 月 28 日，中国教育新闻网（http://www.jyb.cn/rmtzcg/xwy/wzxw/202002/t20200228_301138.html）。

③ 滕延江：《美国紧急语言服务体系的构建与启示》，《北京第二外国语学院学报》2018 年第 3 期。

④ 韩涛：《日本的"平易语言"政策》，载国家语言文字工作委员会编《中国语言生活状况报告 2019》，商务印书馆 2019 年版。

⑤ 王春辉：《突发公共事件中的语言应急与社会治理》，《社会治理》2020 年第 3 期。

重要举措。李宇明、王辉、方寅、司罗红和王晖、王春辉等学者纷纷对中国的应急语言能力建设和语言应急机制建言献策。[1] 只有平时把相关工作做扎实，才能在战时更好地发挥作用。

（二）中国语言志愿服务团建设

4月22日，教育部语信司召集相关学者召开"中国应急语言服务团建设研讨会"。参会人员针对服务团建设的意义和必要性、我国应急语言服务的内涵和外延、服务团建设的思路和方案、保障应急语言服务开展的资源和条件、工作重点和难点及突破的路径方法等论题展开讨论。通过服务团的实践，中国语言应急志愿服务得以培育、生长，一直以来的一块短板得到加速增长。

（三）重视科技的力量，进一步提升语言科技的社会服务

现代语言技术在此次突发公共事件中得到检验，并获得社会广泛认可，可见现代语言技术在快速反应、主动出击、使用灵活等方面的优势完全契合当前社会的需求，能在关键时刻爆发出能量，为解决社会问题做出贡献。一个"数字化"的世界正在加速发展，"战疫语言服务团"适应并验证了这一形势，运用了前沿技术。但是目前仍存在较大提升空间，如语言和技术紧密合作关系不够，现代语言技术的基础工程地位亟待提升。[2]

（四）为人文社会科学界用行动服务国家和社会树立了典型

服务团的实践无疑给了人文社会科学界以很大启示：不仅能坐而论道，而且能起而行之。人文社会科学界也可以用自己的知识和积累为实际问题

---

[1] 李宇明：《"应急语言服务"不能忽视》，《人民日报》2020年4月8日第5版；王辉：《发挥社会应急语言能力在突发公共事件中的作用》，光明日报客户端，2020年2月14日；王辉：《提升适应国家治理现代化的应急语言能力》，光明网（光明频道），2020年2月19日；方寅：《实现"通事"与"通心"——提升突发事件语言应急能力》，《人民日报》2018年3月9日第7版；方寅：《关注国家安全，推进国家语言应急体系与能力建设》，《语言战略研究》2020年第2期；司罗红、王晖：《重视生存普通话在紧急救援中的作用》，《光明日报》2020年2月22日第12版；王春辉：《突发公共事件中的语言应急与社会治理》，《社会治理》2020年第3期。

[2] 田列朋：《现代语言技术搭起桥梁助力抗疫》，2020年2月28日，中国教育新闻网（http://www.jyb.cn/rmtzcg/xwy/wzxw/202002/t20200228_301138.html）。

的解决贡献行动，提供实质性助力。要做好这一"助力"，需要学界同仁不仅要提升关注现实、服务社会的意识，还要练好解决社会问题的本事。

（五）为国际提供了一个语言应急服务的范例和范式

不同国家有各自的应急管理体系，语言应急在其中各有作用。此次的"战疫语言服务团"可以说在某种程度上树立了中国范式，展示了中国智慧，也为世界其他国家的语言应急服务提供了可资借鉴的范例。

五　结语

"战疫语言服务团"的创立和实践具有多方面的历史意义，至少包含以下方面：（1）探索一种范式，即"政府—学界—企业"三方协力参与重大突发公共事件处置的模式；（2）形成一个品牌，即"战疫语言服务团"这一标识；（3）引领了一波热潮，即在其带动下掀起应急语言研究的热潮；（4）建构了一种精神，即无私奉献、团结互助、共克难关、助力发展的语言志愿服务精神；（5）启迪了一个未来，即为人文社会科学工作者参与重大事件处置提供了借鉴和启示。

服务团的工作还在继续，各方面的事务有待提升和完善，一个常态化的长效机制亟待建立。虽然新冠肺炎疫情最终会给世界格局带来怎样的影响尚未有定论，但是其对人类政治、经济、文化、心理已经并将在未来很长时期内产生广泛而深刻的效应已是世界共识。2020 年 4 月 8 日，中共中央政治局常务委员会召开会议指出，面对严峻复杂的国际疫情和世界经济形势，我们要坚持底线思维，做好较长时间应对外部环境变化的思想准备和工作准备。无论如何，世界正在经历"百年未有之大变局"是毋庸置疑的。以"战疫语言服务团"的实践和经验为基础，中国的语言应急体系建设应顺应此变局，建构起全域而非单域的语言应急体系，即涵盖四大类突发公共事件、军事—国防—战备、外交等全方位领域的系统。① 由此构建起来的语言应急体系才更有可能承担起应负之责任，发挥应有之功效。

---

① 王春辉：《大变局下的语言应急体系建设》，《广州大学学报》（社会科学版）2020 年第 4 期。

第四编

语言治理的领域视角：
国际中文教育

汉语：从陆地型语言到陆地—海洋型语言[*]

一　引言

  Ostler 以 1492 年大航海时代的开启之年为界，将世界主要语言的传播分为两大时期：1492 年之前，语言的传播基本上是在陆地上进行的，其产生的结果也是区域性的，中心地区一带使用一些主要语言；1492 年之后，海洋成为语言传播的主要通道，这种海上传播是全球性的，一种语言可能在不同大陆内的独立区域为人们所使用。在此基础上，他将世界上的主要语言分为两种类型：陆地语言和海洋语言①。前者包括阿拉伯语、埃及语、汉语、希腊语、凯尔特语、拉丁语等，后者则包括西班牙语、葡萄牙语、法语、荷兰语、俄语、英语等。②

  的确，15 世纪开始的大航海以及之后的欧洲全球殖民帮助上述海洋

---

  * 本文根据在《中国社会科学》杂志社主办的"第七届中国语言学研究方法与方法论问题学术讨论会：本土化、科学化与问题化"（广东外语外贸大学，2018 年 4 月）研讨会上做的报告整理而成。感谢与会代表的批评和指正。写作期间及成稿之后，得到李宇明教授、冯学锋教授、郭熙教授、周洪波总编辑、罗骥教授、张博教授、卢德平研究员、戴曼纯教授的鼓励、建议和指点；《世界汉语教学》匿名评审专家也提供了建设性意见，特此一并致谢。发表在《世界汉语教学》2019 年第 1 期。

  ① 说到海洋语言，人们很容易想到近 500 年来随着殖民主义的扩张而出现的这几种语言。但是早在公元前 2 世纪左右，随着印度与锡兰（斯里兰卡）交流的开通，梵语开启了海上传播的征程。这也使梵语成为全球史上首个借助海上网络，依靠文化贸易往来推动语言传播的语言。从这个角度来说，梵语是上述几种海洋语言的先驱。奥斯特勒：《语言帝国：世界语言史》，章璐、梵非、蒋哲杰、王草倩译，上海人民出版社 2016 年版，第 178 页。

  ② Nicholas Ostler, *Empires of the Word: A Language History of the World*, London and New York: Harper Collins, 2005. 其中文译文可参见奥斯特勒《语言帝国：世界语言史》，章璐、梵非、蒋哲杰、王草倩译，上海人民出版社 2016 年版。

语言扩散到世界各地。然而，随着 20 世纪全球殖民体系的终结以及半个多世纪以来全球政治经济格局的深刻变化，语言的传播背景发生根本性的变化：战争殖民侵略的霸权扩张时代被经济文化交流的和平竞争时代所取代。

本文一方面承继 Ostler 的理论—术语体系，另一方面又尝试跳出战争殖民侵略霸权扩张模式的历时框架，将重心聚焦于后殖民时代的当代，指出在经济文化交流的和平竞争时代，在客观和主观两个层面，汉语都已经跳出陆地传播的限制，具备从陆地型语言转变成陆地—海洋型语言的雏形。只有有了这种认知心态和审视视角上的转变，才有可能进一步讨论作为一种全球性语言的汉语的未来。

研究人类迁移时，Herberle 最早提出"推—拉"理论[1]，后来经过 Bogue 等人的发展成为了一个颇具解释力的理论框架[2]。卢德平则将此理论运用到汉语国际传播的研究中，认为"一种有效的汉语国际传播，需要考虑到传播国和接纳国双方面的条件和因素，即源自传播国的推力因素和对象国内部生成的拉力因素，以及二者之间的关系"[3]。推力因素可以看作供给侧，拉力因素可以看作需求侧。本文接受这一理论框架，即在推力和拉力的二维辩证关系下分析。这是本文讨论依据的第一个理论切入点。

一个现象的出现需要有客观事实为基础，但是群体的主观构建也很关键，甚至更为重要。比如，当前国人都在热议新时代的"中华民族复兴"，这一方面建立在改革开放 40 多年坚实成果的基础上，另一方面也是随着中国综合国力的增强，国人的自信心、民族自豪感等主观意识得以提升的结果。主客观因素的合力作用，才有了"中华民族复兴"蓝图的筹划与实践。同样道理，汉语从陆地型语言向陆地—海洋型语言的转

---

① Rudolph Herberle, "The Causes of Rural-urban Migration: A Survey of German Theories", *American Journal of Sociology*, Vol. 43, No. 6, May 1938, pp. 932 –950.

② Donald Bogue, "Internal Migration", in Philip Hauser and Otis Duncan, eds., *The Study of Population*, Chicago: University of Chicago Press, 1959, pp. 486 – 509. Donald Bogue, "Techniques and Hypotheses for the Study of Differential Migration: Some Notes from an Experiment with U. S. data", *Proceedings of the International Population Conference*, Vol. I, New York, 1961, pp. 405 –412.

③ 卢德平：《汉语国际传播的推拉因素：一个框架性思考》，《新疆师范大学学报》（哲学社会科学版）2016 年第 1 期。

换也是主客观因素共同织就的。这是本文论述依傍的第二个理论切入点。

二　陆地型语言的过往与解读

在相当长的一段时间，甚至可以说在汉语历史发展的绝大多数时间中，汉语都是一种陆地型语言。下面从主观—客观和推力—拉力这两组二元变量的视角进行详细解读。

（一）客观原因

1. 推力因素

至少是以下客观因素的存在，使历史上的汉语国际传播缺乏推力的推动。

（1）地缘上的相对封闭。从地缘上说，中国的地缘环境是三面陆地，东面海洋。陆地三面，北边是荒原和冰冻之地，西边是戈壁、沙漠，南边是崇山峻岭、大河和热带雨林。这种地缘特征，就构成一个相对封闭的环境，而在相当漫长的历史里，中国就是在这一地缘背景下前行的。

正是这一相对与世隔绝的地缘特征，孕育出伟大而又独树一帜的华夏文明，造就了中国在国家形成和发展方面不同于其他国家的特殊性。所以，黑格尔才感叹说："中国是一切例外的例外，逻辑到了中国就行不通了。"罗素也说："中国是一切规则的例外。"①

（2）几千年农耕文明和小农经济的承袭。中国自古以来就是一个农业为轴的国家，属于典型的陆地农业文明，海洋文明很不发达。大陆农业文明喜静不喜动，与海洋商业文明形成对比。所以，布罗代尔说："（古代中国）经过了许多个世纪，罹受了一系列无休无止的灾难，出现过一而再再而三的征服，中国看上去没有变化，而且不可能发生变化。"②

农耕文明具有温和性，它不需要培养侵略和掠夺的战争技艺，而是

---

① 李伯重：《火枪与账簿：早期经济全球化时代的中国与东亚世界》，生活·读书·新知三联书店 2017 年版，第 231 页。

② 费尔南·布罗代尔：《文明史：人类五千年文明的传承与交流》，常绍民、冯棠、张文英、王明毅译，中信出版社 2014 年版，第 208 页。

需要掌握能够获取丰收的农艺和园艺；它无须培养尔虞我诈的商战技巧，而是企盼风调雨顺，营造人和的环境，土地就可以满足人们的生活所需。所以，科恩说："对于大陆导向的中国人来说，山脉和草地——而非海洋——才富有对精神灵魂上的神秘吸引力。"① 除了郑和下西洋时期外，尽管近代中国的沿海地区特别是东南沿海地区一直与外界有着各种贸易等联系②，但是却完全无法与欧洲各国开创的大航海时代相提并论。

从地缘政治的角度来看，Mahan 就认为世界可分成两个地缘政治框架：西方的或海洋的和东方的或大陆的。③ 赵一凡提出中美的五大差异，第一个就是"农耕文明（安土重迁、保守自闭）与航海文明（流动、征服、扩张）"，将这一差异扩展到中西差异的层面显然也是合适的。④

（3）历朝政府对移民的限制。在上述因素的作用下，出于国家安全、意识形态、实用主义等角度的考虑，中国历代政府都未曾采取过积极的移民政策。⑤ 有些朝代更是施行取缔限制等手段禁止人民移往国外。⑥

2. 拉力因素

尽管中外文化、贸易等的交流源远流长⑦，但是在相当漫长的一段时间里，从拉力端却没有形成足以改变汉语陆地型语言的规模性力量。

（1）中外交通的规模有限。这种有限性至少表现在以下方面：第一，明代及之前的中国官方贸易不以赢利为目的，而是以购取奢侈品为主，更与外交活动交织在一起。第二，中外方参与人数比较有限，这与交通

---

① 索尔·科恩：《地缘政治学：国际关系的地理学》，严春松译，上海社会科学院出版社 2011 年版，第 44 页。

② 费正清、赖肖尔：《中国：传统与变革》，陈仲丹、潘兴明、庞朝阳译，江苏人民出版社 2012 年版；孔飞力：《他者中的华人：中国近现代移民史》，李明欢译，江苏人民出版社 2016 年版；林肯·佩恩：《海洋与文明》，陈建军、罗燚英译，天津人民出版社 2017 年版。

③ 索尔·科恩：《地缘政治学：国际关系的地理学》，严春松译，上海社会科学院出版社 2011 年版，第 112 页。

④ 赵一凡：《赵一凡论中美五大差异》，澎湃新闻：上海述评，2017 年 12 月 18 日。

⑤ 孔飞力：《他者中的华人：中国近现代移民史》，李明欢译，江苏人民出版社 2016 年版，第 11—15 页。

⑥ 陈里特：《中国海外移民史》，山西出版传媒集团、山西人民出版社 2014 年版，第 46—55 页。

⑦ 何芳川：《中外文化交流史》（上、下），国际文化出版公司 2016 年版；夏秀瑞、孙玉琴：《中国对外贸易史》（第一册），对外经济贸易大学出版社 2001 年版。

工具的限制以及中国历朝政府大多数时间的管控密切相关。第三，参与人员范围有限，主要是商人和传教士，即如费正清和赖肖尔所说，"欧洲人与中国人在两个方面相遇——贸易和宗教教义"①。第四，涉及地域有限，要么限于都城周围，要么限于开放的口岸。

（2）汉语之外其他地区通用语的广泛存在。在"汉字文化圈"之外，中国与外国交往通常要借助波斯语、突厥语、蒙古语等。② 汉语连同泰米尔语、波斯语/阿拉伯语、拉丁语等在13—16世纪的欧亚大陆上自东向西扮演着国际交际语的角色。③

上述因素的合力，使得汉语国际传播的拉力端很是乏力。

可能还有其他客观因素，但是上述几个推力因素足以对早期中国与外部世界的交通构成阻隔，几个拉力因素亦孱弱无力。所以，导致汉语的传播范围有限，仅局限于中国及紧邻周边地域也是必然之结果。

更确切地说，汉语在周边地域的传播仅仅是书面汉语这一形式的传播，主要不是汉语口语形式的传播。这也是将包括朝鲜半岛、越南、日本等在内的这一东亚区域称为"汉字文化圈"而不是"汉语文化圈"的关键缘由。所以，说汉语在临近周边地区的传播，几乎可以说仅仅是"半传播/准传播"。

（二）主观原因

1. 推力因素

（1）中国传统"天下观"的影响。"所谓'天下'，并不是中国自以为'世界只有如此大'，而是以为，光天化日之下，只有同一人文的伦理秩序。中国自以为是这一文明的首善之区，文明之所寄托。于是，'天下'是一个无远弗届的同心圆，一层一层地开花，推向未开化，中国自诩为文明中心，遂建构了中国与四邻的朝贡制，以及与内部边区的赐封、

---

① 费正清、赖肖尔：《中国：传统与变革》，陈仲丹、潘兴明、庞朝阳译，江苏人民出版社2012年版，第216页。

② 刘迎胜：《中古时代后期东、西亚民族交往的三座语言桥梁——〈华夷译语〉与〈国王字典〉的会聚点》，载沈卫荣主编《西域历史语言学研究集刊》（第一辑），科学出版社2007年版。

③ 刘迎胜：《十三—十六世纪中国与东亚以外地区交往的外交语言问题》，载刘迎胜《华言与蕃音：中古时代后期东西交流的语言桥梁》，上海古籍出版社2013年版，第353—376页。

羁縻、土司诸种制度。"①"何谓天下？在中国文化当中，天下具有双重内涵，既指理想的伦理秩序，又是对以中原为中心的世界空间的想象。"②从这两种论述中可以看到古代中国在主观上的一种"上国心态"，这一心态一直持续到晚清。陈里特就将处于这一心态之下的移民时期称为"上国自尊时期"。③

这种"上国心态"，显然与上文所述诸客观因素息息相关。这一心态在语言上导致的后果就是：一方面，历朝政府不注重甚或不屑于汉语的国际推广和传播，即推力不足；另一方面，不注重甚或不屑于对其他周边国家语言的学习。

这种"上国心态"的一个旁证，就是历朝一直到明代才有了专门负责对外翻译的机构，即"四夷馆"。而且，"四夷馆"所涉及的语言都是陆路能及的语言。④ 到了清朝，基本沿袭明制。顺治元年（1644）在翰林院下设"四译馆"，乾隆十三年（1748）将"四译馆"改称"会同四译馆"，一直到光绪二十九年（1903）撤销"会同四译馆"，才设立了有英、法、德、俄、日等语种的"京师大学"。⑤

（2）安居乐业、安土重迁的传统观念。农耕文明本质上需要顺天应命，守望田园，对土地的强烈依赖性决定了人民思想上的安土重迁，信仰辛勤劳作。对于海路远航，"中国人的思想中即使实际上不是根本否定政府和官方政策也是采取极不重视的态度"⑥。

2. 拉力因素

虽然汉语作为第二语言的学习活动，可以上溯到先秦。⑦ 但是直到大

---

① 许倬云：《我者与他者：中国历史上的内外分布》，生活·读书·新知三联书店 2010 年版，第 20 页。

② 许纪霖：《天下主义/夷夏之辨及其在近代的变异》，《华东师范大学学报》（哲学社会科学版）2012 年第 6 期，第 66 页。

③ 陈里特：《中国海外移民史》，山西出版传媒集团、山西人民出版社 2014 年版，第 46—55 页。

④ 刘迎胜：《宋元至清初我国外国语教学史研究》，《江海学刊》1998 年第 3 期。

⑤ 葛治伦：《我国最早的一所外文学校——明代的四夷馆》，《外语教学与研究》1987 年第 2 期。

⑥ 费正清、赖肖尔：《中国：传统与变革》，陈仲丹、潘兴明、庞朝阳译，江苏人民出版社 2012 年版，第 174 页。

⑦ 李宇明：《重视汉语国际传播的历史研究》，《云南师范大学学报》（对外汉语教学与研究版）2007 年第 5 期。

航海开始之后的 16 世纪，中国与遥远的欧洲才开始了真正意义的、较大规模的语言上的互相学习和交流。至 16 世纪末，罗明坚、利玛窦等一批传教士深入中国内地才开始系统地学习汉语，对汉语的分析和认知逐渐取得了较大的进展。①

但即便如此，主观层面的拉力还是力量甚微：外国人学习汉语的动机贫乏，主观能动性不足。

主观层面的贫乏与不足，除了无甚需求以外，可能也与西方学者对中国形象的建构有一定关系。亚当·斯密在《国富论》中写道："中国一向是世界上最富的国家，就是说，土地最肥沃，耕作最精细，人民最多而且最勤勉的国家。然而，许久以来，它似乎就停滞于静止状态了。近日旅行家关于中国耕作、勤劳及人口稠密状况的报告，与五百年前视察该国的马哥孛罗的记述比较，几乎没有什么区别。"② 之后，黑格尔又在《历史哲学》中论述道："中国很早就已经进展到了它近日的情状；但是因为它客观的存在和主观运动之间仍然缺少一种对峙，所以无从发生任何变化，一种终古如此的固定的东西代替了一种真正的历史的东西。中国和印度可以说还在世界历史的局外，而只是预期着、等待着若干因素的结合，然后才能够得到活泼生动的进步。"③

亚当·斯密与黑格尔皆处于欧洲现代思想的缔造者之列，其上述论断也渐渐成为西方社会的主流观念。中国"闭关锁国""封闭落后"的形象由此构建起来。这一叙事也随着近代中国的西学东渐为中国学者所接受，并顺次传至了社会各层。

三　陆地—海洋型语言的建构

20 世纪中期前后，全球殖民体系彻底瓦解，世界政治经济格局产生了根本性变革，当代世界的语言格局出现一些新的变化。④ 同时，全球语

---

① 董海樱：《16 至 19 世纪初西人汉语研究》，商务印书馆 2011 年版，第 3 页。
② 亚当·斯密：《国民财富的性质和原因的研究》（上），郭大力、王亚南译，商务印书馆 1972 年版，第 65 页。
③ 黑格尔：《历史哲学》，商务印书馆 1963 年版，第 161 页。
④ 王春辉：《当代世界的语言格局》，《语言战略研究》2016 年第 4 期。

言体系与语言竞争出现新的形势。这也就导致语言的传播背景发生了根本性的变化：经济文化交流的和平竞争时代取代了战争殖民侵略的霸权扩张时代。

在这一时期前后，中国经历了"数千年未有之大变局"：从明末《舆地山海全图》开始的世界观的改变到晚清的从"天下"走向"万国"①，再到19世纪的屈辱历程，进而到新中国的建立，特别是改革开放以来的深刻变革。在汉语国际传播领域，国家汉办和孔子学院的设立则表明汉语的国际传播已经从"向国外移民＋外国人到华学习"的两翼齐飞模式升级到"向国外移民＋外国人到华学习＋推动汉语国际化"的三足鼎立模式。

在上述历史背景下，汉语在世界语言格局中的位置以及汉语自身的特征，显然都有必要予以重新审视。在笔者看来，当下的汉语已经具备了陆地—海洋型语言的雏形。当然，其能否最终实现从陆地型到陆地—海洋型的转型，并达成远景目标成为一种名副其实的"全球性语言"，则还需时间和挑战的检验。②

本节还是从主观—客观和推力—拉力的二元层面对陆地—海洋型语言的建构加以分析。

（一）客观原因

1. 推力因素

（1）地缘视角中海洋性的提升。具有重大地缘政治重要性的是这一事实，即中国既是海洋导向又是大陆导向的。③ 一直以来，大多数人认为中国是一个大陆/陆地文明，也正是由于过去对陆地的强调，让人们忽视了其海洋性的一面。近些年随着研究的深入，人们渐渐揭开海洋在中华文明形成过程中所起的重要作用（如佩恩④）。比如"一带一路"倡议，正是中华文化走出去的地缘基础。这一事实随着中国国力的提升以及海

---

① 葛兆光：《古代中国文化讲义》，复旦大学出版社2012年版，第15—17页。

② 吴应辉：《让汉语成为一门全球性语言——全球性语言特征探讨与汉语国际传播的远景目标》，《汉语国际传播研究》2014年第2期。

③ 索尔·科恩：《地缘政治学：国际关系的地理学》，严春松译，上海社会科学院出版社2011年版，第43页。

④ 林肯·佩恩：《海洋与文明》，陈建军、罗燚英译，天津人民出版社2017年版。

洋战略的实施变得愈加清晰起来。近些年尤其是中共十八大以来，政府提出"海洋强国"的战略，大力发展海洋战略（如南海造岛、全球港链），不管是在海洋研究、海洋经济规划还是海洋军事力量以及岛屿权益的维护上都有了跨越式提升。

（2）农耕传统文化在一定程度上的瓦解。农耕文化依然是中国文明的基底，但是晚清以来，海洋文化、商业文化在中国渐渐发展了起来，势头越来越好。随着近代中国的一系列变革和发展，家（以及家庭、家族、宗族）和礼（以及礼仪、仪式）这两个儒家体系中的支柱逐渐瓦解，"个体"以及"自由、民主"之思想有所增强。① 伴随着的是传统的安土重迁、"父母在不远游"等传统观念的消解，以及对中国之外世界的好奇和体验，与之相对应的是中国的影响力也从附近地区开始扩散到更远的地方。反映到语言上，就是汉语传播模式的新路径，即依赖于海洋的跳跃式传播。最恰当的例证莫过于分布在世界各地的孔子学院和孔子课堂。

（3）中国经济实力和整体国力的提升。2010 年，中国超过日本成为世界第二大经济体；2014 年，中国又成为继美国之后世界上第二个超过 10 万亿美元的经济体。随着经济实力的增强，中国在国际事务中的话语权随之大幅提升。"一种语言是否会成为全球语言，与其使用人数关系不大，而是与其使用者是谁密切相关。"② 中国整体经济实力和国际影响力的增强，这是汉语传播模式转变的根本前提之一。

（4）中国国际移民的新格局。中国人的全球性移民，使汉语的传播达到更广、更深的程度，这也是民众自下而上的促动因素。③

据联合国国际移民组织《国际移民报告（2018）》中的数据，2015年全球有 2.44 亿（3.3%）的国际移民，中国移民大概有 800 万，占到全球移民的 3.28%。④ 关于中国全球移民的数量及分布，可能由于标准和

---

① 葛兆光：《古代中国文化讲义》，复旦大学出版社 2012 年版，第 15—17 页。

② David Crystal, *English as a Global Language*（*Second edition*），New York：Cambridge University Press，2003，p. 7.

③ 国际旅游是国际移民的重要组成部分。关于国际旅游对汉语国际传播的影响可参见王春辉（2017b）。

④ Marie McAuliffe，Ruhs Martin，*World Migration Report* 2018，Geneva：International Organization for Migration，2017.

依据各有千秋，各种统计版本在绝对数量上有一些出入。比如，据国务院侨办主任裘援平的说法，截至 2014 年，海外华人华侨有 6000 多万人，分布在世界 198 个国家和地区。[①] Poston、Wong 给出的数据是，2011 年有 4000 多万华人华侨分布在 148 个国家。[②] 再如，对于 20 世纪中叶的中国国际移民总数，陈里特的统计是有近 1160 万人[③]，李明欢的统计则有 1660 万人[④]。庄国土指出，在 2007 年，全球中国移民的总数是 4543 万人[⑤]，Poston 和 Wong 统计的 2011 年的数据只有 4000 万人[⑥]。其他相关统计还有 Poston 等[⑦]、中国台湾地区侨务委员会[⑧]、Statista[⑨] 的数据等。但是不管各类统计的绝对数值差别如何，有几点情形/趋势是可以确定的。①中国国际移民数量不断增加。至迟在 15 世纪初，东南亚已出现中国移民聚居区。6 个世纪以来，华人华侨的数量增幅极大。这种变化可以从表 1 清晰地展现出来（根据庄国土[⑩]及侨办的最新数据绘制）。②中国国际移民地理分布不断扩大。尽管上述各类统计有些出入，但是有一点是一致的：20 世纪中叶以前中国的移民地区主要是东南亚，基本上占到所有中国海外移民的 95% 左右；但是到了 21 世纪初年，东南亚的移民比例已经迅速下降到 70% 左右，半个世纪减少了 20%—25%，欧洲、美洲、澳

---

① 中国网（http：//news. china. com. cn/2014lianghui/2014 – 03/05/content_31685623. htm）。

② Dudley L. Poston, Juyin Helen Wong, "The Chinese Diaspora：The Current Distribution of the Overseas Chinese Population", *Chinese Journal of Sociology*, Vol. 2, No. 3, July 2016, p. 362.

③ 陈里特：《中国海外移民史》，山西出版传媒集团、山西人民出版社 2014 年版，第 34 页。

④ 李明欢：《国际移民大趋势与海外侨情新变化》，载丘进主编《华侨华人研究报告》，社会科学文献出版社 2011 年版，第 12 页。

⑤ 庄国土：《世界华侨华人数量和分布的历史变化》，《历史研究》2011 年第 5 期，第 11 页。

⑥ Dudley L. Poston, Juyin Helen Wong, "The Chinese Diaspora：The Current Distribution of the Overseas Chinese Population", *Chinese Journal of Sociology*, Vol. 2, No. 3, July 2016, p. 362.

⑦ Dudley L. Poston, Michael Xinxiang Mao, Mei-Yu Yu, "The Global Distribution of the Overseas Chinese around 1990", *Population and Development Review*, Vol. 20, No. 3, September 1994, pp. 631 – 645.

⑧ 参见 https：//www. ocac. gov. tw/OCAC/File/Attach/1168/File_1861. pdf。

⑨ 参见 https：//www. statista. com/statistics/632779/chinese-population-distribution-overseas-by-continent/。

⑩ 庄国土：《世界华侨华人数量和分布的历史变化》，《历史研究》2011 年第 5 期，第 11 页。

洲、非洲的移民比例则是大幅增加。Poston 和 Wong 给出的数据是，2001年有 3580 万华人华侨分布在 143 个国家，到了 2014 年，总数达到 6000多万人，分布在世界 198 个国家和地区。① 根据 Statista 2016 年的统计数据显示：亚洲有 71.8%，美洲有 19.4%，欧洲有 4.8%，大洋洲有2.7%，非洲有 1.3%。② ③新移民比例不断提升。改革开放以来出国的"新移民"有诸多新特征，其中之一就是"以建立在北方方言基础上的普通话作为通用的标准语，以新中国成立后推行的汉字简化字作为通用的文字符号，这是他们与老一代移民和港台移民的最大区别"③。这一特征正在改变着华人华侨的语言使用地图，即说普通话/使用简体汉字移民人数的增多及比例的增大。比如，加拿大 2016 年人口普查数据显示，讲普通话移民大增 139%。全国有 610835 人的母语为普通话，较 2011 年的255160 人增加了 139.4%。④

表1　　　　　　　　　17 世纪至今华人华侨的数量演变

时间	全球华人数量（万）	东南亚所占比例
17 世纪初	10	—
19 世纪中期	150	99%
20 世纪初	460	90%
20 世纪 50 年代	1250	90%
20 世纪 80 年代	2000	—
2008 年	4500	73%
2014 年	6000	65%

值得注意的是，世界上人口超过 5000 万的语言共有 23 种。⑤ 所以，

① Dudley L. Poston, Juyin Helen Wong, "The Chinese Diaspora: The Current Distribution of the Overseas Chinese Population", *Chinese Journal of Sociology*, Vol. 2, No. 3, July 2016, pp. 348 – 373.

② 参见 https://www.statista.com/statistics/632779/chinese-population-distribution-overseas-by-continent/。

③ 程曼丽：《新时期海外华人与华媒呈现结构性变化》，《社会科学报》2016 年 12 月 22 日第 5 版。

④ 环球网（http://world.huanqiu.com/hot/2017 – 08/11114167.html）。

⑤ 参见"语言民族志"网（https://www.ethnologue.com/statistics/size）2017 年第 20 版的数据。

如果仅以华人华侨的人口规模来说，已经可以进入前 20 的语言榜。当然，并不是所有的华人华侨都能说汉语，但是无论如何我们也无法忽视这些血脉同胞给汉语的国际传播带来的积极影响。华夏大地的血脉同胞对自己的语言有着很强的忠诚度。① 孔飞力也敏锐地指出："因此，事情的本质不是'分离'，而是'联系'。虽然许多移民事实上在中国以外的地方安了家，但这并没有减少原先语境的重要性：大多数人与其说是确定性地'离开中国'，还不如说是他们正在扩展劳作者和家庭之纽带的空间维度。"②

尤其重要的是，世界的华人华侨有悠久而良好的华文教育传统。随着祖国自身实力和国际地位的提升，新时代的华文教育已经产生新的教育发展理念③，相信未来必将会为汉语的国际传播贡献更大的力量。

（5）汉语国际传播的顶层设计与规划。当代汉语国际传播不同于以往的重要特征之一，就是自上而下的顶层设计与规划，特别是国家汉办和孔子学院的设立。1987 年 7 月国家对外汉语教学领导小组的成立，标志着汉语国际传播顶层设计的开始。2002 年成立的国家汉语国际推广领导小组办公室和 2004 年全球首所孔子学院在首尔的设立，开启了汉语国际传播的顶层助推模式。截至 2017 年 12 月 31 日，全球 146 个国家（地区）共建立了 525 所孔子学院和 1113 个孔子课堂。此外，国家汉办还于 2006 年 7 月启动了"汉语国际推广基地"建设工作，截至目前，已建成 19 个基地。

可以说，汉语的国际传播正在经历从"向国外移民＋外国人到华学习"模式到"向国外移民＋外国人到华学习＋推动汉语国际化"模式的转变。细究起来，两类模式中的三个变量也是前后有异的："向国外移民"在古代往往与地理环境有直接关系，即气候、地势能否支撑大规模的农业生产，是其中最重要的标准。④ 但在大航海时代开启特别是 19 世纪末期以后，海路和空路的移民模式开始占据上风，地理环境已不再那么重要。这也是农业时代向工业时代、信息时代转变的结果之一。"外国

---

① 王春辉：《语言忠诚论》，《语言战略研究》2018 年第 3 期。

② 孔飞力：《他者中的华人：中国近现代移民史》，李明欢译，江苏人民出版社 2016 年版，第 5 页。

③ 贾益民：《新时代世界华文教育发展理念探讨》，《世界汉语教学》2018 年第 2 期。

④ 温骏轩：《谁在世界中心》，中信出版社 2017 年版，第 54—66 页。

人到华学习"这一变量也在规模和路径上大大扩展。"推动汉语国际化"则是一个近 20 年才兴起的领域。

（6）从语言学习和教学的技术层面来说，几十年来，汉语教学无论是在理论还是在实践上，无论在语音、词汇、语法的研究与教学还是在汉字、文化的研究与教学等方面，都取得了极大的成就。其中，汉语拼音作为辅助性工具，无疑发挥了重要作用。①

2. 拉力因素

（1）全球化进程和国际贸易体系对中国市场的依赖。中国已是全球第二大经济体，在全球化进程放缓的当下，扛起了全球化前行的大旗。"一带一路"倡议的提出，更是展示了中国进一步开放并在全球贸易体系中的担当。中国的贸易触角遍布全球，世界各国都期待能够搭载中国经济的列车。

当今的语言传播，背后几乎都有经济因素的拉力。一方面，企业的国际活动十分活跃，其语言使用取向反映着经济体的实力，也会给其他领域的语言使用带来影响。张黎、张钰浠所展示的世界 500 强企业中 100 家外国企业环球网站的语种使用情况，就是一个例证。② 另一方面，第二语言学习、互联网的发展及网民数量特别是语言信息技术的发展，都更加依赖经济力量。经济本来是语言工具功能的间接参项，其实就某种意义而言，当今世界语言格局几乎就是世界政治经济格局的附属产物，每种语言的地位及其工具功能的强弱，与其国家的政治经济地位密切相关。③ Ammon 绘制了一份主要语言的经济体实力排名，涉及 1987 年和 2005 年的数据。④ 笔者又查找了 2008 年和 2013 年的数据。这四个年份的数据构成表 2，可以看出近 30 年来汉语经济实力的变化和提升轨迹。

---

① 赵金铭：《〈汉语拼音方案〉：国际汉语教学的基石》，《语言文字应用》2009 年第 4 期；郭熙：《借力拼音　让汉语更快走向世界》，《光明日报》2016 年 6 月 12 日第 7 版。

② 张黎、张钰浠：《世界 500 强企业官方网站语言使用情况》，《语言战略研究》2016 年第 2 期。

③ 王春辉：《当代世界的语言格局》，《语言战略研究》2016 年第 4 期。

④ Ulrich Ammon, "World Languages: Trends and Futures", in Nikolas Coupland, ed., *The Handbook of Language and Globalization*, Oxford: Wiley-Blackwell, 2010, p. 110.

表2 **世界主要语言的经济实力排名**

	2013 年①		2008 年②		2005 年		1987 年	
	次序	GDP	次序	GDP (10 亿 美元)	次序	GDP (10 亿 美元)	次序	GDP (10 亿 美元)
英语	1	21949	1	19837	1	12717	1	4271
汉语	2	14655	2	5210	5	2400	7	448
西班牙语	3	6568	5	4364	4	3204	5	739
印地—乌尔都语	4	5004	15	570	11	215	11	102
日语	5	4729	3	4924	2	4598	2	1277
法语	6	3526	6	4097	6	2215	6	669
德语	7	3227	4	4504	3	3450	3	1090
俄语	8	2980	8	1959	10	584	4	801
葡萄牙语	9	2906	10	1913	9	872	10	234
意大利语	10	1805	7	2332	7	1207	9	302
阿拉伯语			9	1914	8	984	8	359
孟加拉语					12	113	13	28
印尼语			13	931	13	38	12	65

经贸作为语言传播的常规动力之一，成为拉动汉语国际传播的主要力量。下文所述全球汉语学习人数的增多，很大程度上是贸易拉动的结果。

（2）国际格局深刻调整时期对中国文化的期待。当西方提出的各种经济潮流开始暗淡（如新自由主义），西方思潮和文化制度范式引起了更多疑虑（如西方式民主制度）。许多国家和地区开始将目光投向东方，投向以儒家为代表的中华文明。面对人类的未来这一终极问题，越来越多的人开始研究中国，期待从中华文明中找到突破的路径。日本学者将英国历史哲学家汤因比论述中国传统文化的思想辑成一本题为《未来·属

---

① 参见 http://curiousstats.com/en/sec14.html。此名单只包括前 10 位的语言。

② 参见 http://forum.unilang.org/viewtopic.php? t = 29191。此名单没有孟加拉语的数据。前 15 名的另外几种语言是：荷兰语（11）、韩语（12）、土耳其语（14）。

于中国——汤因比论中国传统文化》的著作。① 显然，这里说的未来属于中国的，主要不是中国的经济、军事（当然也不排除这几个方面），而是中国的文化，是中国文化能够引领世界的时代。经过两千多年的发展，中国积累了丰富的文化，形成一套哲学和文明体系。这种足以对整个人类的发展产生重要影响的文化，承载它的语言往往也具有更大的传播机会和潜力。比如古希腊语、梵语、17—19世纪的法语以及近代的英语，其背后的文化威望是其达到传播巅峰的终极保障。李宇明指出，"世界上，凡语言能流行者，皆因其所属的文化有魅力；当某语言由盛而衰，背后多是其所属的文化由盛而衰"②。王春辉也指出，"一种语言在世界语言格局中的地位/位置，与其所承载的文化的高度、广度和深度密切相关。一种能为人类发展提供可能的理论、框架、路径的文化，会更具有可持续发展性，其所使用的语言文字也就更有可能具有纵向和横向的传播力"③。

（3）汉语需求的提升及汉语二语习得者人数的增长。"对于汉语是否在走向强势，是否出现了汉语热，各界有不同的看法。但越来越多的人开始重视汉语的学习却是一个不争的事实。"④ 当前，一些主要国家认为汉语是未来需要重点关注和学习的语言。比如，2006年美国宣布实施的《国家安全语言计划》，其中的关键语言之一就是汉语；美国从2007年开始的面向幼儿园到高中生教师及学生的"星谈"（Star Talk）项目，汉语项目每年都是占比最大的。⑤ 澳大利亚政府于2012年发布的《亚洲世纪中的澳大利亚》白皮书的目标之一，就是到2025年所有学生都将有机会学习一种首要的亚洲语言，其中就包括汉语。⑥ 英国文化委员会几年一度确定未来语言（languages for the future），2017年报告得出未来最重要的

---

① 中译本参见山本新、秀村欣二《未来·属于中国——汤因比论中国传统文化》，杨栋梁、赵德宇译，陕西人民出版社1989年版。

② 李宇明：《提升中华语言文化的国际魅力》，《世界华文教育》2013年第4期，第1页。

③ 王春辉：《当代世界的语言格局》，《语言战略研究》2016年第4期，第78页。

④ 郭熙：《汉语的国际地位与国际传播》，《渤海大学学报》2007年第1期，第55页。

⑤ 高莉、王春辉：《美国"国家安全语言计划"之"星谈"项目》，《北华大学学报》（社会科学版）2017年第5期。

⑥ Australian Government，*Australia in the Asian century*（White paper 2012），http：//www. murdoch. edu. au/ALTC-Fellowship/_document/Resources/australia-in-the-asian-century-white-paper. pdf.

10 种语言中，汉语仅排在西班牙语之后位列第二。① 诸如此类，不胜枚举。

表 3 展示了主要语言的第二语言人口数量。可以看出在全世界将汉语作为第二语言学习的人数大约有 2 亿，这个数量使汉语与印地—乌尔都语、马来语一起处在第二语言人口数量等级的第二集团，仅次于英语。

表3   世界主要语言第二语言人口数量②

次序	语言	二语说话人（second language speaker）数量（百万）
1	英语	611
2	印地—乌尔都语	215
3	马来语	204
4	汉语	193
5	法语	153
6	阿拉伯语	132
7	俄语	113
8	西班牙语/斯瓦西里语	91
9	豪萨语	65
10	波斯语	61
11	德语	52
12	孟加拉语	19
13	泰卢固语	12
14	葡萄牙语	11
15	泰米尔语	8

另外一个特别值得注意的现象是国际上汉语学习者的低龄化趋势。

---

① British Council, *Languages for the Future：The Foreign Languages the United Kingdom Needs to Become a Truly Global Nation*, https：//www. britishcouncil. org/sites/default/files/languages_for_the_future_2017. pdf.

② 此表根据 Ethnologue（2017）第 20 版的最新数据制作而成，详见 https：//en. wikipedia. org/wiki/List_of_languages_by_total_number_of_speakers。

低龄化是国家发展到可以带动他国发展时的产物，是汉语国际教育发展的新阶段。①

（4）汉语在各国教育体系中地位的提升。除了数量上的规模扩大外，汉语在各国教育体系中的地位也有了大幅提升。《中国语言文字事业发展报告（2017）》白皮书指出：截至 2017 年，共有 67 个国家（地区），通过颁布法令、政令、教学和课程大纲等形式，将汉语教学纳入国民教育体系，170 多个国家（地区）开设汉语课或汉语专业。日本、韩国、泰国、印尼、蒙古、澳大利亚、新西兰、美国等国的汉语都上升到第二外语。②

（5）汉语学习者层级从中产阶层向上层和下层的扩散。上层扩展涉及政经两界，比如经济金融界的扎克伯格、贝佐斯、罗杰斯的孩子们；政治界及王室成员，从诗琳通、陆克文、穆拉图到特朗普外孙女，英国、西班牙、比利时、荷兰的小王子和小公主们。③

为什么这么多西方上层人士热衷学习中文？那是因为，"世界上一些有识之士认为，包括儒家思想在内的中国优秀传统文化中蕴藏着解决当代人类面临的难题的重要启示……中国优秀传统文化的丰富哲学思想、人文精神、教化思想、道德理念等，可以为人们认识和改造世界提供有益启迪，可以为治国理政提供有益启示，也可以为道德建设提供有益启发"④。这也是上述第（2）点的核心观点。

（6）科学技术的发达。一方面，互联网技术和智能手机以及其他人工智能产品的发展，使得人们几乎随时随地可以进行语音或视频交流，从而有助于中国海外移民者母语的保持；另一方面，语言学习模式的转

---

① 李宇明：《海外汉语学习者低龄化的思考》，《世界汉语教学》2018 年第 3 期。

② 国家语言文字工作委员会：《中国语言文字事业发展报告（2017）》，商务印书馆 2017 年版，第 116 页。

③ 参见人民网（http://world.people.com.cn/n1/2017/1113/c1002 - 29643035.html）。这会让人联想起法语：从 17 世纪末开始，法语就取代拉丁语成为国际上的外交语言。当时欧洲上流社会都以会说法语为荣，法语也成了各国的宫廷语言。清朝时包括康熙在内的许多贵族也学习过法语。之后漫长的几百年，基本上就是英语和法语的竞争史，直到 20 世纪中期才以英语的完胜告一段落。

④ 《习近平在纪念孔子诞辰 2565 周年国际学术研讨会暨国际儒学联合会第五届会员大会开幕会上的讲话》，《人民日报》2014 年 9 月 25 日第 2 版。

变，线上培训、慕课（MOOC）、私人家教等新型二语学习形式的发展，使包括汉语在内的二语学习有了更为广阔的选择和机遇。

（7）汉语的世界分布。根据"民族语言志"网站的统计，全世界共有 38 个国家或地区将汉语（包括普通话与方言①）列为其国内/地区内的语言之一。② 在世界 23 种母语人数在 5000 万以上的语言中，这一数量仅次于英语（118）、阿拉伯语（58）、法语（53）。③ 这些拥有汉语的国家和地区成为拉动汉语国际传播的重要力量。

（二）主观原因

1. 推力因素

（1）晚清以后，国人对世界的认知开始"从天下到万国"。虽然大航海开启之后的西人东来开始繁盛，从 16 世纪的西班牙、葡萄牙到 17 世纪的荷兰再到 18—19 世纪的英国④，但是国人对世界的认知直到晚清才实现"从天下到万国"的突破⑤。认知上的突破，带来的是更多的国外移民、更广泛的对外交流和越来越清晰的策略制定。

（2）政府开始重视国家软实力的建设和提升。以国家汉办和孔子学院的建立为标志，中国政府开始了史无前例的中华文化国际传播事业。重视国家软实力的构建与提升，是国家经济发展与硬实力增强、国际地位提升之后的必然选项。

（3）国人开始认为汉语能走向世界了。国际及国内媒体的广泛报道，慢慢改变了国民的视角和看法。这是以中国国力的提升和民族自豪感的增强为基础的，其突出表现之一就是"四个自信"的提出和阐述。中国在经历了鸦片战争之后近 180 年的奋斗，现在正在重新崛起，国人也亟须

---

① 按方言的次序依次是：普通话（13）/客家（13）/粤方言（13）、闽南方言（11）、闽东方言（6）、莆仙方言（3）、闽北方言（2）、赣方言（1）、徽州方言（1）/闽中方言（1）/吴方言（1）/湘方言（1）/晋方言（1）。如果不分内部次类，可以看到闽方言（20）是最多的。

② 将汉语列为官方语言的除了中国以外，还有新加坡。2018 年 2 月 19 日，一则"巴基斯坦批准汉语普通话为官方语言"的报道在自媒体中传播开来，难辨真假。这也从侧面反映了一种可能性：会不会有更多的南亚、东南亚国家将汉语纳入官方语言的范围。

③ 民族语言志（https：//www.ethnologue.com/statistics/size）。

④ 张星烺：《欧化东渐史》，商务印书馆 2011 年版，第 11—18 页。

⑤ 葛兆光：《古代中国文化讲义》，复旦大学出版社 2012 年版，第 15—17 页。

重新定位汉语在世界语言格局中的位置。

2. 拉力因素

与亚当·斯密与黑格尔的论述相反，当代历史研究的全球史视角则将东亚以及中国在近代史发展中的状态和角色进行重构，发掘出其 17 世纪以来参与国际贸易、全球化和交流的一面，重新构建起一个"动态开放"的中国。① 这些著作为西方世界对中国的了解揭开新的篇章，也为中国作为陆地—海洋型国家形象的主观建构奠定了基础。

四　成为陆地—海洋型语言面临的挑战

尽管汉语已经具备了陆地—海洋型语言的雏形，但这显然还是一场远未完成、尚在进行中的变革。历史的经验启示我们，这一变革/转型注定不会是一帆风顺的，其转型能否最终成功需要看其克服困难和挑战的结果，也需要未来时间的验证。本节列举性地分析在当代历史条件下汉语转型成陆地—海洋型语言的面临的诸多困难和挑战。②

（一）推力方面

1. 中国政治经济社会状况的发展

经过 40 多年的改革开放，当今中国已经进入改革的深水区。中国经济能否跨越所谓的"七大陷阱"③，政治经济层面的各种改革又能在多大程度上解决"人民日益增长的美好生活需要和不平衡不充分的发展之间的矛盾"等问题，将在很大程度上决定着中国的未来。这正是决定汉语

---

① 李伯重：《火枪与账簿：早期经济全球化时代的中国与东亚世界》，生活·读书·新知三联书店 2016 年版；孔飞力：《他者中的华人：中国近现代移民史》，李明欢译，江苏人民出版社 2016 年版；林肯·佩恩：《海洋与文明》，陈建军、罗燚英译，天津人民出版社 2017 年版；约翰·麦克尼尔、威廉·麦克尼尔：《全球史：从史前到 21 世纪的人类网络》，王晋新、宋保军等译，北京大学出版社 2017 年版。

② 正如匿名审稿专家指出的，"还有其他一些变量也需要考虑，如大国博弈、大国外交、大国冲突、国内发展、国际关系、战争因素、宗教因素、语言背后的文化因素、中国威胁论、意识形态因素等"。限于篇幅，本文仅举几例来说明问题，更详细的分析将另文论述。

③ 王灵桂、张中元：《跨越七大陷阱：关于中国发展的观点和我们的思考》，中国社会科学出版社 2017 年版。

未来的最根本因素。

2. 中国人口面临的加速老龄化以及可能的规模性减少

人口是一种语言延续和传播的基底。近几年，众多学者从不同角度对中国未来的人口状况表示了担忧，一方面是老龄化的加速到来，另一方面是低于预期的较低生育率。或大或小，中国人口的变化必然会对汉语的影响力和传播力带来消极的影响。

3. 孔子学院的困境

一方面，经过十多年的发展，孔子学院取得了巨大成就，但是也逐渐暴露出一些问题，遇到了一些瓶颈①；另一方面，有些国家开始对孔子学院不满甚至抵制。比如，2018 年 3 月，美国共和党议员就提议要求将在美孔子学院列为"外国代理人"。②

4. 汉语本身在功能上的不足

语言功能分为工具功能和文化功能两大范畴。工具功能主要考察语言的沟通能力，可以通过（A）母语人口、（B）第二语言使用人口、（C）官方语言、（D）文字类型、（E）网民数量及互联网文本量等五大选项和（*F）语言的经济实力这一参考选项的外显指标来评价；文化功能主要考察语言的文化影响力，可以通过（G）书面语的有无、（H）文献出版量、（I）翻译量三大选项和（*J）名人、名物数量及（*K）某时代某文化领域具有突出地位等两个参考选项的外显指标来评价。以此评价体系为基础，可以看到汉语尚处于世界语言功能分类的第二方阵，即属于地区通用语。③ 而且，与其他同处第二方阵的语言相比，汉语的功能还处于较为弱势的地位。

5. 汉语教学存在许多问题和挑战

比如，宏观上说，汉语国际教育在目标设定、路径选择、队伍建设等方面都有必要在新时代的历史背景下加以重新定位和审视。④ 汉语国际

① 张虹倩、胡范铸：《全球治理视域下的汉语国际教育及孔子学院建设：问题、因由与对策》，《社会科学》2017 年第 10 期。

② 外交部（http：//www.fmprc.gov.cn/web/fyrbt_673021/jzhsl_673025/t1544556.shtml）。

③ 李宇明、王春辉：《论语言的功能分类》，《当代语言学》2019 年第 1 期。

④ 胡范铸、陈佳璇：《目标设定、路径选择、队伍建设：新时代汉语国际教育的重新认识》，《世界汉语教学》2018 年第 1 期。

教育的学科及学科理论体系建设①、"一带一路"背景下面临的挑战②等问题，也需要进一步深化探讨。从微观上说，汉语方言众多以及繁简字的分别③、汉语教学的本土化问题④、教师培养问题⑤、教材建设、测评体系、专门用途汉语、汉语国际教育事业的长期可持续发展问题⑥等，也都有必要对其进一步提升认知，提出应对策略。

（二）拉力方面

1. 中美在各个层面的竞争态势以及国际环境的不确定性

近期，美国与中国发生了经贸摩擦。与此相应的，是"印太"战略对"亚太"战略的替代，以及强加给中国的"锐实力"框架。此外，一些国家和地区对中国的敌视或反对态度一直存在，近期反华情绪则有增强的趋势。⑦ 整个国际环境也呈现出更多的不确定性，地区冲突风险有所增强。

2. 民族主义及民粹主义的回潮以及全球化进程的放缓

近些年，特别是 2008 年国际金融危机之后，许多国家和地区的民族主义以及民粹主义有所回潮，地区动乱、恐怖主义及分裂势力有所抬头。作为全球化基础的新自由主义思想及实践的盛极而衰，在给全球化扩张带来反思的同时，也使各国政府开始对本国本地经济给予更多的关注。

---

① 李泉：《国际汉语教学学科建设若干问题》，《语言文字应用》2010 年第 2 期；王建勤：《新形势下对外汉语教学学科建设的理性思考》，《汉语应用语言学研究》2013 年第 5 辑。

② 王春辉：《汉语国际传播为"一带一路"发挥正能量》，《社会科学报》2017 年 3 月 16 日第 5 版。

③ 郭熙：《汉语的国际地位与国际传播》，《渤海大学学报》2007 年第 1 期。

④ 李宇明、施春宏：《汉语国际教育"当地化"的若干思考》，《中国语文》2017 年第 2 期。

⑤ 李泉：《国际汉语教师培养规格问题探讨》，《华文教学与研究》2012 年第 1 期。

⑥ 吴应辉：《汉语国际教育面临的若干理论与实践问题》，《云南师范大学学报》（哲学社会科学版）2016 年第 1 期。

⑦ 比如宏观视角的，《华盛顿邮报》题为《一场全球范围的反华情绪正在酝酿》的文章。可参见凤凰网（http：//news.ifeng.com/a/20171226/54519764_0.shtml）、华盛顿邮报（https：//www.washingtonpost.com/news/global-opinions/wp/2017/12/19/the-global-backlash-against-china-is-growing/？utm_term=.2bb957ff2710）。微观视角的，《NBA 明星竟然用辱华词汇给中国人拜年》，凤凰网（http：//news.ifeng.com/a/20180219/56115077_0.shtml）、《美国亚裔学生快餐店用餐被标"中国佬"》，澎湃新闻（http：//www.thepaper.cn/newsDetail_forward_2003459）。

这些因素在某种程度上会促动各国对本民族语言的强化以及对外来语言的排斥，因为语言除了工具的功能外，还有情感、身份认同的功能，即所谓的与尊严（pride）相关。①

3. 汉语作为二语学习的现实状况不容乐观

虽然汉语作为二语学习者的人数在增加，学习者的年龄在趋小，但是现实状况却仍不容乐观：一是真正将汉语纳入教育系统或者作为主要外语教学的国家和地区较少；二是在国际语言竞争中由于英语的强势挤压，汉语作为国际通用语被使用的范围极其有限；三是汉语学习者的绝对数量有待提升。比如，美国大学非英语语言注册人数虽然从1960年到2013年增长了8891.9%，但是从绝对数量上说却仅位于第六，甚至比日语还少。②

面对上述困难和挑战，能否在深化探讨的基础上提出行之有效的应对之策，是对学者和决策者们的又一次历史考验。有些学者已经就应对之策开始深入思考。比如，李宇明和王春辉就在全球体系的背景下提出了增强汉语功能的七方面建议③，但是显然此论题还需要更广泛、跨学科、更深刻的建言。

五　结语

就语言传播来说，一种语言会沿着两个方向发生变化：垂直变化（时间维度）和水平变化（空间维度）。垂直变化是通过在内部形成新的形态来实现；水平变化则表现为语言说话人、覆盖地域的增多或减少。显然本文主要聚焦于汉语在形态上的垂直变化，是一次历时分析。

当前，汉语国际传播的历史背景正在经历两个深刻的转变：（1）战争殖民侵略的霸权扩张时代被经济文化交流的和平竞争时代所取代；

---

① 王春辉：《当代世界的语言格局》，《语言战略研究》2016年第4期。

② 高莉、王春辉：《美国"国家安全语言计划"之"星谈"项目》，《北华大学学报》（社会科学版）2017年第5期。

③ 李宇明、王春辉：《全球视域中的汉语功能》，《云南师范大学学报》（哲学社会科学版）2018年第5期。

（2）"向国外移民＋外国人到华学习"的两翼齐飞模式被"向国外移民＋外国人到华学习＋推动汉语国际化"的三足鼎立模式所取代。

在上述大背景下，汉语正在经历从陆地型语言到陆地—海洋型语言的转型。目前来看，这一转型仅具雏形，尚处在初始阶段，是一场正在行进中的变化。本文仅仅是立足战略层面的一次尝试性研究：一方面，为正在进行中的变化进行描写与前规划分析；另一方面，如果这一正在进行的变化能够进一步发展并最终成型，本研究就是在为迎接这一时刻所做的一种策略性准备。

多年以来，国际上就有两种讨论：哪些语言会是未来的全球性语言（global language）？汉语会代替英语成为全球通用语吗？学者和大众都认为第一个问题的答案中一定会有汉语，而对第二个问题的回答则见仁见智。但无论如何，我们对于汉语的认知和定位显然都不能再局限于中国之内或传统意义上的"汉字文化圈"地域，而是要从世界政经格局和世界语言格局的视角重新审视汉语。汉语作为陆地—海洋型语言的建构就是达成这一目的的尝试。只有有了这一理论和认知视角的转变，才能使汉语作为全球性语言之一的讨论有的放矢，也才能对具有全球性语言潜质的汉语的未来加以筹划。

世界已步入秩序重建的新时代①，世界语言格局也开始进入秩序重建的新时期。历史上，几大文明之间互相竞争、此消彼长。15 世纪末开始的海洋时代，中国主动退出，从而失去与其他国家的经济、文化竞争和往来。当代汉语传播的新常态与汉语类型的转换，是随着中国由内敛到外向开放的转移而塑造起来的。这也是中华崛起和民族复兴的必然。

"中华民族历来是爱好和平的民族，一直追求和传承和平、和睦、和谐的坚定理念。中华民族的血液中没有侵略他人、称霸世界的基因，中国人民不接受'国强必霸'的逻辑，愿意同世界各国人民和睦相处、和谐发展，共谋和平、共护和平、共享和平。"② 这也应该是汉语与世界

---

① 郑永年：《世界已步入秩序重建新时代》，《联合早报》2018 年 1 月 23 日。
② 《习近平在中国国际友好大会暨中国人民对外友好协会成立 60 周年纪念活动上的讲话》，新华网，2014 年 5 月 15 日。

其他语言相处时的逻辑，即汉语的国际传播不是要侵略其他语言的生存空间，而是要与其他语言和睦相处、和谐共存，从而为维护和发展世界语言文化的多样性共同努力，正所谓"各美其美，美美与共"。

历史大变局下的国际中文教育[*]

一　引言

　　语言文字治理是国家治理的重要构成，包含国际中文教育在内的中华优秀语言文化的传承与传播是语言文字治理的有机构成。各种语言的国际教育与不同文明的互学互鉴是人类历史的主流，也是全球治理体系的重要组成部分。① 2020 年 6 月，《教育部等八部门关于加快和扩大新时代教育对外开放的意见》就对国际中文教育做了重点阐述，如"建立中国特色国际课程开发推广体系，优化汉语国际传播，支持更多国家开展汉语教学"等。2020 年 10 月 13 日，新中国成立以来第四次、新时代以来第一次全国语言文字会议在京召开。会议强调要"推进语言文字工作

　　* 本文是以下项目的阶段性研究成果：教育部中外语言交流合作中心 2020 年度国际中文教育研究课题重大项目资助"国际中文教育与传播体系创新研究"（项目号：20YH02A）、教育部中外语言交流合作中心委托项目"国际中文教育中长期发展规划研究"、教育部"十四五"规划研究课题"'十四五'时期语言文字事业发展研究"（课题编号：SSW202021）。发表在《云南师范大学学报》（哲学社会科学版）2021 年第 2 期。写作期间，笔者陆续随机采访了 70 多位本领域研究专家和教师，其中国际中文教育研究专家 19 人、孔院中方院长 8 人、孔院外方院长 5 人、国内相关院系负责人 16 人、一线国际中文教师 27 人；李宇明教授给了很多启发和宝贵意见，特此一并致谢！文章主要内容曾于 2020 年在几个场合做过汇报：国家汉办（5 月 29 日）、山东大学 2020 年"多学科视角下的汉语国际教育"研究生暑期学校（6 月 29 日）、湖北工业大学外国语学院（7 月 3 日）、贯培汉教专业暑期职业教育培训（7 月 6 日，北京第二外国语学院）、新形势下汉语国际教育专业发展与建设线上会议（8 月 14 日，北京第二外国语学院）、语言文化研究系列讲座（11 月 10 日，西安文理学院）、第九届中国语言学研究方法和方法论问题学术研讨会（11 月 15 日，西安外国语大学）、南京晓庄学院文学院（12 月 22 日），感谢参与交流的专家和师生的赐教与建议！
　　① 王春辉：《论语言与国家治理》，《云南师范大学学报》（哲学社会科学版）2020 年第 3 期。

治理体系和治理能力现代化"，并且"弘扬以语言文字为载体的中华优秀文化"。这都需要国际中文教育应时而进，在国家治理体系和治理能力现代化的征程以及全球治理的版图中发挥更加有力、有效的作用。

从某种程度上说，语言的国际教育①是国际政经格局的晴雨表，语言的生灭起落本质上是其使用群体状态的直接映射。无疑，当今世界正在经历"百年未有之大变局"。2020 年新冠肺炎疫情的暴发将人类置于大变局和大疫情的叠加之下，人类历史进入了一个深度不确定性的阶段。② 在此历史背景下的国际中文教育进入了 4.0 阶段，所面临的挑战和机遇都是前所未有的。国际中文教育涉及变量众多，需要动态、复杂、系统的思维与视角。

当前的国际中文教育研究大致地分为三大路向：（1）围绕国际中文教育"三教"、测试、本地化、中介语、人才培养等传统论题的分析，如王瑞烽、李泉、赵金铭、张博、刘英林等、周小兵等、吴继峰、李宇明和施春宏等。③（2）着眼于国际中文传播的理论、路径、评估等方面，比如《云南师范大学学报》（哲社版）2021 年第 1 期的专题、张天伟、王辉、余江英、贾益民、卢德平、李宇明等。④（3）从更为宏观的视角来分

---

① 或曰"X 语言的国际化"。

② 王绍光：《深度不确定性：新冠疫情与世界变局》，"新冠疫情与世界大变局"专题线上研讨会发言，清华大学，2020 年 5 月 8 日。

③ 王瑞烽：《疫情防控期间汉语技能课线上教学模式分析》，《世界汉语教学》2020 年第 3 期；李泉：《新时代对外汉语教学研究：取向与问题》，《语言教学与研究》2020 年第 1 期；赵金铭：《汉语国际教育的两个研究系统——语言教学与师资培养》，《国际汉语教育（中英文）》2020 年第 1 期；张博：《汉语第二语言教学实证研究的进展及存在的问题》，《国际汉语教学研究》2019 年第 4 期；刘英林、李佩泽、李亚男：《汉语国际教育汉语水平等级标准全球化之路》，《世界汉语教学》2020 年第 2 期；周小兵、张哲、孙荣、伍占凤：《国际汉语教材四十年发展概述》，《国际汉语教育（中英文）》2018 年第 4 期；吴继峰：《语言区别性特征对英语母语者汉语二语写作质量评估的影响》，《语言教学与研究》2018 年第 2 期；李宇明、施春宏：《汉语国际教育"当地化"的若干思考》，《中国语文》2017 年第 2 期。

④ 张天伟：《我国国家通用语国际拓展能力现状与发展路径研究》，《语言文字应用》2020 年第 1 期；王辉：《语言传播的理论探索》，《语言文字应用》2019 年第 2 期；余江英：《领域汉语传播规划研究：目标与任务》，《语言文字应用》2019 年第 2 期；贾益民：《新时代世界华文教育发展理念探讨》，《世界汉语教学》2018 年第 2 期；卢德平：《汉语国际传播的推拉因素：一个框架性思考》，《新疆师范大学学报》（哲学社会科学版）2016 年第 1 期；卢德平：《汉语国际传播的理论维度》，《语言战略研究》2016 年第 4 期；李宇明：《孔子学院语言教育一议》，《语言教学与研究》2014 年第 4 期。

析一些战略层面的问题，如崔希亮、李宇明、李宇明和王春辉、赵杨、王春辉、崔希亮、吴应辉、赵世举等。① 总体来说，目前的国际中文教育研究还是以第一种路向为主，第二、第三两个方向都有待加强。②

本文基于历史大变局的背景分析（第一部分），梳理国际中文教育的成就与挑战（第二部分），阐释国际中文教育的当下理念，并对其未来发展方向和任务策略加以展望（第三部分）。

二 大变局的历史背景

2018 年 6 月，中央外事工作会议在北京召开。会议指出，"当前，我国处于近代以来最好的发展时期，世界处于百年未有之大变局，两者同步交织、相互激荡"③。此后，"百年未有之大变局"的历史命题成为各界共识。2020 年新冠肺炎疫情暴发，这是"第二次世界大战结束以来最严重的全球公共卫生突发事件"④。新冠肺炎疫情有可能成为国家间力量对比发生急剧变化的历史性事件，而不仅仅是简单的公共健康卫生安全事件。新冠肺炎疫情导致供应链、产业链的熔断，形成金融危机、经济萧条、社会关系的紧张以及大国战略博弈的上升。所以，新冠肺炎疫情对世界历史的影响，甚至在某种程度上不亚于一战和二战，可以使国家间的力量对比

---

① 崔希亮：《全球突发公共卫生事件背景下的汉语教学》，《世界汉语教学》2020 年第 3 期；李宇明：《中文怎样才能成为世界通用第二语言》，《光明日报》2020 年 1 月 4 日第 10 版；李宇明：《语言竞争试说》，《外语与外语教学》2016 年第 2 期；李宇明、王春辉：《全球视域中的汉语功能》，《云南师范大学学报》（哲学社会科学版）2018 年第 5 期；李宇明、王春辉：《论语言的功能分类》，《当代语言学》2019 年第 1 期；赵杨：《汉语国际教育学术话语权构建》，《世界汉语教学》2019 年第 4 期；王春辉：《汉语：从陆地型语言到陆地—海洋型语言》，《世界汉语教学》2019 年第 1 期；崔希亮：《汉语国际教育与人类命运共同体》，《世界汉语教学》2018 年第 4 期；吴应辉：《汉语国际教育面临的若干理论与实践问题》，《云南师范大学学报》（哲学社会科学版）2016 年第 1 期；赵世举：《中国语言文化国际传播的境遇及反思》，《中国语言战略》2016 年第 2 期。

② 值得注意的是，近几年在一些杂志的引领下，后两个方向的研究取得了长足进步。比如，《世界汉语教学》从 2018 年开始创设"新时代汉语国际传播研究""汉语国际教育知识体系研究""新时代汉语国际教育的创新与发展"等栏目，《语言战略研究》《语言文字应用》以及《云南师范大学学报》（哲社版）等也刊发了"汉语国际教育"的专题。

③ 新华网（http：//www.xinhuanet.com/politics/2018－06/23/c_1123025806.htm）。

④ 中国新闻网（https：//www.chinanews.com/gn/2020/05－19/9188268.shtml）。

重新在这样特殊的关键节点上发生重大变化，甚至由此促动世界格局的重组。① 2020 年 5 月 20 日，联合国开发计划署发布报告《2020 人类发展展望——2019 冠状病毒疫情与人类发展：评估危机与展望复苏》。② 报告指出，受到 2019 年冠状病毒疫情影响，通过全球教育、健康和生活水平等综合指标进行衡量的人类发展指数可能在 2020 年出现衰退。如果真的如此，这就将是人类发展这一概念自 1990 年引入以来的首次衰退。

"如果 21 世纪被证明是亚洲的世纪，就像 20 世纪是美国的世纪一样，那么这场大流行病很有可能会作为一个转折点而被铭记。我们正在经历的不只是戏剧性事件，而是很有可能成为历史的转折点。"③ 可以说，当下的世界是百年未有之大变局和百年未有之大疫情二者的叠加，世界正在步入深度不确定的时期。

新冠肺炎疫情背景下的世界大变局在经济、政治、社会意识形态、科技四个维度呈现出一些趋向性特征。④ 鉴于这些特征对于文章内容讨论的至关重要性，此处论述就多着一点墨。

（一）经济方面

1. 对世界经济的冲击巨大

就经济危机本身来看，是金融、能源、粮食、产业链断裂、债务五重危机的叠加。⑤ 世界经济下滑的幅度已经大大超过 2008 年金融危机所带来的冲击。很多人甚至认为，如果这次疫情持续蔓延，世界经济下滑的幅度和持续时间将超过 1929—1933 年大危机。⑥

2. 世界经济版图的变动

一大批发展中国家和新兴市场力量迅速崛起，改变了过去长时期发

---

① 朱锋教授在"新冠疫情背景下的世界秩序与中国外交"视频会议（中国人民大学，2020 年 5 月 8 日）上的发言。

② 全文参见 http：//hdr. undp. org/en/hdp-covid。

③ 这是美国前财政部长、哈佛大学教授劳伦斯·萨默斯在为英国《金融时报》所写文章中的一段话。参见 https：//mp. weixin. qq. com/s/Bv2CZCJQJjzVInh0UlNetw。

④ 此处的背景介绍是后文分析的基础，所以每项会占用一些篇幅阐释。

⑤ 陈文玲教授在"新冠疫情与世界大变局"专题线上研讨会（清华大学，2020 年 5 月 8 日）上的发言。

⑥ 刘元春教授在"新冠疫情背景下的世界秩序与中国外交"视频会议（中国人民大学，2020 年 5 月 8 日）上的主旨发言：疫情冲击下世界经济秩序的几大变化。

达国家为单一增长极的格局。一个普遍的看法是，中国在 2030 年将超越美国，成为全球最大经济体，印度将在 2050 年超越美国，成为第二大经济体。①

3. 新一轮贸易保护主义、逆全球化思潮②兴起

正是在逆全球化浪潮的冲击下，全球贸易、投资明显下滑，保护主义兴起，自由贸易受阻，全球经济出现困境。③ 逆全球化的动能是很多的，如华尔街在美国内政中的失势、新自由主义的理论在全球尤其在西方的影响式微、美国国际权势的相对衰落、美欧社会婴儿潮老化带来的全球总需求增长停滞、通缩和低利率现象持续发生、西方蓝领中产在政治上的翻盘与民粹力量的上升。④

4. 多边主义与单边主义的激烈较量前所未有

一方面，主导建立战后国际秩序的美国接连"退群"，大搞单边主义和保护主义，破坏多边贸易体制和全球治理体系，给全球带来剧烈冲击与震荡；另一方面，以中国为代表的新兴经济体群体性崛起，并坚定维护多边主义和自由贸易原则，积极推进全球化良性健康发展，大力推动全球治理体系朝着更加公正、合理的方向发展。⑤

（二）政治方面

1. 权力结构变化

进入 21 世纪，一大批新兴经济体和发展中国家群体性崛起，世界经济中心和全球战略中心从欧洲大西洋地区向亚洲太平洋地区转移，当今世界的权力结构第一次出现向非西方世界转移、向非国家行为体弥散的趋势，少数几个西方发达国家垄断世界权力的时代已经难以维持，出现"东升西降"的现象。近代以来欧美发达国家主导世界政治的局面正在发

---

① 沈铭辉：《"百年大变局"中的世界经济大势》，《世界知识》2020 年第 9 期。

② 对于这一现象，专家们称呼不一，比如反全球化、弱全球化、逆全球化等。

③ 蔡拓：《理性与非理性的博弈——全球大变局的症结与应对》，《探索与争鸣》2019 年第 1 期。

④ 翟东升教授在"新冠疫情与世界大变局"专题线上研讨会（清华大学，2020 年 5 月 8 日）上的发言：全球化的进退与分化。

⑤ 杜运泉：《"百年未有之大变局"：重识中国与世界的关键》，《探索与争鸣》2019 年第 1 期。

生根本性变化。①

2. 世界秩序重塑，全球治理机制亟待提升

随着新兴大国的群体性崛起和美西方实力的相对衰落，"东升西降"的国际格局更趋明朗，全球治理依托的权力结构发生变化，全球治理体系出现松动乃至瓦解的风险。② 全球性问题丛生，全球治理体系陷入困境，亟须改变。此次新冠肺炎疫情是最需要全球合作应对的，但在应对疫情这一公共卫生问题方面却出现了泛政治化倾向，各自为政，导致治理混乱，全球治理体系效力不足。

3. 大国之间的竞争和对抗在加剧

疫情后的大国间关系，总体来看，大国之间的竞争和对抗在加剧，大国之间关系的复杂性和不确定性在增强，如果将来大国之间有合作，合作的形式也会发生变化。③

4. 国家作为治理主体的功能相对弱化，尤其对西方国家而言④

国际秩序的主体不再局限于主权国家，跨国资本、非政府组织和个人都可能成为国际秩序的主体，这种主体日益多元化背后是跨国资本力量的日益膨胀。⑤ 全球化与反全球化的力量共同挤压着国家权力，国际行为主体不只是由国家垄断，而是出现多重行为体，国际组织、非政府组织、意见领袖、极端主义、民粹主义、反全球化力量、网络精英、媒体、智库都在分散国家权力。未来世界的冲突，不一定聚焦在国家领导权之争，而是取决于国家与社会、国家与非国家主体之间的力量平衡。依靠 20 世纪以来国家主义的权力逻辑，估计很难应对当

---

① 赵可金：《如何在"百年未有之大变局"中理解中国角色》，《探索与争鸣》2019 年第 1 期；王文：《500 年？400 年？300 年？200 年？100 年？如何理解"百年未有之大变局"》，《人民论坛·学术前沿》2019 年第 7 期。

② 任琳：《"百年未有之大变局"下的全球治理体系改革》，《当代世界》2020 年第 3 期。

③ 戴长征教授在"新冠疫情背景下的世界秩序与中国外交"视频会议（中国人民大学，2020 年 5 月 8 日）上的发言。

④ 但是也要看到在大疫情和国际局势面前，政府治理呈现出权力扩大的趋势。从长期来看，民众可能倾向于建立在各个层面更有能力的政府。《2020 年度全球关注十大热点》，《社会科学报》（https://mp.weixin.qq.com/s/uPkevrACsIK8gqtLqZDBJw）。

⑤ 魏南枝：《世界的去中心化与新冠肺炎疫情：政治国家与资本博弈的加剧》，"新冠疫情与世界大变局"专题线上研讨会发言，清华大学，2020 年 5 月 8 日。

前的全球乱局。①

5. 国际关系的区域化发展趋势可能加速②

全球化有两个轮子，一个是多边，一个是区域。目前，区域和双边合作的进展明显快于多边。受疫情影响，今后的国际合作可能会更多考虑地理、地缘性因素。以前是美国主导的全球化，未来会出现一批洲域共同体，如欧洲、亚洲、美洲的一些国家以洲为单位组成洲域共同体。美国体系的裂变和洲域共同体的聚合，是两个并存并行的运动。③

（三）社会意识形态方面

1. 国家主义、民族主义、民粹主义强势崛起

伴随逆全球化浪潮而来的是国家主义、民族主义、民粹主义的崛起。这次疫情过后，现实主义将会抬头，地缘政治竞争将会加剧，国家间对立将会明显。这次疫情为国家主义、民族主义、民粹主义，还有一些极端思想提供了新土壤，如极端的反华言论与思想、分离主义思想等。最近对中国的好感度调查，不仅美国民众下降到 1974 年的最低点，最近一周欧洲的民调数字，70% 的英国、德国、法国、意大利民众，几乎都把这次新冠肺炎疫情认为谁最应该负责的第一选择放在中国身上。世界民众性的情绪，恰恰是因为新冠肺炎疫情，对中国的看法甚至发生了巨大的变化。这种社会性情绪的对立甚至冲突，往往是引发后继政治、经济、外交和安全效应最重要的先导。④

2. 西方式民主政治的动摇，不同价值观的博弈

从国家制度的角度看，300 年前开始向全球推广的所谓"民主政治"

---

① 王文：《500 年？400 年？300 年？200 年？100 年？如何理解"百年未有之大变局"》，《人民论坛·学术前沿》2019 年第 7 期。

② 比如钱乘旦先生就指出，"世界格局将向'区块化'发展，区块化即区域性的地区结构"。"漫谈全球化、后工业社会与其他"主题报告，https://mp.weixin.qq.com/s/WIYCpycA-NbAlwmGp_V-Mw，2020 年 11 月 27 日。

③ 王湘穗教授在"新冠疫情与世界大变局"专题线上研讨会（清华大学，2020 年 5 月 8 日）上的发言：走向多样性的世界。

④ 朱锋教授在"新冠疫情背景下的世界秩序与中国外交"视频会议（中国人民大学，2020 年 5 月 8 日）上的发言。

体制出现衰败甚至崩塌的迹象。① 疫情治理对世人有个极大的冲击，也就是人们普遍怀疑对抗式制度体系——也就是英美教科书上所说的民主政治，至少不是治理的最好模式，这将对美国软实力基础产生动摇。② 中国等东方国家在此次疫情中展示出来的以人为本的情怀和制度优势，则再次展示了东方智慧和价值体系的重要意义。

（四）科技方面

"当今人类已出现了这样一个历史上从未有过的方向：科技结构已壮大到如此程度，以至于它有可能选择那些能和它相适应的社会结构。……今后的人类命运，不仅为社会结构自身演化所限定，而且要深深受到科技结构和社会结构的交互作用的影响。"③ 科技已经越来越成为独立于传统的政治、经济、意识形态之外的影响人类历史进程的第四种核心因素。

信息技术、生物技术、新能源技术、新材料技术等交叉融合正在引发新一轮科技革命和产业变革。④ 以人工智能、虚拟现实、量子通信、区块链等为代表的第四次科技革命正在深刻地改变着人类的生活方式，影响着国家在国际竞争中的实力和地位，也带来了前所未有的机遇和挑战。历经农业和工业社会，人类正在进入信息社会和数字社会。"人—机/人—机—人交互""脑机接口"等正在加速更改人类能量和信息的地图。信息与信息技术正普遍、深刻而又无情地创造和重塑着人类的理论基础与现实基础，改变着人类的自我认知，重组着人类与自身以及与他人之间的联系，并升华着人类对这个世界的理解。⑤

---

① 王文：《500 年？400 年？300 年？200 年？100 年？如何理解"百年未有之大变局"》，《人民论坛·学术前沿》2019 年第 7 期。

② 苏长和教授在"新冠疫情背景下的世界秩序与中国外交"视频会议（中国人民大学，2020 年 5 月 8 日）上的发言。

③ 金观涛、刘青峰：《兴盛与危机：论中国社会超稳定结构》，法律出版社 2011 年版，第 339—340 页。

④ 《习近平出席 2014 年国际工程科技大会并发表主旨演讲〈让工程科技造福人类、创造未来〉》，新华网（http：//www.xinhuanet.com/politics/2014-06/03/c_1110968763.htm）。

⑤ 卢西亚诺·弗洛里迪：《第四次革命：人工智能如何重塑人类现实》，王文革译，浙江人民出版社 2016 年版，第 XI 页。

"当代人类同时生活在传统工业化社会和信息社会。但是，因为数字技术的迅速进步，从传统社会、工业社会、后工业社会向信息社会和数字社会转型成为可能。"①"数字思维将取代地缘政治思维，成为影响大国决策的主要战略思维。……数字思维对外交决策及国际关系的影响将会越来越大，且未来的科技进步将进一步扩大数字思维的影响力。"②

上述四个视角的诸多背景，都为国际中文教育的未来发展设置了障碍或者提供了机遇。

三　国际中文教育的成就与挑战

新中国成立以来，经过几十年的发展，国际中文教育事业成就非凡。在历史大变局的当下，它也面临着多重挑战。

（一）国际中文教育成就非凡

几十年来，国际中文教育事业为国家发展和民族振兴做出独特贡献，择其要者有五。

1. 事业发展从 1.0 到 4.0，学科建设从无到有

新中国成立以来，中国的国际中文教育事业经历了从 1.0 到 4.0 的提升与演变。1949—1986 年是 1.0 阶段，这一时期的国际中文教育从来华学生数量、外派教学情况、接收留学生高校数量、教师数量、教材、研究情形等方面都有很大限制，事业处于起始期和积累期。1987—2003 年是 2.0 阶段，这一时期以国家对外汉语教学领导小组的成立为标志，开启了国际中文教育学科和事业发展的系统规划模式。2004—2019 年是 3.0 阶段，这一时期以孔子学院和孔子课堂的全球布局为标志，见证了中国主动助力中文国际化的历程。2020 年进入 4.0 阶段，大变局与大疫情的叠加之年，中国国际中文教育基金会和中国教育部中外语言交流合作中心相继成立，国际中文教育应然跨入 4.0 时代，开始致力于构建更加开

---

① 朱嘉明：《未来决定现在：区块链·数字货币·数字经济》，山西出版传媒集团、山西人民出版社 2020 年版，第 16 页。

② 阎学通：《数字时代初期的中美竞争》，《国际政治科学》2021 年第 1 期，第 54—55 页。

放、更加包容、更加规范的现代国际中文教育体系。在这个过程中，国际中文教育经历了"对外汉语教学—汉语国际推广—汉语国际教育—国际中文教育"的术语变迁或叠用，作为一个学科也卓然建立起来。

2. 紧跟历史进程，助力国家发展

国家的发展和整体实力的提升为国际中文教育事业的蓬勃发展提供了坚实的基础和坚强的后盾，国际中文教育事业也为民族和国家的发展贡献着自身的力量。据统计，2018 年共有来自 196 个国家和地区的 492185 名各类外国留学人员在全国 31 个省（区、市）的 1004 所高等院校学习。[①] 截至目前，汉办已累计派出 10 万多名院长、教师和志愿者，并培养培训各国本土汉语教师近 50 万人次。[②] 截至 2020 年年底，已经在全球 160 多个国家和地区建立了 500 多所孔子学院和 1100 多个孔子课堂。[③] 这些数字的背后，是国际中文教育事业为缓解国家就业压力、提升全球软实力、增强中国国际化等发挥的重要作用。

3. 成为中国参与全球治理、建构人类命运共同体的重要构成

中国"一带一路"倡议和构建人类命运共同体理念的提出，不仅为国际中文教育指明了发展方向，也为国际中文教育的发展注入了动力，提供了更友好的外部环境。[④] 分布在世界各地的国际中文教育工作人员成为实践倡议和理念的先导队，通过中文教学，让世界更好地理解以人为本、美美与共的中华文明、中华精神，在中国与世界各国之间架起一座座交流共建的桥梁，助力人类命运共同体的建构。

4. 建构语言国际教育的中国模式，是人类跨语言文化交流的有益尝试

综观人类历史，跨语言文化交流川流不息，愈来愈频繁，尤其是大航海时代以来，更是进入全球化的繁荣期。在此过程中，人类的语言国际化出现许多模式，比如阿拉伯语等的宗教模式、法语和英语等的殖民

---

① 根据教育部（http：//www. moe. gov. cn/jyb＿xwfb/gzdt＿gzdt/s5987/201904/t20190412＿377692. html）的统计整理而成。因为 2019 年的数据未见公布，此处以 2018 年的数据为例。

② 引自《孔子学院年度发展报告（2018）》。

③ 此数据来源于教育部语合中心发展规划处王甬处长在北语的演讲（2020 年 11 月 22 日）。

④ 崔希亮：《汉语国际教育与人类命运共同体》，《世界汉语教学》2018 年第 4 期。

模式等，几十年来的中文国际化实践则建构起一种和平发展背景下的合作共赢模式。这一模式的特点是，国际中文教育不是要侵略其他语言的生存空间，而是与其他语言和睦相处、和谐共存，从而为维护和发展世界语言文化的多样性共同努力。

5. 重构全球二语教育格局

在国际中文教育事业努力以及其他因素的合力促动下，当前的中文正在经历从陆地型语言到陆地—海洋型语言的转型①，而且有希望成为世界第二通用语言②。尽管目前的国际中文教育面临着前所未有的挑战，但是这两大趋势是基本确定的。中文在世界语言格局中地位和功能的提升，打破了大航海时代以来西方国家通过殖民与战争建立起来的语言霸权体系（尤其是英语帝国主义）③，正在重构着全球二语教育的新格局。

（二）国际中文教育挑战重重

国际中文教育在取得非凡成绩、发挥其特定助力价值的同时，在历史大变局的当下也面临着许多前所未有的挑战。

1. 大变局之下政治—经济—意识形态—科技的挑战

如果逐一分析上述历史变量对国际中文教育的影响，就会呈现出如表1的情形。显然，当下及未来一段时间的历史环境整体来说是"一山放过一山拦"，困难较多。

表1 诸历史变量对国际中文教育的影响

历史变量	影响性分析	历史变量	影响性分析
冲击世界经济	–	大国竞争和对抗	–
经济版图变动	±	治理主体多元	–
逆全球化	–	区域化趋势	±

---

① 王春辉：《汉语：从陆地型语言到陆地—海洋型语言》，《世界汉语教学》2019年第1期。

② 李宇明：《中文怎样才能成为世界通用第二语言》，《光明日报》2020年1月4日第10版。

③ Robert Phillipson, *Linguistic Imperialism*, Oxford：Oxford University Press, 2000.

续表

历史变量	影响性分析	历史变量	影响性分析
多边还是单边	±	三种主义崛起	–
权力结构变化	±	价值观博弈	±
全球治理机制	±	科技因素	±

注：此处用"＋"表示"有利于"，"－"表示"不利于"，"±"表示既有利亦不利。

2. 国际和国内的消极态度

如果说上述内容是客观层面的消极情形，那么在主观态度一端的当前情形也不容乐观。国际上的消极态度有所累积，国内对于国际中文教育也存在一定的消极态度，对语言战略意义的认知薄弱、大众对国际中文事业的不理解等。客观与主观、国际与国内的双重压力，给当前的国际中文教育事业带来史无前例的挑战。

3. 基础研究薄弱，基础设施不牢

尽管国际中文教育学科有了长足发展，一线教师、研究人员和研究成果都数量不菲，但是必须承认我们的基础研究还相当薄弱，基础设施还不牢固。比如，相比英语只有一种称呼 English[1]，中文、华语、汉语、普通话、大华语等称谓上的平行或交叠一直未有很好的解决。又如，大家公认的比较标准的国际中文教学语音—词汇—语法各子体系似乎仍未出现。再如，"三教问题"一直是见仁见智，基于中文状况的第二语言教学理论还未形成。[2] 对于国际中文教育的系统性战略研究一直缺乏，国际中文教育的标准建设进展缓慢。诸如此类，此处不再多述。在基础设施方面，教材繁多但是能公认为经典或权威的不能说没有也是凤毛麟角；在线教学已然成为当下的新风口，但是作为基础设施的在线中文资源却处在散乱甚至匮乏的状态；孔子学院、孔子课堂发展迅猛，但是在一些国家又面临着随时可能关停的困境，等等。当今之际，国际中文教育需要"比以

---

[1] 顶多是复数指称 Englishes，或者加个定语如新加坡英语 Singlish、中式英语 Chinglish，但核心仍然是 English。

[2] 这个方面可以学习俄罗斯对外俄语教学经验：一方面，对外俄语教学特别注重形成自身的理论基础，并以其独特的理论为教学指导；另一方面，理论基础始终植根于俄罗斯本国语言学、心理学、心理语言学等学科的研究理论。（罗晓霞，2020）

往任何时候更加关注汉语汉字教学自身的问题，更加坚定走适合汉语特点的教学之路的道路自信，更加坚定建构既体现二语教学共性又体现汉语二语教学个性的教学法体系的理论自信"①。

4. 市场化机制不健全

每个国家在发展自身语言国际化事业时都会有的特征，无论是英国文化交流委员会、法语联盟，还是塞万提斯学院、歌德学院、世宗学堂，莫不如此。这些国家的相关机构在后续的发展中，基本上都通过市场化机制、学术化机制等层层包装，大大弱化了官方色彩，从而减少一些潜在的阻力。在国际中文教育事业发展中，应进一步健全市场化机制。

5. 职业—事业的旋转门开启不足

国际中文教育是一门职业，也是一门事业，前者注重个体视角，后者注重集体视角。长期以来，事业、学科、专业等发展指标权重不均衡不充分，造成事业（行业）发展的繁荣景象，掩盖了学科意识的薄弱、学科属性的模糊、学科建设的缺位，以至于影响到人才培养的需求和预期，影响到事业发展的基础与需要。② 作为一门职业，注重教学就可以了，但是作为一项事业，要有教育的理念。"教学"和"教育"一字之差，但是在认知层次上却是云泥之别。目前，大多数人还沉浸在职业的范畴内，没有将其上升到事业的高度。也正因为这一天然"鸿沟"的存在，"职业"与"事业"之间无法形成良性的支撑和互动，无法构成自下而上和自上而下的有效互补。

6. 新技术发展的潜在冲击

近些年，得益于计算机硬件、大数据技术特别是神经网络技术的发展，机器翻译的水平和质量大幅提升。③ 这必将对中文学习者的来源、数

---

① 李泉：《新时代对外汉语教学研究：取向与问题》，《语言教学与研究》2020 年第 1 期。

② 宁继鸣：《汉语国际教育："事业"与"学科"双重属性的反思》，《语言战略研究》2018 年第 6 期。

③ 作为此处观点的一个注脚：美国《科学美国人》杂志的"经典回眸"栏目，在"50 年前：1956—1963 年"时段，1962 年 6 月和 1963 年 6 月连续两次聚焦"机器翻译"，指出"要能造出一台完备的翻译机器，我们将向扫清语言障碍的目标跨出了一大步"，"只有研究出中文翻译机器，西方才有望真正了解中国人的风俗、成就和抱负"。《环球科学》杂志社、外研社科学出版工作室编：《不可思议的科技史：〈科学美国人〉记录的 400 个精彩瞬间》，外语教学与研究出版社 2016 年版，第 185—186 页。

量、学习态度、学习动机等产生一定程度的影响，给中文国际使用的领域和场景添加更多元素与变量。目前，已有科技公司宣称研发出脑机接口系统，通过在大脑中植入芯片实现人脑与人工智能的实时连接和共存。如果真的如此，学习一种新语言就仅仅意味着下载一个新程序；再发展，甚至无须说话就能沟通。① 如果不远的将来它变为现实，对于包括国际中文教育在内的语言国际化的冲击将是颠覆性的。② 不管这种情形是否真的能实现，我们都要有所预判。

7. 战略谋划不足，智库支持欠缺

目前国际中文教育事业发展尚缺乏战略层面的统筹谋划，国际中文教育事业的大周期模型还未见端倪，社会各界对于国际中文教育事业的智力和智库支持远远不够。近几年，语言学界的智库建设方兴未艾③，面向国际中文教育的真正的智库更是凤毛麟角④。如果说过去几十年事业处于狂飙突进期时，这个核心问题在高速发展的遮蔽下尚未凸显，那么当事业处于一定程度上的下行期，这一短板暴露无遗。

冰冻三尺非一日之寒，上述问题有结构性的，也有周期性的。它们的根源有些可能并不在于国际中文教育本身，而是与更大的环境和圈外因素相关联。

四　国际中文教育的未来展望

大变局与大疫情的历史背景以及上述各种挑战，似乎为未来的国际中文教育蒙上更多的不确定性，事业也呈现出某种程度的下滑态势。这种分析是客观的，但也是一种被现象遮蔽的短周期视角。如果我们透过现象，在一个更长的周期，以更高的站位来审视，就会呈现出另一番更

---

① 比如马斯克指出，"5 至 10 年后人们主要将进行非语言交流，人类语言将会消失"。参见环球网（https：//tech. huanqiu. com/article/3yBo8sJ2YjT）。

② 综合腾讯网（https：//new. qq. com/omn/20200516/20200516A0JLV800. html）；新浪网（https：//tech. sina. cn/it/2020 – 05 – 11/detail-iircuyvi2428314. d. html? pt）。

③ 赵世举：《关于国家语言智库体系建设的构想》，《语言科学》2014 年第 1 期；张日培：《面向语言文字智库建设的语言政策研究》，《语言政策与语言教育》2015 年第 2 期。

④ 李爽：《高校孔子学院智库建设与区域文化软实力发展》，《边疆经济与文化》2019 年第 5 期。

为乐观的景象。

（一）当前与未来的几个全局性认知

布罗代尔提出三种历史时间，即"长时段—中时段—短时段"，与之相对应的概念分别是"结构—局势—事件"。① 这里试图跳出"短时段—事件"的框架，从"中时段—局势"甚至"长时段—结构"的视角提出几个事关国际中文教育事业未来发展的全局性认知。

1. 中国依然处于历史上升期，这一历史大势不会改变

毫无疑问，中国仍然处于国家发展和民族振兴的上升期，中国的政经改革走向深入，依法治国稳步推进，转型升级和创新发展稳步推进，新冠肺炎疫情防控则进一步彰显了制度优势，提升了国人自信，内部双循环新发展格局的形成与外部区域全面经济伙伴关系协定签署、中欧投资协定谈判的如期完成，必将为未来一段时间中国的发展提供坚实基础和强劲动力。部分研究认为，中国在 2030 年将超越美国，成为全球最大经济体。② 这些就决定了中国在国际关系和世界事务中的地位会越强，作用会越大，进而从根本上决定国际上对中文的需求会保持基本稳定甚或越来越多。

2. 中华文明依然昌盛，依然无可替代

不管是亨廷顿提到的七个或八个人类主要文明③，还是英格尔哈特—韦尔策尔世界文化地图提及的九大价值观集群④，抑或基辛格所说的世界秩序观的几大策源地⑤，延绵几千年的中华文明都展示了其旺盛的生命

---

① 费尔南·布罗代尔：《15 至 18 世纪的物质文明、经济和资本主义》，顾良、施康强译，生活·读书·新知三联书店 2002 年版。

② 沈铭辉：《"百年大变局"中的世界经济大势》，《世界知识》2020 年第 9 期。

③ 即中华文明、日本文明、印度文明、伊斯兰文明、西方文明、东正教文明、拉美文明，还有可能存在的非洲文明。与之相对应的语言分别是：汉语、日语、印地语、阿拉伯语、英语—法语—德语、俄语、西班牙语、斯瓦希里语—豪萨语。塞缪尔·亨廷顿：《文明的冲突与世界秩序的重建》，周琪等译，新华出版社 1998 年版。

④ 是政治学家罗纳德·英格尔哈特（Ronald Inglehart）与克里斯琴·韦尔策尔（Christian Welzel）基于世界价值观调查而制作的一幅地图。他们依据价值观取向将不同的国家分为九大集群，分别是英语国家、拉丁美洲、天主教欧洲、新教欧洲、非洲、伊斯兰教、南亚、东正教以及儒家文化。这一区分，与亨廷顿的区分大同小异。可参见 http://www.worldvaluessurvey.org/wvs.jsp。

⑤ 亨利·基辛格：《世界秩序》，胡利平等译，中信出版社 2015 年版。

力。面对百年大变局，全球治理也越来越需要中华文明为世界未来发展提供更多智慧和方案。

上述两个历史大势决定了未来国际中文教育事业上升趋势和继续发展的基本面不会变。中国国力提升的潜力是国际中文教育潜力巨大的基础，文明的不可替代性则决定了中文纵向和横向的传播力。①

3. 中文的悠久历史和独特魅力提供了强劲动力

中文是汉藏语系的主要语言，有声调、量词众多、语序重要等是其显著特征。汉字是人类最早发明的文字形态之一，也是几大古文字系统中唯一延绵至今且仍然生机勃勃的存在。几千年的发展，中文形成功能多元的诸多文体，写就了浩如烟海的传世文献，建构了中国的哲学体系，塑造了华夏的民族精神。中文自身的独特魅力以及深厚思想为国际中文教育提供了强劲根基。②

4. 全球最大的语言生活共同体是牢固底盘

接近 14 亿的母语人口，6000 多万的华人华侨③，2500 万左右的中文二语学习者，1 亿多的中文作为外语的使用者④，共同构成全球最大的语言生活共同体。语言学习的最终指向和检验标准在于使用，国际中文语言生活共同体是国际中文教育不断前行的坚实底盘。

5. 语言的国际教育有其客观规律，起伏波动都是正常的

与西方诸国已经进行了几百年的语言国际化事业相比⑤，国际中文教育仍然处在初期阶段，或者说学徒或者由学徒走向自信自立的阶段。当前，国际中文教育的状态是整体上升趋势下的阶段性低潮，是一项事业发展过程中的必经阶段，是符合客观事物发展规律的一种状态。所以，

---

①　王春辉：《当代世界的语言格局》，《语言战略研究》2016 年第 4 期。

②　王春辉：《国际中文教育行稳致远，底气何来》，《光明日报》2020 年 6 月 20 日第 12 版。

③　关于中国全球移民的数量及分布，可能由于标准和依据各有千秋，各种统计版本在绝对数量上有一些出入。本文采纳的是国务院原侨办主任裴援平的说法，即截至 2014 年海外华人华侨有 6000 多万人，分布在世界 198 个国家和地区。可参见 http://news. china. com. cn/ 2014lianghui/2014 – 03/05/content_31685623. htm。

④　这里的两个数据来源于教育部语合中心发展规划处王甬处长在北语的演讲（2020 年 11 月 22 日）。

⑤　大航海时代开启之后，西方的语言传播就开始依靠宗教模式和殖民模式。

我们不能囿于当前的一点挫折，而是要冷静思考、合理处置，从而为一段时间后国际中文教育的下一波大发展积蓄能量。

（二）未来展望：方向、任务、策略

面对上述历史背景，未来须立足国际中文教育战略定位，深入实施语言聚焦、科技助力、人本教育战略，以事业发展为统领，以推动高质量发展为主题，以深化结构性改革为主线，以开拓创新为根本动力，以满足世界人民的中文需求、增强文化交流互鉴、构建人类命运共同体为根本目的，以科技创新为新引擎，深入研判国际中文教育的形势和任务，统筹发展和安全，加快建设现代化国际中文教育体系，率先探索构建新发展格局的有效路径，推进国际中文教育事业治理体系和治理能力现代化，从而为事业发展行稳致远提供强劲动力和坚实保障。未来的国际中文教育至少须在以下 5 个任务 15 个具体策略上持续努力。①

1. 聚焦语言主业，建立健全国际中文教育体系

（1）建立健全国际中文教育结构体系和服务体系。第一，结构体系主要是纵向各阶段的教育，即建立从幼儿园到中小学、大学和研究生的全域覆盖教育结构，尤其要更多重视中文学习的低龄化倾向。同时，探索终身学习的理念和教育机制，为不同年龄阶段开始学习中文的外国人提供相应的教育资源。进一步建构和完善结构体系内部的基本部分，比如体制、层次、种类、形式、地区、目标、教学、管理和教育思想等。第二，服务体系是结构体系的支撑要素，涉及人才体系、管理体系、师资培训体系、课程教材体系、标准体系、教育科研体系、经费筹措体系等。针对这一体系，主要是找弱点、补短板、稳基建，提升内功，强化基础研究。

（2）加快发展现代教育体系，推动教育体系优化升级，提升国际中文教育体系和教育能力的现代化水平。第一，抓住风口，打造国际中文教育"新基建"。历经几十年辛劳奋斗，国际中文教育的线下资源创制和配套建设成就非凡；未来一段时间，应抓住当前在线教育的风口，建造线上资源的新基建，包括分层分类的在线教学及管理资源、多语种高精

---

① 此处论述是在已有研究文献和线上线下会议专家发言的基础上梳理、提炼和概括得出的。限于篇幅，有些观点不再一一列明出处。

度的在线中外语翻译系统等。近期上线的"全球中文学习平台""中文联盟平台"等就是有益尝试，人工智能、区块链①等则有望在不远的将来发挥更为重要的作用。当然，新基建不是对旧基建的替换升级，而是二者相互配合、协力发展。第二，加快数字化建设，主要涉及内容数字化、教学数字化和管理数字化。要坚持统筹协调、应用牵引、安全可控、依法依规，加强技术创新、应用创新、模式创新，全面构建国际中文教育数据共享安全制度体系、管理体系、技术防护体系，打破部门信息壁垒，推动数据共享对接更加精准顺畅，提升法治化、制度化、标准化水平。第三，精准细化，升级教育供给与管理。历史新条件下，国际社会对中文教育的需求也会产生重新组构，在重新辨别国际需求地图的基础上，利益攸关方需要在供给侧和管理侧进行升级改造，与教育技术产业开展更多元、更根本的合作。

2. 全面深化改革，构建高水平国际中文教育体制

（1）激发各类主体活力。第一，充分挖掘和优化"官方机制—市场化机制—学术化机制—社会化机制"，实现四种机制、不同主体的相互配合与相互协力。国内外合作只是一种形式，可以进一步拓展和企业、职业学校、中介机构的合作渠道，让中文在全球各领域中的产业化参与度更强，也可在一定程度上淡化官办色彩。第二，强化外方导向。未来的国际中文教育应该学习英语在全球的国际教育模式，更多发挥外方的主体作用，成为外方主导下的外语教育的一部分。中方的主要任务在于提供标准、平台和服务等方面。由中方主导向外方主导的转移，应该是未来中外合作的一大趋势。第三，坚持项目导向，鼓励社会团体、行业协会、民间组织等，结合自身群众性、专业性、灵活性等特点，建好用好双边交流合作机制。借用高铁、港口、路桥、核电、航天等中国发展进

---

①　区块链与国际中文教育的结合应该引起足够重视。区块链从技术上能实现个体的语言创造性成果成为可控、可保护、可识别和可交换的语言数据，使体现人类智慧的语言数据可基于区块链沉淀为个人语言资产，使语言创造被社会认可并获得收益，从而使个体的语言数据进入资产的视野。如果中国能率先将区块链在语言产业落地应用，实现语言数据的资产化，必将促使中华语言文化产品的创造更精准、更蓬勃，从而助推中文成为中间语言，提高中文价值。在这一点上，华文教育已经走在前面。2021 年 1 月，中国华文教育基金会顺利完成"区块链 + 华文教育"课题的研究，其成果将在 2021 年 3 月正式交付海外华校使用。参见中国侨网（http: // www.gqb.gov.cn∕news∕2021∕0104∕50510.shtml）。

步的名片，提升中文国际声望的同时，强化中文的使用和供给。支持中资企业加强与当地媒体、智库合作，开展跨语言文化融合传播。

（2）完善国际中文教育规划。第一，提高站位，加强顶层设计和战略谋划。国际中文教育事业是助力国家治理和人类命运共同体建构的重要部分，经过几十年发展成绩斐然，但是也存在社会认知边缘化、研究定位细碎化、顶层设计薄弱、战略谋划稀缺的困境。面对当前国际中文教育事业面临的诸种困境和挑战，更需要洞见历史的战略定力和系统长远的事业谋划。第二，加强中文的国际声望规划。语言的声望规划是语言规划的一种类型①，一直以来国内学界关注不多②。声望与形象密切相关，目前已经有了一些针对国家和语言形象的研究，未来则有必要针对中文声望进行专门考察。第三，统筹协调各教育对象类型，主要是来华留学生、国外本地国民教育系统的中文教育、孔子学院/孔子课堂等机构的中文教育，以及华人华侨的华语文教育。针对这四类，最好能有一个更为宏观的顶层架构和统筹。第四，动态建模，锻造智库支撑。处于 4.0 发展阶段的国际中文教育急需政府、科研院所和高校、民间等各类智库的支持，提升认知站位和战略思维，并努力创制一个服务于事业发展的复杂动态分析模型。这个模型通过跨学科、全覆盖的变量指标体系筛选，以开放、动态的数据流为依托，可以为事业发展提供全天候的政策咨询和建议参考。国际中文教育发展智库联合体的成立③以及教育部语合中心 2020 年支持的科研项目④，正在这两个方面加快步伐。

（3）加强市场化发展，更多引入市场要素和市场机制，提升市场导向、民间导向和需求导向。探索政府与市场相结合，以及市场自主调节的国际中文教育机制；调动企业、社会等力量积极参与。鼓励专业化、

---

① H. Harmann, "Language Planning in the Light of a General Theory of Language: A Methodological Framework", *International Journal of the Sociology of Language*, Vol. 86, No. 1, January 1990, pp. 103 – 126.

② 可参见观约《"语言声望规划"素描》一文，"语言战略研究"微信公众号，"观约谈"第 37 期，2019 年 11 月 20 日。

③ 2020 年 11 月 22 日，首届国际中文教育发展智库论坛暨国际中文教育发展智库联合体揭牌仪式在北京语言大学梧桐会堂隆重举行。参见 https：//mp. weixin. qq. com/s/QoM1ngSHD4cm4hdQig6IqA。智库联合体的成立，必将为未来国际中文教育的发展提供强有力的支持。

④ 参见 https：//mp. weixin. qq. com/s/f9aGrofJWbX96pZBVMuF-A。

国际化的社会组织和民间力量参与人文交流具体项目运作，建立奖励激励机制。需要强调的是，增强市场化并不意味着政府调控和主导的减弱，不是此消彼长，而是一起提升，市场化需要在政府监督和调控下进行。2020年6月，中国国际中文教育基金会和中国教育部中外语言交流合作中心的成立，就是这个方向的最新探索。

3. 优化既有布局，探索全新项目，稳妥有序推进

（1）进一步挖掘常规品牌价值。对于国际中文教育已经有广泛影响的一些品牌项目，应提升内涵，进一步挖掘其教育价值。比如，重视线上线下结合，构建"汉语桥+融媒体"新格局，强化"汉语桥"对于中国青年和其他国家青年的文化交流作用。充分发挥"汉语桥"俱乐部的全球社交网络功能，通过"汉语桥"人脉网赋能国际青年专业交流，发挥"汉语桥"团组、"汉语桥"中文比赛和"汉语桥"俱乐部等联通作用。此外，中文教育奖学金和"新汉学计划"等项目也须根据环境变化而有所调整和提升。

（2）强化本土化建设。本土化建设无疑将是未来国际中文教育的重中之重。第一，倡导突出区域特点，有针对性地开展中文教学研究探索，从而满足个性化、差异化、多样化的中文学习需求。秉承开放包容、尊重信任的理念，采用线上和线下相结合的多元灵活途径，打造教材、教师、教法、测试、培训等一系列的本土化范式。第二，配合支持各国将中文纳入国民教育体系。鼓励并配合全球各国和地区通过颁布法令、教学课程大纲等形式，以大中小学开课、高中会考、汉语专业学历教育、公务员考试等方式，在国民教育体系的各个学段进行中文教育。推动签署双边协议，通过派遣教学顾问、合作研发大纲等多种方式，支持各国各地区大中小学成体系开展中文教育。

（3）支持高端人才专业教育。第一，在来华留学生的学历培养上，目前的国际中文教育仍以中短期语言生及语言本科学历教育为主，专业学历生①以及高层次人才（硕士和博士研究生）培养占比不高，专业生比

---

① 近几年进入各个院系不同专业学习的留学生越来越多，这是一个很好的趋势。但在推进过程中要处理好基础语言学习和专业课学习的关系，这方面可以参考欧美国家较为成熟的教育模式。

例以及教育层次有待提升。第二，在本地化学生的培养上，以往更加注重兴趣班、初级中文的教学，未来可能需要更加注重高端中文人才，对于那些有更高更深中文需求者（比如商业精英、汉学家等志向的人士）须进行调研，从供给侧给予帮助。

（4）支持中文国际学校建设。中文国际学校主要指的是针对因公或因私而长期或短期在外国生活的中国公民或侨民子女提供与中国国内教育体系相接轨的中文教育的学校。其中，有的也会招生所在国的当地学生。这类学校方兴未艾，但却是国际中文教育共同体的重要构成。中文国际学校正在探索符合自身特点的教师培养、经费筹集、合作机制等机制，未来发展须得到更多关注和支持。

4. 坚持创新驱动发展，全面塑造发展新格局

（1）打造线上和线下相结合的新业态。第一，线上教育强势崛起。线上中文教育需要技术支撑，需要整合教育资源，需要建立现代化的教学团队，需要新的教学管理。混合式学习、线上资源的应用、线上教学评估等，都需要新思维、新实践。第二，创新探索，优化赋能"三教"。线上中文教学不是线下课程在线上的简单复制，而是因其平台、技术、理念、资源、教学方法、师生互动等不同，给师资角色带来新的要求，对师资能力素质进行重新思考和定位。"三教"是国际中文教育之根本，教师作为一种职业短期内应不会被机器人等新科技所替代，但未来的中文教师宜更专注于高技能服务，须进一步融汇线下和线上两种能力；教材等教学内容、教学方法、学习评估等方面也需要探索新形式和新内涵。"三教"的更新赋能和优化升级是国际中文教育新生态建构的中流基石。

（2）推进"中文 + 职业技能"的新范式。① 随着各国不同行业对中文人才的需求大幅增长，"中文 +"课程已逐渐涉及高铁、经贸、旅游、法律、海关、航空等数十个领域。应充分尊重中文教学和职业技能教学各自特点，坚持以中文教学为基础、职业教育为特色，不断完善体制机

---

① 在此方面已经有一些实质性进展。比如，2020 年 10 月 25 日，中外语言交流合作中心与南京工业职业技术大学签订了共建"中文 + 职业技能"国际推广基地协议；2020 年 12 月 18 日，中外语言交流合作中心与泰国教育部职业教育委员会在线签署《关于开展"中文 + 职业技能"合作的谅解备忘录》，将启动建设第一所语言与职业教育学院。

制，加强专业标准建设，加大师资培养力度，大力开发教学资源，充分发挥"中文＋职业技能"优势，注重产教研用相结合，力促国际中文教育和职业教育资源有效整合、深度融合，尤其是要在建设"中文＋职业技能"师资人才库、研发"中文＋职业技能"教材、举办国际性技术技能竞赛和组织开展国际学术会议等方面下功夫。

（3）提升中文作为国际通用语的新高度。第一，通过母语人口、二语人口、官方语言、网民和网络文本、经济—科技与整体实力的增强来提升中文的工具功能，通过书面语、文献量、翻译量、突出领域以及名人名物的增强来提升中文的文化功能，进而在整体上提升中文的功能域范围。第二，进一步开拓来华留学的途径和模式，通过将中文纳入更多国家和地区的国民教育体系以及当地中文学校、孔子学院等的发展，提升中文教育的质量和效应。第三，三个空间增强中文国际供给。在社会空间层，中文是一种公共产品，增强中文的国际供给需要在外语角色、学术含量、功能体系、知识表达等诸方面用力；在信息空间层，须利用新科技来增强中文在虚拟空间和智能空间中的比例和地位；在物理空间层，亦不能忽视语言的器物化视角，更须增强中文在物理器物世界的供给，比如出口商品上的中文标识与说明、技术输出中的中文指导与培训等。第四，共同体理念，提升国际中文语言生活品质。语言学习的最终指向和检验标准在于使用，国际中文语言生活共同体的建构是国际中文教育的内生动力之一。在新科技助力下，建构起线上—线下、虚拟—现实、国内—国际相结合的更便捷、更多元的练习和使用场景，无疑会提升国际中文语言生活共同体的品质与体验，进而增强其吸引力和内生力。此外，当前全球性问题此起彼伏，人类命运共同体理念日益深入人心，国际中文教育应当为上述两个共同体的建构、发展提供更多助力。

5. 统筹发展和安全，为平安中国和谐世界助力

（1）地缘视角，筑牢事业发展核心地带。东亚—东南亚的汉字文化圈和其他地区利益攸关的地缘政治圈是国际中文教育的两个核心地带。受疫情影响，国际合作的区域化发展趋势日益增强，未来可能会出现一批洲域共同体。东亚—东南亚地区作为历史上的汉字文化圈区域，是国际中文教育的第一核心地带。东盟 10 国和澳大利亚、中国、日本、韩

国、新西兰 15 国"区域全面经济伙伴关系协定"的签署①，可以说为未来的事业发展提供了广阔空间。"跨大西洋联盟"的分裂与"北分南合"的趋势也愈加明显，这就给中国在原有基础上提升与一些国家的合作伙伴关系提供了契机，也为国际中文教育事业提供了新的核心地带增长点。比如，2020 年 12 月 30 日中欧投资协定谈判的如期完成②，将会给中欧语言文化交流提供更加强劲的动力。

（2）建设依法治教的国际中文教育法治体系。加快推进国际中文教育及相关领域的教育立法，加强国际中文教育行政执法工作，健全事业依法行政机制，完善国际中文教育制度实施体系。在深化事业改革、推动事业发展、化解各类矛盾、维护事业稳定、应对国际和国内风险等各方面，进一步提高运用法治思维和法治方式的能力。

（3）强化事业安全风险防控机制，建立安全事件应急机制。加强国际中文教育的舆情监测，建立舆情应对机制，健全常发、突发事件的舆情口径库，及时回应国内外重要关切。建立中外联动、上下联动的国际中文教育事业风险评估机制，健全应急预案，及时妥善处理紧急和突发事件。针对干扰破坏国际中文教育的情况，注重整合各方资源，有理有利有节做好工作。

五　结语

从遥远的远古时代开始，交流互鉴就是人类活动的主流。中国尽管历史悠久、文明璀璨，但是一直以来却是语言觉悟不高、语言意识淡薄。"没有语言意识，没有合乎国情、领先时代的科学的语言意识，就不可能有合乎国情、领先时代的科学的语言政策，就不可能有利国利民、充分

---

① 2020 年一季度，东盟超过欧盟成为中国第一大贸易伙伴。2020 年 11 月 15 日，第四次区域全面经济伙伴关系协定领导人会议举行，东盟 10 国以及中国、日本、韩国、澳大利亚、新西兰 15 个国家，正式签署区域全面经济伙伴关系协定（RCEP），标志着全球规模最大的自由贸易协定正式达成。相关报道可参见新华网（http://www.xinhuanet.com/world/2020 - 11/15/c_1126742550.htm）。

② 相关报道可参见新华网（http://xinhuanet.com/politics/leaders/2020 - 12/30/c_1126929248.htm）。

发挥语言的社会作用、政治作用、文化作用和经济作用的语言行为。"①

在欧洲，从大航海时代开始，"语言学这项学科得到帝国的热烈支持。欧洲帝国相信，为了让统治更有效，就必须了解这些属民的语言和文化"②。中国在浩瀚的中外文化交流长河中，不管是在政府还是在民间的交流中，不管是在陆路还是海上的交往中，基本上鲜有语言的身影。③语言意识正式进入中外交流的视野，应该是从 15 世纪初明代设立专门负责对外翻译的机构"四夷馆"才开始的，但"四夷馆"所涉及的语言也仅限于陆路能及的语言。④ 中文作为第二语言教育虽然历史悠久，但是在漫长的历史中基本上是限于来华外国人的中文教育，中国主动到世界各地开展中文教育是进入 21 世纪的事儿了。从这个意义上说，国际中文教育还是一项处于初期阶段的事业。

当前，国际中文教育遭遇的困境是内外因相互作用的结果，当此之际应借机求变，破旧立新，减量提质增效，转型升级，创新发展，全力打造事业 4.0。在广度相对下降的背景下，需要深度挖掘既有资源，告别以往的粗放式的扩张模式，探索量变向质变的转移。转型升级和创新发展是一个综合性的时代命题，它不仅仅是教育技术和技能上的创新问题，也是教学组织模式、教育组织形态、机构运行模式、利益攸关方行动逻辑的变革历程。

语言的国际教育有其客观规律，起伏波动是正常的。历史大变局的当下，国际中文教育遇到的困难和挑战是事业发展过程中的必经阶段，不必过分夸大，更不应灰心丧气。国际中文教育事业有足够的底气，也有强大的战略定力。我们宜趁此契机总结经验、整合资源、优化布局、战略提升，从而为下一波的大发展积蓄能量。

---

① 李宇明：《唤起全社会的语言意识——序〈中国语言生活状况报告（2013）〉》，载教育部语言文字信息管理司组编《中国语言生活状况报告（2013）》，商务印书馆 2013 年版。

② 尤瓦尔·赫拉利：《人类简史：从动物到上帝》，中信出版社 2016 年版，第 291 页。

③ 何芳川：《中外文化交流史（上、下卷）》，国际文化出版公司 2016 年版；张国刚：《中西文化关系通史（上、下卷）》，北京大学出版社 2019 年版。

④ 刘迎胜：《宋元至清初我国外国语教学史研究》，《江海学刊》1998 年第 3 期。

国际旅游与中文国际传播[*]

一　引言

联合国世界旅游组织 2016 年报告显示，经过 60 多年的发展，旅游业已发展成为世界经济中规模最大、发展速度最快的产业之一。国际旅游 （international tourism） 作为核心构成部分，国际游客的数量从 1950 年的 0.25 亿增长到 2015 年的 11.86 亿（增幅近 46.5 倍，到 2030 年有望增长到 18 亿），全球旅游目的地的收入也由 1950 年的 20 亿美元增长到 2015 年的 12600 亿美元（增幅 629 倍）。作为一种出口型产业，2015 年旅游业占到全球出口商品和服务的 7%，仅列于能源燃料和化工产品之后，位居第三。①

上述报告显示，中国是世界第四大国际旅游接待国②、第二大国际旅游收入国③、第一大国际旅游支出国④。⑤ 在出境游方面，中国旅游研究院与携程联合发布的《向中国游客致敬——2016 年中国出境旅游者大数据》报告显示，2016 年，中国出境旅游热依然持续，出境旅游人数达

---

* 原文以《国际旅游与汉语的国际传播》发表在《语言政策与语言教育》2017 年第 2 期。

① UNWTO （United Nations World Tourism Organization）, *Tourism Highlights* （2016 *edition*）, http：//www. unwto. org/annualreports, 2016.

② 前三甲是：法国、美国、西班牙。

③ 以 1140 亿美元仅次于美国的 2040 亿美元。

④ 支出 2920 亿美元，第二位的美国是 1120 亿美元。

⑤ UNWTO （United Nations World Tourism Organization）, *Tourism Highlights* （2016 *edition*）, http：//www. unwto. org/annualreports, 2016.

1.22 亿人次，继续蝉联全球出境旅游人次世界第一。① 中国已经成为泰国、日本、韩国、越南、俄罗斯、朝鲜、马尔代夫、英国等多个国家和地区的第一大入境旅游客源国（见图1）。② 在入境游方面，中国旅游研究院与 Visa 公司联合发布的《中国入境旅游发展年度报告2016》显示，2015 年中国接待入境游客 13382.04 万人次，同比增长 4.14%。③ 毫无疑问，中国已经成为国际旅游的最主要国家之一。

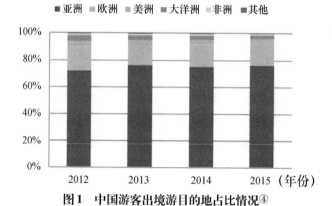

图 1　中国游客出境游目的地占比情况④

近些年，旅游与语言的多维研究引起越来越多学者的关注。语言学视角的，比如 White⑤、赵莉和陆亦农⑥等分析了旅游对接待国、地区、社区的语言影响，Ruiz-Garrido 和 Saorin-Iborra 等从旅游语言作为专门用途语言的视角对其用词、句法、语用等方面独特特点进行分析⑦，Cohen 和

---

① 中国日报（http://cn.chinadaily.com.cn/2017-01/22/content_28027200.htm）。

② 网易（http://money.163.com/16/0809/11/BU19CN3600253B0H.html）。

③ http://www.tripvivid.com/articles/8036。

④ 中国产业网（http://www.chyxx.com/industry/201610/455993.html）。

⑤ P. E. White, *The Social Impact on Host Communities: A Study of Language Change in Switzerland* (*Research Papers* 9), Oxford: University of Oxford, School of Geography, 1974.

⑥ 赵莉、陆亦农：《旅游开发对普通话普及的影响——以喀纳斯为例》，《新疆师范大学学报》（自然科学版）2006 年第 3 期。

⑦ Miguel F. Ruiz-Garrido, Ana María Saorin-Iborra, "Language for Tourism", in Carol A. Chapelle, ed., *The Encyclopedia of Applied Linguistics* (*2nd edition*), Oxford, UK: Wiley Blackwell, 2012, pp. 3205-3210.

Cooper①、Dann② 从社会语言学视角对旅游语言进行分析，Thurlow 和 Jaworski③、Heller 等④专辑等等从话语分析视角的研究，Hallett 和 Kaplan-Weinger⑤、Maci⑥ 对网页上的旅游话语进行分析，潘秋玲⑦、Kallen⑧ 等从语言景观（linguistic landscape）的视角对旅游研究，Belhassen 和 Caton⑨ 从语言学视角对旅游认识论进行解读，谷建军⑩、Huang⑪ 等从语言表达或跨文化交流的角度对旅游话语进行考察，等等。

尽管如此，但是将目光聚焦于国际旅游与中文国际传播的研究则尚少见。⑫ 本文聚焦国际旅游与语言传播的关系，具体分析中国作为国际旅游的最主要入境游国家和第一大出境游国家给中文国际传播带来的各种影响和效应。

---

① Erik. Cohen, Robert Cooper, "Language and Tourism", *Annals of Tourism Research*, Vol. 13, No. 4, July 1986, pp. 533 –563.

② Graham M. S. Dann, *The Language of Tourism: A Sociolinguistic Perspective*, Wallingford: Cab International, 1996.

③ C. Thurlow, A. Jaworski, *Tourism Discourse: The Language of Global Mobility*, Basingstoke: Palgrave Macmillan, 2010.

④ Monica Heller, Adam Jaworski, Crispin Thurlow, "Introduction: Sociolinguistics and Tourism—Mobilities, Markets, Multilingualism", *Journal of Sociolinguistics*, Vol. 18, No. 4, September 2014, pp. 425 –458.

⑤ Richard W. Hallett, Judith Kaplan-Weinger, *Official Tourism Websites: A Discourse Analysis Perspective*, Bristol: Channel View Publications, 2010.

⑥ Stefania Maci, "Virtual Touring: The Web-language of Tourism", *Linguistica e Filologia*, Vol. 25, 2007, pp. 41 –65.

⑦ 潘秋玲:《旅游开发对语言文化景观的影响效应研究——以西安为例》,《旅游学刊》2005 年第 6 期。

⑧ Jeffrey Kallen, "Tourism and Representation in the Irish Linguistic Landscape", in Elana Shohamy and Durk Gorter, eds., *Linguistic Landscape: Expanding the scenery*, New York: Taylor and Francis, 2009, pp. 270 –283.

⑨ Yaniv Belhassen, Kellee Caton, "Advancing Understandings: A linguistic Approach to tourism Epistemology", *Annals of Tourism Research*, Vol. 36, No. 2, April 2009, pp. 335 –352.

⑩ 谷建军:《论旅游与语言的关系》,《旅游学刊》1997 年第 4 期。

⑪ Ying Huang, "Chinese Tour Guides' Strategies in Intercultural Communication—Implications for Language Teaching and Tourism Education", *Journal of Language Teaching and Research*, Vol. 2, No. 1, January 2011, pp. 146 –150.

⑫ 就笔者阅读所见，似乎只有王振顶（《汉语国际传播与中国出入境游之互动发展研究》,《宁夏社会科学》2016 年第 9 期）专门考察过此论题。

二　中国人出境游与中文国际传播

在出境游的情境中，大致说来其典型的社会语言学特征是：（1）游客是临时到访者；（2）游客是休闲而来；（3）旅游是一项服务产业；（4）旅游是一种商业化招待。① 这些特征使接待国的当地人（非外国游客）往往会在语言上（特别是客源较多的来源地的语言）付出相应的努力来适应游客的需要，从而为游客提供更好、更贴心的服务以招揽游客，提升收入。中国游客的加快走向世界，也就为汉语传播在这一路径上进一步发展提供了契机。接待国的语言努力或者说此一路径中文国际传播的主要表现，至少包括以下内容：

（一）接待国的语言服务与中文国际传播

在加勒比海地区圣卢西亚酒店和旅游协会主席 Karolin Troubetzkoy 女士看来，为了维持旅游市场客源，吸引潜在游客，加勒比海地区的酒店业需要提高员工的人力资源技能，最核心的环节就是学习游客的母语，如葡萄牙语、西班牙语、德语、法语、汉语、俄语等。② 在能够说一口流利的中文且颇受酒店老板倚重的印尼梭罗市 ALILA 酒店服务员爱玲看来，"能够说中文，对酒店服务很有帮助，因为来印尼旅游的中国人会越来越多"③。此外在英国，相关部门早就已经开始了对酒店服务人员的中文培训。④

---

① 当然，旅行者的角色不同（是商务的还是休闲的，是个人自由行还是团体组织游等）会产生各种变异情形，这里的几项特征只是就大致情形来说的。此外，当地人学习旅游者的语言只是双方接触过程中的情形之一，其他情形还包括：（1）双方都使用一种通用语，一般是英语；（2）旅游者学习接待国当地的语言，比如 Huisman 和 Moore（Suzanne Huisman, Kevin Moore, "Natural Language and that of Tourism", *Annals of Tourism Research*, Vol. 26, No. 2, April 1999, pp. 447–450）所展示的。Erik. Cohen, Robert Cooper, "Language and Tourism", *Annals of Tourism Research*, Vol. 13, No. 4, July 1986, pp. 533–563.

② Bevan Springer, "Language Skills Needed for Caribbean Tourism", *New York Amsterdam News*, July 2–July 8, 2015, p. 16.

③ http：//www. fdi. gov. cn/1800000121_21_87398_0_7. html.

④ 铁血网（http：//bbs. tiexue. net/post2_12107243_1. html）。

事实上，不只是酒店业，从澳大利亚的野生动物园①到柬埔寨的中文导游培训班②，从米兰世博会③到新西兰 Real Journey 公司在南岛经营的大巴和游船④，从遍布五大洲的各主要机场⑤到美国有 127 年历史的花车游行⑥再到日本大都市圈的零售业界⑦，各地区各行业凡与国际旅游相关的服务业都已经或正在或计划提升自身的中文水平和中文服务水平。2014 年冬奥会举办地索契甚至号召全市市民学习中文，以吸引中国游客。⑧

White 是较早关注旅游对接待国、社区的语言产生影响这一重要研究的。他分析了旅游对瑞士这个多语国家的语言使用产生的影响，即在 1888—1970 年间，随着旅游业的发展，其所调查的区域（瑞士坎顿格劳宾登州（kanton graubünden）东南部 28 个市镇）罗曼什语（Romansch）与意大利语、德语此消彼长的图景。他指出："语域（language domains），即语言使用的'制度性环境'，至少包括家庭、学校、教堂、法庭、雇佣和被雇佣的关系、商店—商场等。对于一个多语社区来说，旅游者和中介的到来，会改变某些语域中的语言使用。"⑨ "当地居民与说另一种语言的游客直接接触，出于各种动机（比如要招揽更多的顾客或售卖更多的货物等）可能会转用旅游者的语言，久而久之就可能会将这种转用应用在与游客接触之外的其他场合。"⑩

Eastman 的研究进一步证实了 White 结论的可靠性。他分析了肯尼亚旅游业的发展对斯瓦西里语及其使用人的巨大影响，即实际使用斯瓦西里语的情形在变少，它正越来越成为一种象征性语言；而使用斯瓦西里

---

① http：//world. people. com. cn/n1/2015/1229/c1002 – 27991408. html.

② http：//cirac. kh. chinesecio. com/en/node/2264.

③ 新华网（http：//news. xinhuanet. com/world/2015 – 05/15/c_1115300907. htm）。

④ http：//www. ukchinese. com/News/2013 – 12 – 19/4242. html.

⑤ http：//baike. chengdu. cn/2015/0421/1682678. shtml.

⑥ http：//www. ynxxb. com/Content/2016 – 1/19/N190772114822.

⑦ http：//www. cnta. gov. cn/xxfb/jdxwnew2/201601/t20160122_758873. shtml.

⑧ http：//go. huanqiu. com/news/2016 – 01/8385964. html？ referer = huanqiu.

⑨ P. E. White, *The Social Impact on Host Communities*：*A Study of Language Change in Switzerland*（*Research Papers* 9），Oxford：University of Oxford, School of Geography, 1974, pp. 6 – 7.

⑩ P. E. White, *The Social Impact on Host Communities*：*A Study of Language Change in Switzerland*（*Research Papers* 9），Oxford：University of Oxford, School of Geography, 1974, pp. 8 – 9.

语的人往往会在旅游产业中被边缘化。①

　　显然，汉语将会对接待国、接待地区的语言生态产生或大或小的影响，汉语能否从游客接触场合转而应用到更广阔的场合，尚需时间来证明。

　　此外，有一点经常为人所忽视的现象是，在接待国的服务人员中，会有相当一部分是游客来源国的移民。比如，华盛顿机场免税店的很多店员就是华裔。这一情形在一定程度上会有利于汉语作为一种"承继语/祖语"（heritage language）在华裔家庭中的使用和维持。这种维持的有利因素，一方面是当事人有更多机会使用，另一方面是由此带来的在华裔家庭中汉语隐性地位的增强。

（二）接待国的语言景观与中文国际传播

　　2016 年年初，为了方便日益增多的中国游客，俄远东滨海边疆区首府、俄远东最大城市符拉迪沃斯托克的咖啡店和商店便开始悬挂中文标识。② 2005 年，罗马尼亚政府相关部门就已经开始推动国内著名旅游景点挂出印有中文标识的说明。③ 从世界各地的主要机场④到加勒比海地区的酒店、邮轮⑤，从日本商品换上印有汉字的新包装⑥到韩国首尔明洞购物区邮筒印上汉字提示语⑦，汉字在以一种"润物细无声"的姿态悄然改变着中国游客所及地区的语言景观（linguistic landscape）。

　　语言景观与民族语言活力密切相关，也体现着不同语言之间的权势关系和地位等级。⑧ 跟随中国游客的足迹所至，汉字景观也在世界更多地方出现了，这正体现出中文活力的增强，也标示了中文在世界语言格局中权势和地位的增强。

---

① Carol M. Eastman, "Tourism in Kenya and the Marginalization of Swahili", *Annals of Tourism Research*, Vol. 22, No. 1, January 1995, pp. 172 – 185.

② http://go. huanqiu. com/news/2016 – 01/8385964. html? referer = huanqiu.

③ http://appview. qyer. com/bbs/viewthread. php? tid = 27621.

④ http://baike. chengdu. cn/2015/0421/1682678. shtml.

⑤ http://shanghai. xinmin. cn/xmwx/2015/03/09/26997287. html.

⑥ http://news. ifeng. com/a/20160209/47397648_0. shtml.

⑦ http://www. thepaper. cn/newsDetail_forward_1430558.

⑧ 尚国文、赵守辉：《语言景观的分析维度与理论构建》，《外国语》2014 年第 6 期。

尚国文以新马泰的语言景观材料为基础，指出三地语言景观上的分层现象：官方领域看重标牌政治层面的效用，私人业主关注标牌的经济收益，这种差异造成标牌上语言选择的不一致。① 但是在国际旅游这一场域，官方和私人显然出于几乎同样的目的达成一种共识，即提倡使用汉字招牌来吸引中国游客。

此外，作为一种外来力量催生的语言景观演变，由国际旅游而带来的语言景观也为语言景观分析的 SPEAKING 模型②提供了新的研究视角。

（三）接待国的旅游网站与中文国际传播

不独在现实生活空间，在虚拟网络空间，为了吸引中国游客，不少国家的旅游相关部门早已开设了中文网站以吸引中国游客。这些国家和地区至少包括：瑞士、新西兰、法国、肯尼亚、丹麦、挪威、美国、澳大利亚、英国、爱尔兰、加拿大、捷克、意大利、葡萄牙、泰国、日本、韩国、马来西亚、大溪地、马拉维、阿布扎比、南非等。③ 没有比使用潜在旅游者的母语作为宣传媒介更能实现旅游语言劝说性、信息性和指示性的功能了。

中文在旅游网站增长的势头，正是其在整个虚拟网络语言格局中地位增强的标志之一。④

三 外国人入境游与中文国际传播

对于入境游游客来说，其经历大致分为前期准备阶段、旅行阶段、游后阶段。从语言的角度来看，这几个阶段与中文国际传播的关系大致表现如下。

---

① 尚国文：《语言景观的语言经济学分析——以新马泰为例》，《语言战略研究》2016 年第4 期。

② 尚国文、赵守辉：《语言景观研究的视角、理论与方法》，《外语教学与研究》2014 年第2 期。

③ http：//www. ynxxb. com/Content/2016 – 1/19/N190772114822.

④ 王春辉、高莉：《因特网上的语言多样性问题》，《语言文字应用》2009 年第 2 期；王春辉：《当代世界的语言格局》，《语言战略研究》2016 年第 4 期。

（一）前期准备阶段

对国际旅游的游客来说，语言问题是需要重点考虑的因素之一。特别是对于入中国境内旅游的游客来说，自由旅行而非组团游是重要形式。所以，他们在进入中国之前很可能会学习一些基本汉语，以便整个行程的顺利进行，比如如何打招呼（"你好、再见"等）、如何说"谢谢"等。

（二）旅行阶段

Dann 提出了旅游与社会语言学相关的四个理论维度：（1）真实性维度（authenticity perspective）；（2）陌生人关系维度（strangerhood perspective）；（3）娱乐维度（play perspective）；（4）冲突维度（conflict perspective）。① 旅行阶段无疑是这四个维度的核心呈现阶段。

在旅行阶段，外国游客才真正有了与真实汉语情境的直接接触。一方面，他们可以对在准备阶段学习的或多或少的汉语予以练习和实践；另一方面，则可以通过与当地人的接触获得更多的汉语体验，甚至学习到更多的汉语知识，不管这种获得或学习是出于好奇、娱乐还是期待有更深入的了解。

当然，正由于有冲突维度，所以旅行阶段如果外国游客有了不愉快甚至令人气愤的经历，他们就会产生负面情绪，出现负面的影响，进而影响到其对汉语的态度。

（三）游后阶段

游后阶段对中文国际传播的潜在积极影响主要涉及两个方面：一方面是游客本人，在经历了或长或短的中国旅行之后，可能会对中国文化产生更大的兴趣，进而激发起汉语学习的兴趣，成为汉语学习者；另一方面，则是在与亲人、朋友分享旅行经验时（通过面对面的交流，或者通过 Facebook、Twitter 等社交媒体的照片分享等途径），也可能激发起亲

---

① Graham M. S. Dann, *The Language of Tourism：A Sociolinguistic Perspective*, Wallingford：Cab International, 1996, pp. 6 – 33.

朋的兴趣，使他们成为潜在或实在的汉语学习者。

四　旅游汉语教学与中文国际传播

语言旅行（language tourism）是国际旅游的一种独特形式（Iglesias，2014）。即使不是专门的语言旅行，也会有些外国游客出于旅游的目的学习目的地的一些语言。所以，旅游汉语（tourism Chinese）应运而生。

（一）对相关参与者语言态度和动机的影响

一直以来，建立在接触理论（contact theory）基础上的一些研究指出，旅游是导向国际和平的重要因素之一，因为它为旅游者和接待者创造了多样性社会文化理解的机会，从而减少彼此之间的偏见、冲突和紧张关系，有利于提高不同国家人民之间和谐关系。[1] 但是，基于实践的经验性研究显示，对于相关参与者（旅行者或接待者）来说，他们对彼此的态度都有可能是积极的、消极的或没有太大变化的。

国际旅游是跨文化接触的典型形式。Dörnyei 和 Csizér 指出，跨文化接触对于二语习得来说是一个核心议题，原因有二：（1）传统上，二语习得的主要目的就是建立有意义的跨文化接触，因为根据其定义，二语水平可以成为不同种族语言成员交流的媒介；（2）种族间的接触会为语言技能的发展提供机会，也会对学习者态度、动机倾向的形塑产生强有力的影响，从而提供动机驱动的学习行为。[2] 所以，跨文化接触既是二语学习的手段，也是目标。

国际旅游对相关参与者语言态度和动机的影响涉及出境游和入境游两个层面。而且，态度及动机的变化，往往与参与者的社会距离、前期

---

[1]　L. D'Amore, "Tourism: A Vital Force for Peace", *Tourism Management*, Vol. 9, No. 2, May 1988, pp. 151 – 154; M. Thyne, R. Lawson, S. Todd, "The Use of Conjoint Analysis to Assess the Impact of the Cross-Cultural Exchange between Hosts and Guests", *Tourism Management*, Vol. 27, No. 2, April 2006, pp. 201 – 213.

[2]　Zoltán Dörnyei, Kata Csizér, "The Effects of Intercultural Contact and Tourism on Language Attitudes and Language Learning", *Journal of Language and Social Psychology*, Vol. 24, No. 4, September 2005, pp. 327 – 357.

期待、旅途体验等因素密切相关。① 在出境游层面，在国人与当地人交流、媒体报道等多种途径的综合作用下，接待国的相关人员对中国以及连带的中文会带来态度上或好或坏、或深或浅的影响。有些人员可能会由此产生对中国及其语言文化的好奇之心，从而成为学习汉语的重要动机。有些人员则可能依据相关报道对中国及其文化产生负面态度，阻碍其对中国的了解及对中文的学习。

在入境游方面，到中国旅游，是外国人了解、学习汉语的重要动机之一，吸引外国人到中国旅游则是扩大国际汉语需求的重要手段之一。② 如上所述，尽管大多数情况下入境游的游客会对中国以及中文产生积极的态度，但是也存在产生负面态度的可能。

（二）作为"专门用途汉语"的旅游汉语

与商业汉语、医学汉语等形式一样，旅游汉语是"专门用途汉语"（chinese for specific purpose，CSP）之一种。这一类型汉语的教学，需要相应的教学大纲、教材、教学法、测试甚至专门教师等各环节的配套。这对于拓展国际汉语的教学实践和理论探索，无疑有着积极的作用。

五　"一带一路"、国际旅游与中文国际传播

"一带一路"倡议的提出，是时代发展的新要求，是中国亲诚惠容、和平发展理念的新体现，是推动沿线各国合作发展的新构想，也是旅游业发展的新视角和新重点。据国家旅游局预计，"十三五"时期，中国将为"一带一路"沿线国家输送 1.5 亿人次中国游客、2000 亿美元中国游客旅游消费；同时，还将吸引沿线国家 8500 万人次游客来华旅游，拉动旅游消费约 1100 亿美元。③ 其中，国家旅游局将 2015 年确定为"丝绸之路旅游年"，就是旅游行业贯彻落实"一带一路"倡议的重要举措。

---

① Gyan P. NyaupaneI, Victor Teye, Cody Morris Paris, "Innocents Abroad: Attitude Change toward Hosts", *Annals of Tourism Research*, Vol. 35, No. 3, July 2008, pp. 650 – 667.

② 李宇明：《语言学习需求与对外汉语教学》，《汉语教学学刊》2005 年第 1 辑。

③ http://www.gov.cn/xinwen/2015 – 04/01/content_2841172.htm.

"一带一路"，需要语言先行铺路①，也为中文国际传播提供了难得的机遇和挑战②。可以想见，随着"一带一路"倡议在相关国家的逐步展开、实施，会有更多的中国人踏上出境游的旅程，他们出境游目的地也将有更多的选择；同时，也会有更多的外国人会将中国作为其旅游目的地。这一内一外的互动，显然将在更大规模、更广泛地域及更深层次上助推汉语走向世界。

六　国际旅游在中文国际传播体系中的位置

15 世纪末的地理大发现，开启了现代语言传播的快车道。伴随火枪与账簿的进化，语言传播的广度和深度达到前所未有的程度。这种模式一直持续到 20 世纪中期。随着二战的结束，以侵略、战争、殖民为背景的语言传播模式随之退出历史舞台，人类语言的传播开始进入贸易、移民、网民为背景的模式。

世界语言格局的演变，是世界政治经济格局演变的衍生品。③ 新世纪以来，伴随中国经济实力和国际地位的巨幅提升，中文国际传播取得了长足进步。其中，中国自身的推力和国际上的拉力都起到了重要作用。

对于中文国际传播来说，国际旅游是一个拉力为主的领域，这个场域所提供的是语言扩散与语言交际这两种语言传播方式的接合部，正体现出中文国际传播由主场域向对象国日常生活场域的扩散，显然有助于汉语在国际上的深度传播。④

七　结语

毫无疑问，旅游是当今世界最大的国际贸易之一（一个真正的全球

---

① 李宇明：《"一带一路"需要语言铺路》，《人民日报》2015 年 9 月 22 日第 7 版。

② 王春辉：《汉语国际传播为"一带一路"发挥正能量》，《社会科学报》2017 年 3 月 16 日第 5 版。

③ 王春辉：《当代世界的语言格局》，《语言战略研究》2016 年第 4 期。

④ 卢德平：《汉语国际传播的推拉因素：一个框架性思考》，《新疆师范大学学报》（哲学社会科学版）2016 年第 1 期；卢德平：《汉语国际传播的理论维度》，《语言战略研究》2016 年第 4 期。

文化产业），也是资金、人和文化流动的强有力场所（或媒介）。至关重要的是，对于总是不均匀、不稳定或出乎意料的语言物资流和其他符号资源来说，旅游也是一个主要领域。而且，鉴于旅游中常规的实践和交换（物质的和象征的）始终在解构着一些沉积已久的概念，如自己人/外人、真实性、文化和地域等，旅游也是社会语言学分析的理想场所。不过，它也会给一些既有概念的含义带来挑战，如语言、互动、多语现象以及社区等。①

　　成功的语言传播的表现大致有五个方面：（1）成为传播地的第一语言；（2）影响传播地的文字体系；（3）成为传播地的官方语言；（4）成为传播地的主要外语；（5）在某一特定领域发挥作用。② 从这个意义上说，国际旅游对中文国际传播的贡献显然是浅层次或者说外围的，但是这种浅层次、外围的传播却可以在一定程度上提升汉语的国际形象③，并为汉语在一些国家或地区的成功传播助一臂之力。

　　总而言之，国际旅游已经成为中文国际传播链条上的重要一环。随着国际旅游产业的进一步发展，我们也有理由期待它能在中文国际传播的事业中发挥更大的功能。

---

　　① Monica Heller, Adam Jaworski, Crispin Thurlow, "Introduction: Sociolinguistics and Tourism—Mobilities, Markets, Multilingualism", *Journal of Sociolinguistics*, Vol. 18, No. 4, September 2014, pp. 425 – 458.

　　② 李宇明：《成功的语言传播——序王建勤等〈全球文化竞争背景下的汉语国际传播研究〉》，《国际汉语教学研究》2015 年第 2 期。

　　③ 李宇明：《汉语传播的国际形象问题》，《全球华语》2015 年第 1 期。

论语言的功能分类[*]

一　引言

　　语言分类是普通语言学领域的一种，在对语言样本集聚到一定数量、对语言特征具有一定学术认识的时候才可能进行。它不仅仅是用一定的框架把语言分为不同的类别，更能不断加深对语言共性与个性的认识，推进语言学的研究。当前的语言分类，主要有谱系分类和类型分类两种。

　　伴随 19 世纪历史比较语言学的大发展，形成世界语言分类的第一种范式：语言的谱系分类（genealogical classification）。谱系分类是发生学分类（genetic classification），主要是通过不同语言中语音、词汇、语法上的比较，探寻其对应关系和相似之处，分析其谱系、历史、亲缘上的亲疏关系，构拟其原始语言形式的面貌。

　　在语言谱系分类发轫后不久，19 世纪初期，施莱格尔（von Schlegel）根据词这一级语言单位在形态上的差异，将人类语言分为分析语和综合语两类，又在综合语中区分了黏着语和屈折语。后来，洪堡特（von Humboldt）在此基础上添加了多式综合语，形成人类语言分类的第二种范式：类型分类（typological classification）。早期的类型分类基本上限于施莱格尔、洪堡特等人提倡的形态类型学，到了 20 世纪中叶，Greenberg 的经典论文①的发表，标志

　　* 本文与李宇明先生合写，发表在《当代语言学》2019 年第 1 期，后被《人大报刊复印资料·语言文字卷》2019 年第 2 期全文转载、《高等学校文科学报学术文摘》2019 年第 2 期摘编转载。

　　① 　Joseph H. Greenberg, "Some Universals of Grammar with Particular Reference to the Order of Meaningful Elements", in Joseph H. Greenberg, ed., *Universals of Human Language*, Cambridge, M. A. : The MIT Press, 1963, pp. 73 – 113.

着以研究人类语言共性和差异为己任的当代语言类型学的诞生。

谱系分类的目的，重在揭示语言的发生学关系；类型分类的目的，重在发现语言结构的共性与个性。两者的研究目的不同，一在历时，一在共时，但都是基于结构的分析，依据都是语言的结构特征。

语言之运行，因其有结构，亦因其有功能。语言分类可以根据其结构特征，也可以根据其语言功能的发挥状况。本文尝试以语言功能为指标构建起语言的功能分类系统。

二 语言的工具功能

语言是人类用于交际和思维最为重要的符号系统，也是文化的重要组成部分及其最重要的承载者、阐释者和建构者。语言还像是民族的图腾，常常具有民族认同、负载民族情感的作用。概而言之，语言功能主要有两个方面：工具功能和文化功能。本节主要阐述语言的工具功能。

（一）工具功能的内涵

语言是人类最重要、最常用的交际工具，是人类社会网络系统（经济、政治、文化等）得以良好运行的保障。正因为语言是一种交际工具，不同语言因发挥交际作用大小不同，就具有了不同的价值。[①] 掌握何种语言就与社会利益、经济利益等产生了联系，进而与社会阶层的提升发生链接。

比如在中国，普通话推广的核心驱动力量之一，就是方便跨地区、跨民族的交流，提高交际效率，并为经济和社会的发展提供信息条件。再如当今世界之英语，能够独居全球通用语之地位，很大程度上是因为全球化时代跨国交往的需求。[②] 全球大众对英语的热情也可以看作经济利

---

① 与"价值"这个概念相关，语言也往往被看作一种商品，只不过这种商品是一种"超超集体物品"。艾布拉姆·德·斯旺：《全球语言系统》，乔修峰译，花城出版社2008年版，第32—39页。

② 关于语言的经济价值可参见李宇明《语言也是"硬实力"》，《华中师范大学学报》（人文社会科学版）2011年第5期等。学者们对语言统一与经济发展的关系有诸多探讨，如"费舍曼—普尔假说"（Fishman-Pool hypothesis，Daniel Nettle，"Linguistic Fragmentation and the Wealth of Nations: The Fishman-Pool Hypothesis Reexamined"，*Economic Development & Cultural Change*，Vol. 48，No. 2，January 2000，pp. 335 –48）等。

益获取和阶层提升双重需求的结果。

语言不仅是人类最重要的交际工具，也是人类最重要的思维工具。李宇明指出："人类的语言，不仅可以描述现时世界，而且可以追忆过去和悬想未来，可以臧否社会成员和评价成员之间的社会关系，可以虚构出各种故事，并能够将这些故事推演为群体的信仰。语言的这种功能，不仅有利于信息交流、经验积累和发展认知能力，而且还能够进行社会制度的构建，促成精神家园的形成。"① 语言与思维的关系，是语言学史上的重要话题。本文更重视的是，作为思维工具的语言对社会形成与进步所起的作用。

（二）工具功能的评价参项

语言交际工具的职能是外显性的，思维工具的职能是内隐性的。外显性的职能易于观察，能够产生一些观察数据，可以通过这些数据评定某语言的功能发挥程度，因而可以作为语言功能分类的指标。而内隐性的职能则不易观察，不易得到观察数据，不宜用观察数据来评定某语言功能发挥的程度。下文所说的工具功能及其数据，一般说的都是交际工具职能。

语言的工具功能主要体现在沟通域、沟通力上，其影响参项作为评价参项者主要有六：（1）母语人口；（2）第二语言人口；（3）官方语言；（4）文字类型；（5）网民数量及互联网文本量；（6）语言的经济实力。

1. 母语人口

母语是与民族属性相关联的概念，一般人的母语都是第一语言，特殊情况下是第二语言。② 语言得以传承，基本的交际功能得以发挥，基础的文化功能得以实现，首赖母语和母语人。母语人口是语言的底盘，其数量关系到语言的沟通力和影响力，是工具功能需要关注的重要参项。表1是母语人口超过5000万的语言。

---

① 李宇明：《跨学科视域下的语言研究及其方法——语言技术对语言生活及社会发展的影响》，《中国社会科学》2017年第2期。

② 母语问题，可参见李宇明《论母语》，《世界汉语教学》2003年第1期。

表1　　　　　　　　　　　母语人口超过 5000 万的语言

语言	使用人口（百万）	语言	使用人口（百万）
汉语	1284	德语	76.8
西班牙语	437	法语	76.1
英语	372	泰卢固语	74.2
阿拉伯语	295	马拉地语	71.8
印地语	260	土耳其语	71.1
孟加拉语	242	乌尔都语	69.1
葡萄牙语	219	越南语	68.1
俄语	154	泰米尔语	68.0
日语	128	意大利语	63.4
雅利安语	119	波斯语	61.9
爪哇语	84.4	马来语	60.8
韩语	77.2		

数据来源：ethnologue，2017。[1]

　　可以看出，母语人口超过 5000 万的语言有 23 种，前 5 位的是汉语、西班牙语、英语、阿拉伯语和印地语。汉语的母语人口遥遥领先，与第二名的西班牙语相比，几乎是它的 3 倍。

　　由于历史上的殖民和移民，一种语言也会走出本土分布到其他国家和地区。语言的地域分布，是对母语人口的补充观察，对衡量语言的沟通力和影响力具有一定的参考作用。图 1 显示的是世界一些主要语言的使用国家数量。[2] 排在前 6 名的分别是英语、阿拉伯语、法语、汉语、西班牙语和波斯语。就母语人口而言，汉语、西班牙语较多；但从母语人口的国家分布看，英语遥遥领先，阿拉伯语、法语也跃至前面。

---

　　① "语言民族志"网（https：//www.ethnologue.com/statistics/size）2017 年第 20 版。

　　② 根据 Noack and Gamio（Rick Noack and Lazaro Gamio，The World's Languages，in 7 maps and charts，*The Washington Post*，Apr. 23，2015）的数据制作。

（单位：个）

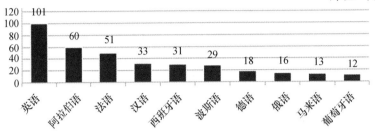

图1　一些语言的使用国家数量

2. 第二语言人口①

第二语言人口简称"二语人口"。第二语言是个较为广义的概念，还包括第三语言、第 n 语言。虽然第三语言、第 n 语言与第二语言可能有语言学、社会学上的多种差异，但是对这种差异研究较少，也缺乏相应的统计数据，本文把第三语言、第 n 语言统归入第二语言。

二语人口数量是某种语言传播力最重要的表现。语言学习是个"势利眼"，作为第二语言使用人口越多的语言，人们越争相学习，这种语言的第二语言使用人口就会飞速增长。这就是周有光提到的语言的"滚雪球"规律②以及 van Parijs 提出的"极大—极小语言原则"（maxi-min language principle）③ 的具体表现。表2展示了主要语言的第二语言人口数量。英语的第二语言人口远远超出其第一语言人口，也是其他语言难以攀比的。这一数据奠定了英语作为当今世界通用语的地位。

---

① 匿名审稿专家指出："关于第二语言的功能，文章只举了人口参数。光看人口数不足以反映语言的影响力，尤其是国际影响力。有的语言的第二语言人口主要集中在一国或少数几国之内。有的语言的第二语言人口广泛分布在其他国家，行使的是其国际交际语的功能。两种情况的国际影响力很不同。"因为笔者暂未收集到某语言作为第二语言的国家和功能分布，所以以此因素只能留待以后再行探讨。感谢匿审专家的建议。

② 周有光：《二战后的语言计划》，《语文建设》1989年第4期。

③ Philippe van Parijs, "The Ground Floor of the World: On the Socioeconomic Consequences of Linguistic Globalization", *International Political Science Review*, Vol. 21, No. 2, March 2000, pp. 217 –233.

表2   **世界主要语言第二语言人口数量①**

次序	语言	二语说话人数量（百万）
1	英语	611
2	印地—乌尔都语	215
3	马来语	204
4	汉语	193
5	法语	153
6	阿拉伯语	132
7	俄语	113
8	西班牙语/斯瓦西里语	91
9	豪萨语	65
10	波斯语	61
11	德语	52
12	孟加拉语	19
13	泰卢固语	12
14	葡萄牙语	11
15	泰米尔语	8

3. 官方语言

本文的官方语言是个较为宽泛的概念，它包括国家层面的国语和官方语言，也包括国家内部的"地方"和国际组织使用的官方语言与工作语言等。充当官方语言的语言，是语言地位规划的结果，有一定的政治地位，能够在一定法律、规章的维护下在一定的范围内稳定地发挥交际作用，应成为语言功能的一个评价参项。同时应注意，官方语言都有一定的语言认同作用，地方的官方语言是一个地区或民族的认同，国家的官方语言是一个国家或民族的认同。国际组织的官方语言则隐含着国际社会的文化认同。这种认同作用也牵涉语言的文化功能。

（1）地方的官方语言。在多民族国家中，一些民族语言在地方具有国家认可的官方语言地位。比如，中国实行民族区域自治政策，蒙古语、藏语、维吾尔语、哈萨克语、朝鲜语、彝语、壮语、傣语等都是一定自治地方的官方语言。印度实行"语言立邦"制度，除了印地语、英语是

---

① 此表根据 Ethnologue（2017）第20版的最新数据制作而成，详见 https：//en. wikipedia. org/wiki/List_of_languages_by_total_number_of_speakers。

全国性的官方语言之外，还有宪法认定的在各个邦具有官方地位的 22 种语言。西班牙的加泰罗尼亚语、巴斯克语和加利西亚语，英国的威尔士语、苏格兰盖尔语等，都是地方的官方语言。

（2）国家官方语言。国家官方语言其实是比较复杂的：有的国家称为国语；有的国家没有明确规定国语，如中国称为"国家通用语言"，美国、英国无明文规定，但英语是事实上的官方语言；有的国家实行多国语制，如加拿大、比利时、瑞士等；新加坡的国语是马来语，官方语言还有英语、华语和泰米尔语，英语是最重要的官方语言。对于这些情况，本文统统纳入国家官方语言的范畴。世界主要语言作为官方语言的情况，如图 2 所示。①

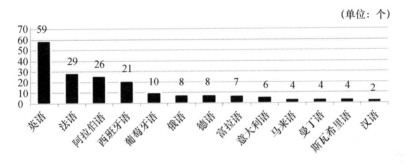

（单位：个）

图 2 主要语言作为官方语言的国家数量

图 2 显示，59 个国家把英语作为官方语言，英语高居第一位。英语、法语、西班牙语、葡萄牙语等都是因为当年殖民而保有如此"成绩"的。20 世纪中叶，亚洲、非洲等地区新独立了一大批后殖民国家，这些国家尽管有着强烈的民族主义观念，许多也选择了本土语言作为国语或官方语言，但依然有相当数量的国家使用殖民者的语言作为官方语言。② 当年殖民者的语言，此时在国内成为平衡各方利益、促进社会发展的工具，

---

① 参见 https://en.wikipedia.org/wiki/List_of_official_languages。富拉语（Fula）又称"富拉尼语"（Fulani），在西非和中非使用；曼丁语（Manding）也是在西非几个小国/部落使用。

② 艾布拉姆·德·斯旺：《全球语言系统》，乔修峰译，花城出版社 2008 年版；尼古拉斯·奥斯特勒：《语言帝国：世界语言史》，章璐、梵非、蒋哲杰、王草倩译，上海人民出版社 2009 年版。

在国外成为与一些国际区域甚至国际社会联系的纽带，性质和作用都发生了不小变化。这也从侧面反映出这些大语种在功能上的强势。

（3）国际组织的官方语言。国际组织（包括跨国的区域性组织，如欧盟、东盟、上合组织等）是国际生活的重要领域，其国际影响力越来越大。国际组织语言的使用状况，既是语言影响力的表现，也会扩大语言的影响。

联合国是当前最大、最重要的国际组织，其官方语言有 6 种：汉语、英语、法语、俄语、西班牙语、阿拉伯语。① 联合国下属的国际组织，并没有把这 6 种语言都作为工作语言。其他国际组织的语言使用状况也是多种多样的。笔者根据"人民网—国际—国际组织"② 列出的名单，选取 65 个国际组织进行调查，其中联合国及其附属机构 24 个，政治类国际组织 26 个，经济类 12 个，其他 2 个，国际会议 3 个。65 个国际组织的官方语言、工作语言及网页使用语言的情况，如图 3 所示。

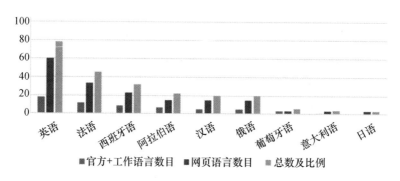

图 3 国际组织语言使用情况

在国际组织中，网页使用的语种数量远远超过其官方语言（工作语言），这是国际组织语言使用的新趋势。不管是从官方语言的情况看，还是从网页使用语言的情况看，英语的使用都遥遥领先，其次是法语和西班牙语，阿拉伯语、汉语、俄语也有较多使用。

在当前全球化背景下，许多企业是跨国经营的，具有跨国组织的性

---

① 前 5 种是从联合国建立之初的 1945 年开始使用，阿拉伯语是从 1973 年才开始确立其地位的。

② http://www.people.com.cn/GB/channel2/topic183/［accessed 8，Oct. 2018］.

质。它们的语言使用状况更具现实活力和经济张力，也应为语言功能研究者所关注。张黎、张钰浠研究过世界 500 强企业中 100 家外国企业的环球网站，其语种使用情况的调查结果显示，英语在经济领域依然是遥遥领先，法语和西班牙语依然有其地位；值得注意的是，德语、日语、汉语也有较为广泛的使用。① 德语、日语都不是联合国的官方语言，但因德国和日本的经济实力，这两种语言已跻身经济领域的国际大语言。近年来，中国经济飞速发展，2010 年成长为世界第二大经济体，汉语在经济领域的使用也有较快进步。

4. 文字类型

现今比较发达的语言都有书面语，有书面语的语言比没有书面语的工具功能要强大。书面语的符号载体是文字，有些文字形体只为一种语言所使用，如日本的假名，有些则为多种语言所使用，如拉丁字母。同一种语言也可能使用不同的文字系统，如塞尔维亚—克罗地亚语，信仰罗马天主教的克罗地亚人用拉丁文字，信仰东正教的塞尔维亚人用西里尔字母；印度的印地语和巴基斯坦的乌尔都语，也是一种语言，但是前者使用天城体文字，后者使用阿拉伯文字。② 文字系统相同或相近的语言，沟通起来会很方便。文字系统的世界分布状况，也可以成为语言功能的考察参项。

在当今主要的文字系统中，拉丁字母文字的使用区域是最大的，其次是西里尔字母，再次是阿拉伯字母，最后是汉字的使用区域。③ "文字拉丁化"是文字发展的大趋势。20 世纪一些新创文字和文字改革，多采用拉丁字母，如土耳其、越南的文字改革，苏联在 20 世纪 20 年代为中亚民族创制的拉丁字母文字（到 40 年代改用西里尔字母），中国境内新创制的壮文、羌文等。非拉丁文字的语言都有"拉丁转写方案"，以满足国

---

① 张黎、张钰浠：《世界 500 强企业官方网站语言使用情况》，《语言战略研究》2016 年第 2 期。

② 这种双文（digraphia）现象，可参见 DeFrancis（John DeFrancis，"Digraphia"，*Word*，Vol. 35，No. 1，April 1984，pp. 59 – 66）、Grivelet（Stéphane Grivelet，"Introduction"，*International Journal of the Sociology of Language*，Vol. 150，August 2001，pp. 1 – 10）等。

③ 关于诸文字系统的世界分布，可参见孙力舟《图解历史：当代世界文字书写系统的由来》（新浪历史，2013 年 11 月 20 日）以及 TRSOL 的在线资料。参见 http：//www. trsol. com/fanyifuwu/fanyiyuzhong/index. html ［accessed 8，Oct. 2018］。

际交流的需要。近年来，中亚的一些国家独立后，弃西里尔文而复归拉丁文，如土库曼斯坦、乌兹别克斯坦和阿塞拜疆。2017 年，哈萨克斯坦也在启动复归拉丁文的改革，蒙古多年来也在讨论文字拉丁化问题，仿佛新一轮的文字拉丁化运动又在兴起。当今，使用拉丁字母的语言在国际传播和计算机键盘上是占优势的。

5. 网民数量及互联网文本量

互联网构筑了人类的新的活动空间，虚拟空间的语言生活快速发展，新词语、新文体、新的传播方式不断产生，并正在对现实空间的语言生活起到引领作用。互联网语言传播力越来越显著，迅速成长为语言功能评价的重要参项。

考察互联网的语言功能，可以从网民数量和网络文本覆盖率两个方面入手。[①] 当代主要语言的网民人数如表 3 所示。

表3　互联网上世界主要语言的网民状况（截至 2017 年 6 月 30 日）[②]

语言	网民人数（百万人）	互联网占有率[③]	网民人数增长率（2000—2017 年）	使用人数占世界网民比率
英语	985	68.6%	599.6%	25.3%
汉语[④]	771	54.1%	2286.1%	19.8%
西班牙语	312	61.1%	1616.4%	8.0%
阿拉伯语	185	43.8%	7247.3%	4.8%
葡萄牙语	158	56.2%	1990.8%	4.1%
马来语	157	53.4%	2650.1%	4.1%
日语	118	94%	151.6%	3.0%
俄语	109	76.4%	3434.0%	2.8%
法语	108	26.6%	800.2%	2.8%

---

① 互联网上的语言多样性问题，可参见王春辉、高莉《互联网上的语言多样性问题》，《语言文字应用》2009 年第 2 期。

② http://www.internetworldstats.com/stats7.htm ［accessed 8, Oct. 2018］.

③ 网民人数在使用该语言人口中的比例。

④ 2017 年 8 月 4 日，中国互联网络信息中心（CNNIC）在京发布第 40 次《中国互联网络发展状况统计报告》：截至 2017 年 6 月，中国网民规模达到 7.51 亿，占全球网民总数的 1/5。互联网普及率为 54.3%，超过全球平均水平 4.6 个百分点。

语言	网民人数 （百万人）	互联网占有率	网民人数 增长率 （2000—2017 年）	使用人数 占世界 网民比率
德语	85	89.2%	207.8%	2.2%
前 10 位语言	2989	58.2%	907.2.2%	76.9%
其他语言	897	37.7%	976.4%	23.1%
世界总量	3886	51.7%	976.4%	100.0%

表 3 是互联网最常用的 10 种语言的网民情况。英语网民数量第一，汉语网民数量第二，与英语网民数量迅速接近，把其他语言的网民远甩在后。表 4 是网络文本覆盖率排名前 20 位的语言，作为拥有 7 亿以上网民的汉语，名落第 9 位。

表 4　　　世界主要语言的互联网文本覆盖率（截至 2017 年 9 月）①

排名	语言	覆盖率（%）	排名	语言	覆盖率（%）	排名	语言	覆盖率（%）	排名	语言	覆盖率（%）	排名	语言	覆盖率（%）
1	英语	51.2	5	西班牙语	5.1	9	汉语	2.0	13	荷兰语/弗莱芒语	1.3	17	越南语	0.6
2	俄语	6.7	6	法语	4.1	10	波兰语	1.7	14	韩语	0.9	18	希腊语	0.5
3	日语	5.6	7	葡萄牙语	2.6	11	波斯语	1.6	15	捷克语	0.9	19	瑞典语	0.5
4	德语	5.6	8	意大利语	2.4	12	土耳其语	1.5	16	阿拉伯语	0.8	20	匈牙利语	0.5

6. 语言的经济实力

当今的语言传播，几乎都有经济因素的推力。一方面，企业的国际活动十分活跃，其语言使用取向反映着经济体的实力，也会给其他领域的语言使用带来影响。张黎、张钰浠展示的世界 500 强企业中 100 家外国企业的环球网站语种使用情况，就是一个例证。② 另一方面，第二语言学

---

① https://w3techs.com/technologies/overview/content_language/all［accessed 8，Oct. 2018］.

② 张黎、张钰浠：《世界 500 强企业官方网站语言使用情况》，《语言战略研究》2016 年第 2 期。

习、互联网的发展及网民数量特别是语言信息技术的发展，都更加依赖经济力量。经济本来是语言工具功能的间接参项，其实就某种意义而言，当今世界语言格局几乎就是世界政治经济格局的附属产物，每种语言的地位及其工具功能的强弱与其国家的政治经济地位密切相关。① Ammon 绘制了一份主要语言的经济体实力排名，涉及 1987 年和 2005 年的数据。② 笔者又查找了 2008 年和 2013 年的两份数据。这四个年份的数据构成表5。

表5 世界主要语言的经济实力排名

	2013 年③		2008 年④		2005 年		1987 年	
	次序	GDP（10 亿美元）	次序	GDP（10 亿美元）	次序	GDP（10 亿美元）	次序	GDP（10 亿美元）
英语	1	21949	1	19837	1	12717	1	4271
汉语	2	14655	2	5210	5	2400	7	448
西班牙语	3	6568	5	4364	4	3204	5	739
印地—乌尔都语	4	5004	15	570	11	215	11	102
日语	5	4729	3	4924	2	4598	2	1277
法语	6	3526	6	4097	6	2215	6	669
德语	7	3227	4	4504	3	3450	3	1090
俄语	8	2980	8	1959	10	584	4	801
葡萄牙语	9	2906	10	1913	9	872	10	234
意大利语	10	1805	7	2332	7	1207	9	302
阿拉伯语			9	1914	8	984	8	359
孟加拉语					12	113	13	28
印尼语			13	931	13	38	12	65

① 王春辉：《当代世界的语言格局》，《语言战略研究》2016 年第 4 期。

② Ulrich Ammon, "World Languages: Trends and Futures", in N. Coupland, ed., *The Handbook of Language and Globalization*, Oxford: Wiley-Blackwell, 2010, p. 110.

③ http://curiousstats.com/en/sec14.html [accessed 8, Oct. 2018]. 此名单只包括前 10 位的语言。

④ http://forum.unilang.org/viewtopic.php? t = 29191. 此名单没有孟加拉语的数据。前 15 名的另外几种语言是：荷兰语（11）、韩语（12）、土耳其语（14）。

各语言排名变化反映的是其经济体实力在近 30 年时间里的起落。这一排名具有预见作用，预示着将来各语言在世界领域中的地位和将来的世界语言格局。

三　语言的文化功能

文化的定义很多，本文之"文化"是广义的文化，指的是人类的一切创造物。本文所说的语言的文化功能主要包括两大部分：一是一般文化功能；二是语言认同功能。

（一）一般文化功能

文化包括器物文化、制度文化和观念文化。这三方面也是文化由实到虚的三个层次。器物文化是可见可触的物质文化，制度文化是社会关系层面的文化，观念文化是不可见、不可触的精神领域的文化。

语言、文字和语言技术等，本身就是文化的有机组成部分，可称为"语言文化"。语言文化在文化的三方面或三层次，都有表现。语音、文字、骨—帛—竹—纸—网络等不同介质，属于器物文化；语法、语用规则、文章章法等属于制度文化；关于语言的性质、地位、作用、声誉等语言意识，属于观念文化。

语言也是文化最重要的承载者。文字产生之前，口头语言用语言的原始形式来保存史前文化，如《荷马史诗》、巴比伦《吉尔伽美什》史诗、印度《罗摩衍那》史诗及中国的《江格尔》《玛纳斯》《格萨尔王》等。文字创制之后，人类进入文明时代，才在真正意义上有了文明的保存和传承。用梵语、拉丁语、古希腊语、古波斯语等已经消失的语言文字以及古汉语等写就的文献，保存了几千年前人类的文明信息，也使人类的文明得以延绵不绝、生生不息。比如，亨利·罗林森（Henry Rawlinson）对楔形文字的破译，揭开了古代亚述文明的面纱；商博良（Jean-François Champollion）对罗塞塔石碑的破译，打开了古埃及文明的窗口；王懿荣的发现，罗振玉、董作宾、王国维、郭沫若等的研究，使我们通过甲骨文可以一窥三千多年前的华夏文明。

人们可以用音乐、绘画、雕塑、建筑、服饰等传承和负载文化，但语言及语言作品是文化最重要的载体。而且，语言也是文化最主要的阐释者，音乐、绘画、雕塑、建筑、服饰等所传承、负载的文化，往往需要语言的阐释才能为人所明白。语言作为文化阐释者的角色与作用，还需要被重视。

就语言的文化功能来说，也许还应看到语言与文化创新、发展的关系，也许还可以说，语言是文化创造力的源泉之一。今日文化之创新，从语言及其作品中汲取着不尽营养；那些蜚声海内外的文豪大家，那些让人喜闻乐见的影视、报刊、新旧媒体作品，都展示着语言的文明创造力。

（二）语言认同功能

语言认同是文化的认同、身份的认同。文化认同、身份认同是心理学和社会学的概念，指个人对于自我特性的表现及与某一群体之间共有观念（国籍或者文化等）的表现。母语是个体或集体身份认同的重要标示之一。它往往与语言忠诚、语言民族主义、语言情结论等论题相关。母语之于民族，往往具有民族"图腾"的作用。19世纪，洪堡特提出"语言仿佛民族精神的外在表现。一个民族的语言就是它们的精神，一个民族的精神就是它们的语言"的命题。[1] 稍早之时的18世纪下半叶，随着法国大革命的爆发以及民族国家形态的构建，"一个国家、一个民族、一种语言"的观念开始在欧洲盛行，并逐渐波及全球，影响至今。

除了语言与民族的紧密联系外，个体的语言使用也在不同维度上体现着语言身份认同的标记作用。比如，科塔克对阿伦贝皮人涉及语言生活的细腻描述[2]，Labov对马萨葡萄园岛元音央化所展现出来的人们的内心悸动[3]，都在不断提醒着人们身份认同在语言上的印痕是多么清晰。

---

① 威廉·冯·洪堡特：《论人类语言结构的差异及其对人类精神发展的影响》，姚小平译，商务印书馆1999年版，章节6.10。

② 科塔克：《远逝的天堂——一个巴西小社区的全球化》（第四版），张经纬、向瑛瑛、马丹丹译，北京大学出版社2012年版。

③ William Labov, "The Social Motivation of a Sound Change", *Word*, Vol. 19, 1963, pp. 273–309.

其实，第二语言、外语等也会产生语言认同、文化认同，个体与群体的语言替换便是这种认同的结果。当然，第二语言、外语等的认同与母语认同会有各种差别。双语双言人的语言认同，也是当代的重要话题。

（三） 文化功能的评价参项

语言的一般文化功能与认同功能是互有关联的，语言的文化功能与工具功能也是互有关联、相互作用的。比如，语言作为国语或官方语言，从一个角度看是工具功能作用的发挥问题，而这种工具功能的作用也有认同的贡献。

文化功能的评价参项也须采用一些外显性的数据，像语言认同等功能还不大容易"数据化"。也许把书面语的有无及其使用情况作为评价参项较为合适：其一，书面语与文明的关系较为密切；其二，其数据较易采集。根据书面语与文明的对应关系，可以将人类文明分为三种类型：口语文明、书面语文明、高级书面语文明（文明被翻译成别的语言）。只有口语的文明，其语言只有口语的基础文明价值[1]；有书面语的文明，在基础文明价值之外，还有了书面语这一高层文明价值；对于那些书面语文献被翻译成其他语言来说，其文明的覆盖域超出了本民族、本地区，其影响具有了跨地域、跨文化、跨时间的特征，并以此构成高级书面语文明。在这个等级上，越是上层的语言，其"集体文化资本"[2] 的价值就越多。

Ferguson 提出过一个世界语言的"书面语使用等级"（scale of the use of written form）[3]，如表 6 所示。

---

① 斯旺（2008：6）认为只有口语形式的语言属于记忆的语言，它们的特征是：是交谈和叙述的语言，不是阅读和写作的语言；是记忆的语言，不是记录的语言。

② 艾布拉姆·德·斯旺：《全球语言系统》，乔修峰译，花城出版社 2008 年版，第三章；Abram de Swaan, "Language Systems", in Nikolas Coupland, ed., *The Handbook of Language and Globalization*, Oxford: Wiley-Blackwell, 2010, pp. 56 – 76.

③ Charles A. Ferguson, "The Language Factor in National Development", *Anthropological Linguistics*, Vol. 4, No. 1, January 1962, pp. 23 – 24.

表 6　　　　　　　　　　　世界语言的书面语使用等级

等级	特征
W0	没有用于日常书写的书面语
W1	有用于日常书写的书面语
W2	原创性自然科学的研究能常规出版的书面语
W3	其他语言的科学研究的摘要和译著能常规出版的书面语

表 6 所示的等级是站在某种语言内部来看的，很有价值。本文的口语文明、书面语文明、高级书面语文明，其实是把 W1、W2、W3 合为一级，称为"书面语文明"，并在系统之外增加了一级，即"高级书面语文明"。

文化功能的评估，至少可以采用以下参项。

第一，书面语的有无。根据"民族语言志"网的统计，在当代世界 7000 种左右的语言中，只有约 53% 的语言有书面文本。① 有文字的语言基本上就代表了当今人类文明所能达到的高度。当然，对于这些语言，还可以根据其书面语的功能，按照 Ferguson 的"书面语使用等级"的 W1、W2、W3 再分类。

第二，文献出版量。语言产生的文献（历时和共时）数量越多，声望越高，其文化功能便越大。历史上，梵语、拉丁语、古希腊语、古阿拉伯语、古汉语等，由于较早有了书面语，所以其历史文献数量较多。就共时来说，英语、汉语、俄语、法语、德语、西班牙语等语言的文献，则在当代具有巨大优势。ChartsBin 网站根据联合国教科文组织的数据制作出 2011 年前后世界各国的图书出版情况。② 从其统计可以看出，出版量最大的几个区域主要包括美国、中国、英国、俄罗斯等。

第三，翻译量。文献翻译是跨语言发生文化影响的活动，是文献声望的一种表现，也是语言文化功能的重要表现。Ronen 和他的同事们根据

---

① https：//www. ethnologue. com/enterprise-faq/how-many-languages-world-are-unwritten – 0 ［accessed 8，Oct. 2018］. 当然，由于语言及文字系统数量统计的复杂性，不同学者或机构的数值会有差异。对于 7000 多种这一语言数量，不少学者是持有不同意见的。

② http：//chartsbin. com/view/30695 ［accessed 8，Oct. 2018］.

图书翻译量做出如图 4 所示的图形。① 图 4 展示了英语、俄语、法语等的文化强势位置，它们都处在翻译网络的中枢地位。可以发现，汉语作为翻译的中枢地位还比较弱。

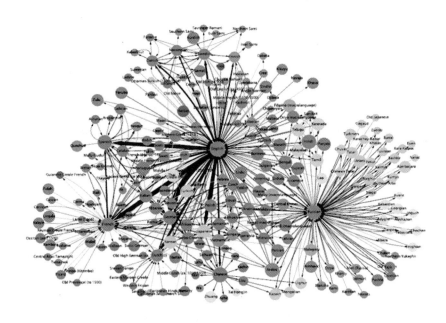

图 4　图书翻译视角的全球语言网络系统

值得注意的是，Ronen 等人并没有区分译入和译出。译出是对他者文化的影响，彰显的是自身语言在文化功能上的优势；译入是他者语言文化对自身文化的影响，属于 Ferguson "书面语使用等级" 的 W3。目前，学界尚缺少译入量和译出量的单独数据。

第四，名人、名物数量。文化的名人—名物对于语言的文化功能来说，是一种间接数据，正如经济实力对语言的工具功能一样。但一个民族或国度，其世界名人越多，世界有名的物质—非物质文化遗产越多，与之对应的语言，其文化功能会倾向于越大。这是因为，第一，名人、名物的 "有名效应" 会外溢到与其相对应的其他身份标记

① Shahar Ronen, Bruno Gonçalves, Kevin Z. Hu, Alessandro Vespignani, Steven Pinker, César A. Hidalgo, "Links that Speak: The Global Language Network and Its Association with Global Fame", *Proceedings of the National Academy of Sciences*, Vol. 111, No. 52, 2014, E5616 – 5622.

上，比如国籍、语言、民族等。第二，名人、名物有穿越历史的影响力，给其对应的语言以长久的文化支撑效应。第三，名人的语言产品具有文化影响力，需要其他语言的人的了解，常是翻译的主要对象。

有人分析过诺贝尔奖获得者的国家分布，排名依次为：美国、英国、德国、法国、俄罗斯、波兰、瑞典、日本、意大利、澳大利亚、荷兰等。① 美国独领风骚，英国居其二，加之澳大利亚，便使得英语在诺贝尔奖获得者方面具有了文化优势，其次是德语、法语和俄语等。

当然，诺贝尔奖设立时间不长，而且多是科学界人物，作为语言文化功能的评价数据，并不全面。表7是根据"世界名人网"的数据②制作的，名人包含古今人物。在名人数量前20位的国家中，超过1000名的有6个国家，涉及英语、德语、法语、意大利语4种语言，其中英语涉及3个国家，优势明显。

表7 世界名人数量20强

序号	国家	数量	序号	国家	数量	序号	国家	数量	序号	国家	数量	序号	国家	数量
1	美国	8917	5	意大利	1332	9	西班牙	518	13	中国	324	17	墨西哥	264
2	英国	3859	6	加拿大	1317	10	俄国	508	14	瑞典	308	18	南非	264
3	德国	1497	7	澳大利亚	989	11	荷兰	451	15	巴西	302	19	新西兰	248
4	法国	1422	8	日本	631	12	苏格兰	362	16	奥地利	285	20	阿根廷	235

名人的影响大于名物。就名物而言，可以考虑采用"世界遗产"的数据，如联合国教科文组织网站上公布的"世界遗产"名录及分布图。③

除了名人、名物之外，还可以考虑某种语言在某个时代、某个文化科技领域的突出贡献及地位。比如，17、18世纪的法语在整个欧洲上层社会是一种"声望语言"，其前是拉丁语的欧洲影响；汉文自唐至清在"汉字文化圈"有重要影响；意大利语是世界歌剧的通用语言；德语是19

---

① http：//tech. ifeng. com/a/20161007/44463376_0. shtml ［accessed 8，Oct. 2018］.

② http：//www. thefamouspeople. com/famous-people-by-country. php ［accessed 8，Oct. 2018］. 这样的统计显然具有较强的主观色彩，不同学者的清单及数量可能相差巨大。这里列述一家之言，仅供参考。

③ http：//whc. unesco. org/en/list ［accessed 8，Oct. 2018］.

世纪科学和哲学界的语言；20 世纪的物理、天文学界的语言是英语，在航天领域是英语和俄语。语言在某领域的特殊地位，会留下许多国际通用词和学术通用词，显示其文化的持续影响力。

四　世界语言的功能分类

关于语言功能的研究，以及带有功能分类意味的建议，也有学者做出过，但基本上是根据语言的交际功能做出的。本节将对这些功能分类体系稍作述评，然后尝试提出一个较为严谨的世界语言功能分类系统。

（一）两种功能分类体系

1. Weber 的"通用语等级"分类

Weber 提出过一个人类语言的"通用语等级"（hierarchy of lingua francas），如图 5 所示。① 这一等级体系具有明显的功能分类特点，但只是重视了语言的通用程度，未涉及语言的其他功能。而且，也有需要拾

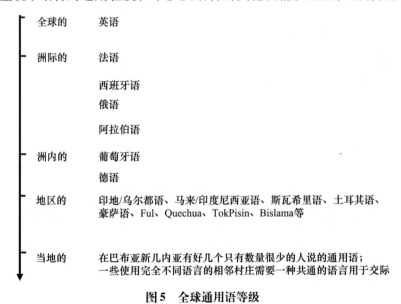

全球的	英语
洲际的	法语
	西班牙语
	俄语
	阿拉伯语
洲内的	葡萄牙语
	德语
地区的	印地/乌尔都语、马来/印度尼西亚语、斯瓦希里语、土耳其语、豪萨语、Ful、Quechua、TokPisin、Bislama等
当地的	在巴布亚新几内亚有好几个只有数量很少的人说的通用语；一些使用完全不同语言的相邻村庄需要一种共通的语言用于交际

图 5　全球通用语等级

---

① George Weber, "Top Languages: The World's 10 Most Influential Languages", *Language Today*, Vol. 3, December 1997, pp. 12 – 18.

遗补缺之处，如葡萄牙语应是洲际的，汉语也应当列入表中。

2. 斯旺的"星系"模式

艾布拉姆·德·斯旺提出过一个全球语言系统的"星系"模式：
（1）卫星：多达数千种、使用人口却不足世界人口10%的"边缘语言"，它们是"行星"的"卫星"；（2）行星：处在中心位置的100种左右的语言，它们一般都是国语或官方语言；（3）恒星：阿拉伯语、汉语、英语、法语、德语、印地语、日语、马来语、葡萄牙语、俄语、西班牙语、斯瓦希里语12种语言，处于"恒星"位置，是超中心语言；（4）"星核"：英语是语言"星系"的核心，是"超超中心语言"。①

斯旺的"星系"模式，主要是基于语言的通用性的，其系统如图6所示。

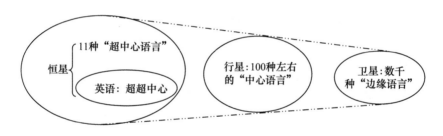

图6 全球语言系统"星系"模式

（二）功能分类的指标体系

上面两种基于功能的语言分类体系，虽然各自的视角和研究目的不同，但结论大同小异。本文从工具功能、文化功能等维度的分析，为这几个模型提供了支持，也有可能在此基础上形成功能分类的指标体系。

语言的功能分类是基于语言在语言生活中功能的强弱为依据的。但有些语言功能有显性的观察指标，也有一些隐性指标，在选择功能分类

---

① 艾布拉姆·德·斯旺：《全球语言系统》，乔修峰译，花城出版社2008年版，第6—9页。斯旺（艾布拉姆·德·斯旺：《全球语言系统》，乔修峰译，花城出版社2008年版，第39—46页）和Swaan（Abram de Swaan, "Language Systems", in Nikolas Coupland, ed., *The Handbook of Language and Globalization*, Oxford: Wiley-Blackwell, 2010, pp. 56–76）还提出过一个计算语言潜力值的公式，即 $Q_i = P_i \times C_i = (P_i/N^s) \times (C_i/M^s)$。

的指标时，要尽量选取那些显性指标。上文两大功能所涉参项都是显性指标，皆能从某一方面显示语言功能。将其汇总，就构成语言功能分类的指标体系，如表 8 所示。

表8   语言功能分类指标体系

语言的功能	功能指标选项
工具功能	A. 母语人口 B. 第二语言使用人口 C. 官方语言（C1 地方的官方语言；C2 国家的官方语言；C3 国际组织的官方语言） D. 文字类型 E. 网民数量及互联网文本量 ＊F. 语言的经济实力
文化功能	G. 书面语的有无 H. 文献出版量 I. 翻译量 ＊J. 名人、名物数量 ＊K. 某时代某文化领域具有突出地位

注：＊表示其为参考/间接影响选项，分值起参考作用。

（三）功能分类的结果

根据表 8 所列的 8 个指标选项和 3 个参考项，对照相关数据，参考的 Weber "通用语等级"、斯旺的 "星系" 模式，本文得出的世界语言的功能分类结果是一个 "六方阵" 功能分类体系，如图 7 所示。①

第一方阵，是功能最强大的 "全球通用语"。当前，只有英语达到了这一功能。

第二方阵，是国际和地区通用语。这类语言在国际社会或某一地区通用，如法语、西班牙语、汉语、阿拉伯语、俄语、德语、葡萄牙语、意大利语、斯瓦西里语、印地—乌尔都语、豪萨语、班图语、马来—印

---

① 李宇明《语言竞争试说》（《外语教学与研究》2016 年第 2 期）曾把语言分为 "五方阵"，此处的 "六方阵" 是把 "地方的官方语言" 单列出来。

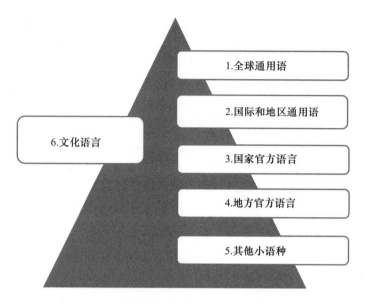

图7 世界语言"六方阵"功能分类

度尼西亚语等，数量应当有 20 个左右。

第三方阵，是所有具有国家官方语言身份的语言，包括国语、国家官方语言等，当然需要除去第一、第二方阵的语言。

第四方阵，是地方的官方语言。这类语言具有较重要的语言工具功能和语言文化功能，还常与国家官方语言产生矛盾，处理不当会引发国家分裂。同时还要看到，这些语言常常是挤压更小语言的直接力量。前四个方阵的语言大约有 200 个。

第五方阵，是除去前四个方阵的其他小语种，数量较大，远离功能高地，容易进入濒危状态。

第六方阵，是文化语言，比如古希腊语、拉丁语、梵语、古叙利亚语、古埃及文字、玛雅文字、甲骨文等。这是为语言、文字的特殊文化价值特意设计的，使用的是另外的评价标准。

四 功能分类的意义

将世界语言从功能角度进行分类，具有学术和实践两个层面的价值。

（一）学术研究层面的价值

1. 有助于加深对语言属性的认识

谱系分类和类型分类聚焦的是语言结构，或曰语言符号系统的属性，功能分类则更加强调语言应用的各种属性，重视语言的社会功能。对语言社会功能的研究虽然古来不断，但要达到可为语言进行分类的水平，就需全面、系统地认识语言的功能，把握每种功能在分类系统中的地位，搜集每种功能所可能有的数据，从而全面推进对语言功能的认识。

2. 有助于加深对世界语言格局的了解

世界语言格局是一个动态系统①，其形成是每种语言所实际发挥的功能相互作用的结果。语言功能的发挥积淀着历史因素和现实因素，掺和着各种社会因素。功能分类研究，有利于认识语言功能发挥的条件，认识各语言社会功能发挥形成的世界语言格局。这种格局，不是语言谱系格局，也不是类型格局，而是功能视角下的语言聚类。

（二）实践应用层面的价值

1. 为语言政策的制定与实施提供参考

比如我国的外语教育规划，由于对世界语言格局认识不充分，第一外语语种选择曾经出现偏差；第二方阵、第三方阵的语言都被称为"小语种"或"非通用语种"，名不副实，障人耳目，至今仍是国家着急、教育界焦虑、短期无法解决的问题②；第六方阵的文化语言的教育，尚无自觉规划。如果具有语言功能分类的意识，根据我国外语生活的需要，考虑世界语言格局，外语教育规划就会合乎实际而具有前瞻性。

2. 有利于理性加强中华语言的功能

认识语言的谱系、类型特征，都不能改变语言的发生学、类型学性质，而认识语言的功能学特征，却可以自觉改善语言的功能。比如，汉

---

① 王春辉：《当代世界的语言格局》，《语言战略研究》2016 年第 4 期。

② 李宇明：《中国外语规划的若干思考》，《外国语》2010 年第 1 期；董希骁：《"一带一路"背景下非通用语教育规划面临的问题与对策》，"语言产业研究"微信公众号，2017 年 2 月 5 日。

语在当前的世界语言格局中处在第二方阵较前的位置，且充满后劲。下一步的发展，可注意如下方面：海外华人社会的母语维持，以保持甚至增加汉语的母语人数；推进汉语的国际传播，以增加汉语第二语言人数；加强汉语在国际组织中的应用，以增强汉语在国际生活中的功能；扩大汉语网民人数及汉语文本的互联网占有率，以争取汉语在互联网上的地位；促进汉外翻译及汉语与民族语言互译，以增加汉语的翻译量，增强汉语文献的声望；利用汉语的名人、名物及曾经在东亚汉字文化圈的影响，增加汉语的文化功能等。现在，国家已经为汉语的强身固本采取了很多措施，但从语言功能分类指标的角度看，还有较大的发展空间。

3. 有利于弱势语言的保护

语言是一种资源，每种语言都是一种特殊的语言样品，贮存着语言所属民族的历史创造和文化智慧，具有其他语言无法代替的语言学及其他维度上的功能和认识价值。① 第五方阵中的语言处在弱势地位，世界语言竞争之力最后都传导、压迫在这一方阵，可能造成大面积的语言濒危。第五方阵是语言保护的重点方阵。通过功能参项的数据，可以较为精准地确定需要保护的弱势语言的数量。

五 结语

在历史比较语言学时代，产生了语言的谱系分类法和类型分类法。20 世纪 60 年代，伴随着语言类型学的发展，类型分类有了全新发展。本文在前贤研究的基础上，提出语言的功能分类。若此分类可以成立，语言就有了三大分类法。谱系分类、类型分类依据的都是语言结构要素，功能分类依据的是语言功能要素。谱系分类重视语言的历时的发生学关系，类型分类、功能分类都是在共时层面进行的。三者关系可如图 8 所示。

语言分类是在人类积累了一定的语言样本，并对语言的一些属性有

---

① Richard Ruiz, "Orientations in Language Planning", *NABE Journal*, Vol. 8, No. 2, 1984, pp. 15 – 34；李宇明：《语言资源观及中国语言普查》，《郑州大学学报》（哲学社会学版）2008 年第 1 期。

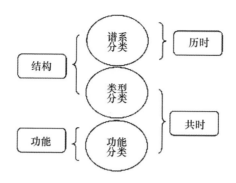

图 8　世界语言分类的三大体系

了一定的认识之后才开始的。历史比较语言学时期，人类收集到几百种语言，并从语音、词法、语法等方面看到语言之间可能存在发生学上的联系，于是有了谱系分类。类型分类产生之后，人们获得语言的样本数急遽增加，且随着结构主义特别是描写语言学的进展，对于语言结构的认识更加全面而深入，共时的语言理念逐步建立起来，于是发展出新的类型分类。对于语言功能特别是语言的社会功能的研究相对滞后，语言在世界范围内的应用状况，在全球化水平和数据收集能力没有发展到一定水平的时候，也是比较难以把握的。

　　语言分类研究的成果体现在分类结果上，但其更重要的意义则在于对分类相关的语言性质的认识上。谱系分类对于世界语言系属关系的认识，特别是汉藏语系这样形态不怎么发达的语言怎样确定系属关系等，起到了巨大的学术推进作用。类型分类提出之后，对于语言类型上的共性与个性研究，对于类型特征的蕴含关系研究，以及用何种方案调查语言等，都具有很大推进。功能分类的提出，相信也会极大促进对语言功能的认识，促进收集与分析语言功能的相关数据，促进社会更好地发挥语言功能。

　　语言功能分为工具功能和文化功能。工具功能主要考察语言的沟通能力，可以通过（A）母语人口、（B）第二语言使用人口、（C）官方语言、（D）文字类型、（E）网民数量及互联网文本量 5 个选项和（*F）语言的经济实力这一参考选项的外显指标来评价；文化功能主要考察语言的文化影响力，可以通过（G）书面语的有无、（H）文献出版量、（I）

翻译量 3 个选项和（*J）名人、名物数量及（*K）某时代某文化领域具有突出地位 2 个参考选项的外显指标来评价。通过这些考察与评价，把当前的世界语言划分为 6 个方阵。这 6 个方阵的格局，可以为国家的外语教育规划、中华语言的国际传播以及语言保护等，提供决策上的重要参考。

　　本文对功能分类的思考还是一个初步尝试，许多问题还需要在今后研究中逐步完善。例如：语言功能划分为工具和文化两类是否合适？隐性的语言功能怎样才能成为可评选项？各功能选项应当如何选取与加权？各选项的数据如何采集？如何建立世界语言功能选项的数据库？但是我们相信，语言功能分类体系的建立是必要的，是有学术价值和实践意义的。

附　录

"观约谈" 七篇

中国语言学之问[*]

一 论题的提出

　　徐烈炯在其 2008 年出版的文集的"开篇语"中有这样一段表述："我们这里提出一个似乎相反的问题：中国语言学没有什么？接着要探讨的是：为什么别的国家有的语言学我们没有，或者很少？这对中国语言学的过去和今后的发展有没有影响？"[①]

　　早于此文两年，王士元提出过几个加强版的问题："中国人很早就开始用科学的精神来研究语言了，比欧洲起码要早差不多两百年；后来又有像顾炎武、钱大昕、段玉裁那样的大学者，对语言作了很多细致深入的分析和探讨。可是为什么现在中国的语言学研究，跟西方比起来有那么大的差距呢？又为什么在短短的时间之内，西方的语言学研究能如此迅速发展，不但迎头赶上，还超越我们那么多呢？"[②]

　　这一问，很容易让人联想到"钱学森之问"以及更早的"李约瑟难题"，成为萦绕在许多中国语言学人心头的一个问题。观约学力、阅力、功力有限，姑且谨在此斗胆冠之以"中国语言学之问"[③]。

---

* "观约谈"第 23 期，发表于 2017 年 9 月 27 日。

① 徐烈炯：《中国语言学在十字路口》，上海教育出版社 2008 年版，第 1 页。

② 王士元：《语言是一个复杂适应系统》，《清华大学学报》（哲学社会科学版）2006 年第 6 期，第 12 页。

③ 如果从上文加以类推的话，似乎用"王士元之问"更合适。对于此问，可能见仁见智。比如：（1）是否该有此问；（2）是否应该限制一下地域（比如仅限于中国大陆）、领域（比如不应包括英语学界）等。斟酌之后，观约还是决定保留此问。但在如此短的篇幅内，以观约浅薄的功力，都不足以详细论证这一宏大论题，在此姑且不揣浅陋，斗胆一论，抛砖引玉。当然，这个"砖"肯定应该是读者抛向观约的。"哪怕摔倒了……也可以给后人做一块'此路难行，过往行人，小心在意'的路标。"（徐通锵：《语言论：语义型语言的结构原理和研究方法》，东北师范大学出版社 1997 年版，第 2 页）

二 一点讨论

（一）用科学的精神来研究语言

按照王士元的说法，中国学界用科学的精神来研究语言至少可以追溯到明末陈第（1541—1617）的上古音韵构拟研究，西方语言学研究上的真正突破则起于1786年威廉·琼斯（William Jones）那场著名演讲。

我们暂且不去争论什么是科学/科学性，以及中国是从何时开始了科学研究[①]，也不去辨析"语言学是一门科学"的内涵到底为何[②]，仅仅从研究的指向和研究者的意识来说，中国学者"小学"（训诂学、文字学和音韵学）研究的指向基本上可以说是为经典作注、考证、诠释，是语文学（philology）。陈第以降虽然可能已经有了将语言作为客观对象进行研究的意识，但终究是作为"经学的附庸"[③]而存在，这种情形应该可以说持续到了1898年的《马氏文通》[④]。西方学者的研究指向也有语文学的内容，但是他们更关注语法。在琼斯之前的很长时间里，随着大航海时代的开启，学者们对世界语言样本的有意识收集，最晚到16世纪就已经开始了。尽力发掘新的语言样本的活动代复一代地进行着，并不断有"语言大全"之类的著作出版。从16世纪后期起，就有学者注意到希腊语、拉丁语与梵语的关联。[⑤]他们的研究指向更倾向于"语言"这一客体本身，到琼斯开启了历史比较语言学以后，就更是如此。

赫拉利用一个章节的篇幅向我们展示了西方人怀着"无知、无畏"

---

① 吴国盛：《什么是科学》，广东人民出版社2016年版。

② Edward Sapir, "The Status of Linguistics as a Science", *Language*, Vol. 5, No. 4, 1929, pp. 207 – 214; Joseph H. Greenberg, "Linguistics as a Pilot Science", in E. P. Hamp, ed., *Themes in Linguistics: The 1970s*, The Hague: Mouton, 1973, pp. 44 – 60; Solomon Marcus, "Linguistics as a pilot science", in Th. Sebeok, ed., *Current Trends in Linguistics*, Vol. 12, The Hague: Mouton, 1974, pp. 2871 – 2887; 伍铁平：《语言学是一门领先的科学：论语言与语言学的重要性》，北京语言学院出版社1994年版。

③ 王力：《中国语言学史》，复旦大学出版社2009年版，第141页。

④ 当然，"小学"的影响一直都在，传统语言学的力量依然强大。这应该是中国文化之幸。我们认同姚小平（2011：218）的说法，即科学的发展是连续的进程，把任何一年认定为一门学科新旧时期的分野都不妥当，但是的确有些年份值得纪念或者成为标志。

⑤ 姚小平：《西方语言学史》，外语教学与研究出版社2011年版，章节5.3。

之心在构建帝国大计和科学探索世界之间互动的良性循环。① 比如，"这趟远征带回了数量惊人的天文学、地理学、气象学、植物学、动物学和人类学资料，成了以后许多学科得以发展的重要基础……"。又如，"（发现美洲使他们认识到）如果真想控制这片广大的新领土，就一定得收集所有相关地理、气候、植物、动物、语言、文化、历史的庞大数据"。

超越，从大航海时代的一开始就已经注定。

（二）中国语言学与西方语言学：差异还是差距

每一个学科的研究，都脱离不了其所植根的历史社会土壤。中西语言学之差异，根由亦在此。

李行德（Huntak Lee）在一篇长达 47 页的书评中提到了汉语语言学传统与西方语言学传统的两个矛盾之处。② 一是汉语的许多现象无法纳入主要是基于印欧语言的语言理论模型或框架中去。二是中国的本土研究者有种文化焦虑。他们面对广大如戈壁、多样如苏州园林的传统研究，往往自惭形秽。

面对传统语言学和西方语言学的两面夹击，中国当代语言学研究者的确两难。但彷徨并不能消弭中国语言学与西方语言学的差异/差距。在中国错过了工业革命、未曾经历麦克法兰所说的"科学时期"③、与西方实现了"大分流"④ 之后，中国的语言学也开始在蹒跚中进入以西方为主导的"现代语言学"模式。

差异，是各美其美，各有千秋；差距，是道阻且长，奋发图强。

中国语言学史的著作告诉我们，中国语言学研究历史悠久、功力深厚。西方语言学史也是半斤八两、不遑多让。两条平行线在天空绚烂。

如果仅关注于语言学的功能性/人文性，两方研究确实是如人类的文

① 尤瓦尔·赫拉利：《人类简史：从动物到上帝》，中信出版社 2016 年版，第 268—296 页。

② Thomas Hun-tak Lee, "The Bridging of Linguistic Research Traditions—A Review of 中国语言学的新拓展", *Journal of Chinese Linguistics*, Vol. 28, No. 1, 2000, pp. 116–162.

③ 艾伦·麦克法兰：《给四月的信：我们如何知道》，马啸译，生活·读书·新知三联书店 2015 年版，第 17 页。

④ 彭慕兰：《大分流：欧洲、中国及现代世界经济的发展》，史建云译，江苏人民出版社 2004 年版。

化一般,只有多样性,而没有可比性;但是如果将目光聚焦于语言学的社会性/科学性,可能两方研究还真就如文明一般,有了距离,具有了可比性。

中国语言学与西方语言学有差距,应该是在第二个意义上来说的。

作为注脚,"语言学/现代语言学/中国语言文学/外国语言文学"也进入了"双一流"学科建设的名单。需要加强建设,就是有差距的明证。

语言学及各类前后缀的学科进入需要强力建设的名单,也的确事出有因。在接入西方研究路径一百多年后,这种追赶或者差异似乎越来越难、越来越远。仅列几个小例子:(1)在德国,由语言类型学家 Matthew S. Dryer 和 Martin Haspelmath 负责的 The World Atlas of Language Structures(WALS)① 项目已经收集了 2679 种语言的语言类型参项数据,占到世界语言的 38%。此项目的最终指向其实并不是语言类型研究,而是马克斯·普朗克进化人类学研究所(Max Planck Institute for Evolutionary Anthropology)"人类的演化"这个项目的子项目。② 参与这个项目的有灵长类动物学家、人类进化学家、行为生态学家、进化遗传学家、发展与比较心理学家以及语言学家。(2)在美国,语言学与认知科学的交叉研究在各高校随处可见,有的语言学在认知科学系(如 Johns Hopkins University),有的语言学系有专门的语言与认知方向(如 University of California, San Diego),有的就叫"认知与语言科学系"(如 University of Delaware/Pomona College)或"认知—语言—心理科学系"(如 Brown University),有的是有认知与语言科学项目(如 University of Southern California/Wellesley College/University at Albany, State University of New York/Dartmouth College)。此外,以人类语言的生物遗传性为指向的生物语言学(biolinguistics)也发展迅猛,集结了语言学、生物学、神经系统学、心理学、数学等众多学科的力量。(3)在国际学界,翻看 SSCI(2017)语言学类的 180余种期刊,可以发现中国语言学至少在"双语/多语现象及教学、儿童语言学、神经语言学/语言认知与神经科学、(应用)心理语言学、语言与社会心理"等 10 多个方向上研究薄弱,更遑谈有专业的研究期刊了。

---

① 其主页参见 http://wals.info/。

② 其主页参见 https://www.mpg.de/eva-en。

（三）答案：表层与深层

王士元在分析差距的原因时指出两点。① 第一，中国传统的学者在语言研究上只重视自己的汉语，西方的学者则非常注重研究各种语言。第二，西方的语言学虽然起步比较晚，但非常注重跟其他学科的沟通与合作，采用跨学科的研究方法，所以它的研究领域得以不断拓展，对于语言的了解和认识也更加深入，获得很多新的发现。

对于这两点，李行德的说法是，中国的语言学还有两个倾向。② 第一，基本上是只关注汉藏语，不太涉及其他语言，而且对当代语言学理论及普通语言学的文献也较少参考。第二，基本上与其他学科，如心理学、社会学、人类学、考古学等没有交叉或关联。

二位意见一致。③

如果我们走出语言学进入一个更基础的背景，来追问为什么会如此，钱穆的论述似乎可以提供一些思考方向④。其对中西方在"真理"追求上的差异可表示为图1。

概言之，似乎可以说，西方的研究倾向于外向的、在"上帝"关照下的"理"，中国的研究更倾向于内向的、在"人间"生活中的"情"。

（四）未来：路径与标准

面对上述差距、差异，可以从多种路径中选择：（1）否定它；（2）视而不见；（3）井水不犯河水；（4）正视它，并有所作为。

"每当我们否定框架，也就唤起了框架。"⑤ 所以，否定其实仅仅是承认的另一种表述。

视而不见、掩耳盗铃的历史教训，恐怕没有国人还想再经历一次。

---

① 王士元：《语言是一个复杂适应系统》，《清华大学学报》（哲学社会科学版）2006年第6期，第12—13页。

② Thomas Hun-tak Lee, "The Bridging of Linguistic Research Traditions—A Review of 中国语言学的新拓展", *Journal of Chinese Linguistics*, Vol. 28, No. 1, 2000, p.117.

③ 其他学者的观点兹不赘述，如徐烈炯（徐烈炯：《中国语言学在十字路口》，上海教育出版社2008年版，下篇）。

④ 钱穆：《中国思想史（新校本）》，九州出版社2012年版。

⑤ 乔治·莱考夫：《别想那只大象》，闫佳译，浙江人民出版社2013年版，第9页。

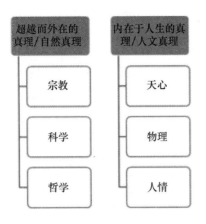

图1　中西方在"真理"追求上的差异

井水不犯河水,你走你的社会科学、理性路线,我走我的人文科学、经验路线,看似合理、合适、合算,其实很可能是一种逃避的表现。结果和现实也很可能不会给予逃避的空间。

最终,坦诚面对,有所作为,或许才是最佳选项。

如果要有所作为,那么未来该怎么办?策略大家都心知肚明,比如:第一,视野要扩展到人类语言,不仅仅是汉藏语甚或汉语。第二,要从本科开始,培养跨学科的知识、跨学科的研究、跨学科的人才。第三,要多一些"自然",少一些"人文"。

之后,怎么才能确定赶上了西方?比如:(1)有中国学者开始在语言学的某个方向上有了话语权甚至引领力,如颜宁、施一公、李飞飞等在各自领域的表现;(2)中国学者在某个方向的描写—解释、理论、方法等方面做出国际语言学界承认的贡献,类似诺贝尔奖华人获得者的表现;(3)在国际语言学界一流刊物上中国学者发表的文章占了相当大的比例①,或者中国的某本语言学期刊得到国际认可、影响因子排名靠前……

但是,站着说话不腰疼,动动嘴比动动手和腿要容易太多了,起而行比坐而论要困难太多。所以,可能问题的核心在于,大家似乎都意识到问题所在,却又似乎不知从何做起。

---

① 徐烈炯:《中国语言学在十字路口》,上海教育出版社2008年版,第251页。

麦克法兰在辨析中国人创造的印刷术、指南针、火药、钟表、玻璃等没有为中国带来工业革命，却在欧洲遍地开花时说道："不是技术本身制造了差别，而是技术发挥作用的情景和具体用途造成了差别。"① 如果我们套用这一论断，似乎可以说：不是研究、研究者本身制造了差别，而是研究发挥作用的情景和具体用途制造了差别。

三　结语

19 世纪末，马氏兄弟将中国语言学拉入"现代语言学"的行列；之后，元任、方桂等将中国语言学拉入国际学界的视野；王、吕、朱、罗等诸先生则引领中国语言学搭上了结构主义语言学的末班车。然而，从此之后，中国语言学似乎进入一个漫长的结构主义时期，基本上罢黜了其他百家。②

对于我们正在经历的时代，说法众多。比如，"哥白尼革命、达尔文革命、神经科学革命"之后的第四次革命——"图灵革命"时代③；"农业革命、工业革命、信息革命"之后的第四次革命——"神经革命"时代④；"第一次、第二次、第三次工业革命"之后的"第四次工业革命"时代⑤；直截了当的"人工智能时代"⑥ 或"大数据时代"⑦。

面对新的时代，中国语言学是否有可能出现一些突破性发展甚至超越？⑧ 可能，这需要某位天才给出答案；也或者学科所植根的土壤会有所变化，从而创造超越的契机。毕竟，一个学科的发展，其本质在于大势，

① 艾伦·麦克法兰：《给四月的信：我们如何知道》，马啸译，生活·读书·新知三联书店 2015 年版，第 41 页。

② 当然，"小学"依然有其传统路径。

③ 卢西亚诺·弗洛里迪：《第四次革命：人类智能如何重塑人类现实》，王文革译，浙江人民出版社 2016 年版。

④ 扎克·林奇：《第四次革命：看神经科技如何改变我们的未来》，暴永宁、王惠译，科学出版社 2011 年版。

⑤ 克劳斯·施瓦布：《第四次工业革命：转型的力量》，李菁译，中信出版社 2016 年版。

⑥ 杰瑞·卡普兰：《人工智能时代》，李盼译，浙江人民出版社 2016 年版。

⑦ 维克托·迈尔 – 舍恩伯格、肯尼思·库克耶：《大数据时代：生活、工作与思维的大变革》，盛杨燕、周涛译，浙江人民出版社 2013 年版。

⑧ 比如刘海涛教授领衔的浙大"计量语言学"团队，正朝此方向甚或已在此路上前行。

在于其根植的社会历史土壤，而不在于研究者的能力问题。比如，现在如火如荼、热火朝天的 AI 领域，华人就扮演了重要甚至关键的角色。

每个时代有每个时代的特征，每代人有每代人的使命和担当。改变或提升总是需要机遇、汗水与时间。

历史总在循环地问："你们这代学人有没有完成你们的历史使命？"

非洲的语言学意义[*]

一 非洲的语言资源库藏

根据"民族语言志"网站的最新统计（《民族语言志：世界的语言》，第21版，2018年），有2100种语言在非洲大地上使用着。^① 尽管在绝对数量上比亚洲的2300种要少，但是就使用者的比例来说，非洲的语言多样性加权指数应该是最高的：亚洲是40亿人在使用着2300种语言，非洲则是不到10亿人在使用着2100种语言。

从使用人数上说，超过1000万人使用的语言依次是：阿拉伯语（约1.5亿）、法语（1.2亿）、柏柏尔语（Berber，0.56亿）、豪萨语（0.34亿）、约鲁巴语（Yoruba，0.28亿）、奥罗莫语（Oromo，0.26亿）、福拉尼语（Fulani，0.25亿）、阿姆哈拉语（Amharic，0.21亿）、马尔加什语（Malagasy）/伊博语（Igbo）（0.18亿）、索马里语（0.166亿）、斯瓦希里语（0.15亿）、修纳语（Shona，0.14亿）、葡萄牙语（0.137亿）、阿坎语（Akan，0.11亿）、祖鲁语（0.1亿）。^②

需要注意的是，整个非洲大陆的内部情形较为复杂，北非和南非的语言环境差异较大。所以，对于非洲语言环境的认知不能仅仅依据上述

---

  * "观约谈"第31期，发表于2018年9月5日。

  ① 鉴于对"语言"这一概念的界定和理解有差异，不同的统计项目会有不同的世界语言数目。有许多学者（比如黄行《中国民族语言识别：分歧及成因》，《语言战略研究》2018年第2期，孙宏开《全球语言知多少？——有关语言识别和语言与方言界限的讨论》，"语言资源高精尖创新中心"微信公众号，2018年8月25日等）就对"民族语言志"的统计有质疑。在可能更合理的全球语言统计数据出现之前，在此权且使用"民族语言志"的数据。

  ② 参见 https：//en. wikipedia. org/wiki/Languages_of_Africa#Official_Languages。

数据和信息，而应当具体分析。

二 对非洲语言的研究

（一）非洲语言与人类/语言起源

人类的起源，仍然是一个未解之谜。作为"一源说"之一种的"非洲假说"，就是当代起源假说的主流观点。如果这一假说成立，就有另外一个重磅问题与非洲大陆直接关联：人类语言的起源。2005 年，《科学》（Science）创刊 125 周年之际推出人类亟须解决的 125 个科学问题，有两个与语言直接相关。[①] 其中之一就是：语言与音乐演化的根源是什么？显然，要回答上述问题，对于人类源出地的非洲语言的研究必将是重要一环。[②]

（二）非洲语言与语言类型学

1963 年，当代语言类型学的创始人 Joseph Greenberg 在 *International Journal of American Linguistics*（第 29 卷第 1 期）上发表了长文 *The Languages of Africa*，并于 1966 年在印第安那大学出版社出版了单行本。它是 1955 年出版的 *Studies in African Linguistic Classification* 一书的扩展深化版。该书是由 1949—1954 年间发表在 *Southwestern Journal of Anthropology* 杂志上的 8 篇文章结集而成。*The Languages of Africa* 应该是首次对非洲诸语言进行了谱系类型学上的分类，目前学界对非洲语言的谱系分类基本延续了这一框架。

同年，更经典的《某些主要跟语序相关的语法普遍现象》一文所使用的 30 种语言材料中，7 种来自非洲。[③]

1976 年，Bernd Heine 教授出版了 *A Typology of African Languages：Based on the Order of Meaningful Elements* 一书。这应该是用 Greenberg 范式

---

① 参见 http：//science. sciencemag. org/content/309/5731/78. 2. full。

② 陈保亚：《人类起源于非洲？——从语言起源看非洲假说》，《科学中国人》2002 年第 5 期。

③ Joseph H. Greenberg, "Some Universals of Grammar with Particular Reference to the Order of Meaningful Elements", in Joseph H. Greenberg, ed. , *Universals of Language*, London：MIT Press, 1963, pp. 73 – 113.

类型学聚焦于非洲语言的最早著作。

(三) 非洲语言与语法化

20 世纪 70 年代，随着历史语言学的再度兴起、语言类型学的蓬勃发展以及话语语言学和语用学的逐渐兴盛，语法化研究重新受到语言学家的关注，特别是 Givón（1979）和 Lehmann（1982）的问世，导致语法化研究进入一个复兴时期。[①] 尤其是 Lehmann 的 *Thoughts on Grammaticalization*（1982）在古典语法化和当代语法化研究之间架起一座桥梁。就在这两个经典文献问世后的 1984 年，Bernd Heine 与 Mechthild Reh 合著的 *Grammaticalization and Reanalysis in African Languages* 也应然问世。Bernd Heine 与 Mechthild Reh 的这一著作基于非洲语言的共时语法化分析，不仅拓展了语法化作为语言分析工具的适用范围，也展示了语法化研究的各种可能路径，为后续语法化理论的发展提供了坚实的参考。

之后，Bernd Heine 在众多单篇论文的基础上又与人合写了 *Grammaticalization：A Conceptual Framework*、*Conceptual Shift：A Lexicon of Grammaticalization Processes in African Languages*、*World Lexicon of Grammaticalization* 等著作，合作编辑了 *Approaches to Grammaticalization* 的两卷本。这些成果一举奠定了 Bernd Heine 在语法化领域的领军地位。

Bernd Heine 一直在德国科隆大学非洲研究中心工作，他的核心研究领域之一就是非洲语言，对非洲语言的研究也在某种程度上成就了他的研究高度。

(四) 非洲语言与社会语言学

1. 语言濒危

"语言多样性联盟"的语言濒危项目地图（图 3）[②] 直观地展示了当代濒危语言的分布，也为以下两个论断提供了支持：一是 Nettle 等的发现，即语言多样性最丰富的地方就在赤道热带雨林沿线，处于热带之间

---

① 吴福祥：《〈语法化的世界词库〉导读》，Bernd Heine & Tania Kuteva，语法化的世界词库，世界图书出版公司 2007 年版，第 11—19 页。

② 参见 http://www.endangeredlanguages.com/。

的一个全球带①；二是 Amano 等指出的濒危语言主要集中于热带地区（主要集中于北纬30°到南回归线之间）②。可以看出，非洲中部处于濒危语言的集中地带。Anderson 也列出了八个语言濒危热点区，包括了非洲的两个：非洲东部和非洲南部。③

2. 后殖民时代的语言与社会

二战后的民族解放运动使非洲各国渐次结束了欧洲列强几百年的殖民统治，但是进入后殖民时代，非洲的前行却依然深深背负着殖民的烙印。反映在语言上，正如布罗代尔所说："另一方面，殖民带来了一个严重的问题，即把非洲区分为一系列区域——法语区、英语区、德语区、比利时语区和葡萄牙语区，这一分裂状况在现在永久化为过多的独立国家群，也就是人们常说的非洲的'巴尔干化'"，"值得担心的是，一种语言在构筑教育和思想习惯并打下自己的烙印时所带来的一切，都倾向于使非洲实现统一的各种努力化为泡影：它把非洲分裂为两个营垒，即说英语的非洲和说法语的非洲"。④

伴随着这种烙印，学者们开始聚焦于后殖民时代的新兴国家，各个领域的研究开始了蓬勃发展。1961 年 12 月至 1962 年 1 月，在尼日利亚 I-badan 举办的 Leverhulme 会议集中了来自各个学界的学者共同探讨非洲的语言问题。会后，John Spencer 将会议的 11 篇论文和 4 篇报告编辑成 *Language in Africa* 的论文集出版。这部论文集除了涉及非洲语言的本体研究之外，主要讨论了非洲语言与社会的各种论题，如官方语言选择的问题、语言—政治与语言学家的责任问题等。

比这部论文集影响更深远的，是以 Joshua Fishman 为首的宏观社会语

---

① Daniel Nettle, "Explaining Global Patterns of Language Diversity", *Journal of Anthropological Archaeology*, Vol. 17, 1998, pp. 354 – 374.

② T. Amano, B. Sandel, H. Eager, E. Bulteau, J – C. Svenning, B. Dalsgaard, C. Rahbek, R. G. Davies, W. J. Sutherland, "Global Distribution and Drivers of Language Extinction Risk", *Proceedings of the Royal Society B: Biological Sciences*, Vol. 281, 2014.

③ Gregory D. S. Anderson, "Language Hotspots: What (Applied) Linguistics and Education Should Do about Language Endangerment in the Twenty-first Century?", *Language and Education*, Vol. 25, No. 4, 2011, pp. 273 – 289.

④ 费尔南·布罗代尔：《文明史：人类五千年文明的传承与交流》，中信出版社 2014 年版，第 171—172 页。

言学的兴起。二战结束后，新兴的发展中国家面临着一系列的社会和发展问题。这也引起语言学家们的注意。许多语言学家开始进入后殖民的发展中国家，从语言政策与规划的角度为它们出谋划策。1968 年，以1966 年的一次会议文章为主体，宏观社会语言学的三位巨匠 Fishman、Ferguson 和 Gupta 联手主编了名为 *Language Problems of Developing Nations* 的论文集。这部论文集聚焦于非洲、亚洲等各地战后发展中国家面临的语言问题，试图给它们开出治理的药方。第二年，福特基金会（Ford Foundation）设立了一个名为"国际语言规划进展项目"（International Language Planning Processes Project）（1969—1972）的专项研究计划，委托 Fishman、Ferguson、Das Gupta、Jernudd 四位实施。这一计划其实就是1968 年文集所关注问题的延续。这一计划完成后，Rubin、Jernudd、Das Gupta、Fishman 和 Ferguson 五人主编的文集于 1977 年出版。

（五）非洲语言与语言教学

中非的语言交流是双向的。20 世纪 60 年代初，中国的部分高校相继开设了斯瓦希里语和豪萨语教学课程。现在，中国的非洲本土语言教学与研究已有近 60 年的历史。这打开了理解非洲文化的一个重要窗口，为增进中非文化交往、促进中非友好关系做出独特贡献。[①] 但是随着中非关系的提升，对非洲本土语言的教学可能也需要有所提升。目前，仅有北京外国语大学、天津外国语大学、中国传媒大学等几所高校开设了豪萨语、斯瓦希里语专业，开设柏柏尔语、祖鲁语的只有北外。

根据国家汉办的最新统计，截至 2018 年 8 月，汉办已在非洲 42 个国家建立了 55 所孔子学院和 30 个孔子课堂，累计派出 4685 名教师志愿者，培养各类学员 57.5 万人。支持非洲孔子学院（课堂）开发适应当地教学大纲和考试标准的本土化教材 193 种。十多年来，在非洲地区共设立了57 个 HSK 考点，共计 66979 人次参加汉语水平测试，并为 47 个国家的汉语学习者提供了 4796 个孔子学院奖学金名额。2017 年，非洲孔子学院注册学员达 15 万余人，举办各类文化交流、学术活动近 2500 场，吸引超过

---

① 孙晓萌：《中国的非洲本土语言教学五十年：使命与挑战》，《西亚北非》2010 年第5 期。

84万人次参加。①

2018年9月1日，国家主席习近平在人民大会堂同来华参加2018年中非合作论坛北京峰会的科摩罗联盟总统阿扎力举行会谈。会谈后，在两国元首共同见证下，中国国务委员、外交部长王毅与科摩罗联盟外交部长苏埃夫共同签署了《关于合作设立科摩罗大学孔子学院的协议》。②

2018年中非合作论坛北京峰会开幕式于3日下午在人民大会堂举行，国家主席习近平出席开幕式并发表主旨讲话。习主席在讲话中指出，要促进中非文明交流互鉴、交融共存，为彼此文明复兴、文化进步、文艺繁荣提供持久助力。他强调要着眼未来，支持非洲各类项目，支持符合条件的教育机构申办孔子学院。50名孔子学院新老院长、教师志愿者代表参加了峰会开幕式。

可以预见，随着中非合作论坛北京峰会的顺利召开，中非的语言交流会迈上一个新台阶，达到一个新高度。

三　中国的非洲语言研究

时间回溯到1960年。这一年的《中国语文》第3期刊登了一则消息：苏联将大量出版东方和非洲语言概要。1961年的《中国语文》就以第1期和第2期连载的形式刊发了署名"犟策"的《非洲各族人民的语言和文字概况》的报告文章。1962年，《中国语文》第2期发表了一篇篇幅更长的关于非洲语言研究现状和问题的介绍性文章。紧接着，《当代语言学》杂志的前身《语言学资料》于1965年第4期刊登了与非洲语言相关的一篇介绍赤道非洲新兴国家语言概况的文章和两则消息。

接着就是十年的几乎停滞。一直到1978年，《语言学资料》改名为《语言学动态》，第2期就刊登了黄长著的《非洲语言概况》一文。该文以十多页的篇幅详细介绍了当时非洲的语言状况和格局。1980年，黄长

---

① 国家汉办：《孔子学院：助推中非命运共同体》，"孔子学院"微信公众号，2018年8月31日。

② 国家汉办：《习近平主席见证科摩罗大学孔子学院协议签署仪式》，"孔子学院"微信公众号，2018年9月1日。

著又将 Kenneth Katzner 1975 年出版的《世界的语言》介绍给了国人。

1992 年，Ken Hale 在 *Language* 杂志第 68 卷第 1 期组编了几篇濒危语言的文章，从此这一议题引起学界的极大关注。也是在同一年，《第欧根尼》杂志在第 2 期发表了长达 25 页的《非洲语言的消亡》一文，对非洲的语言濒危情况做了较为详细的介绍。此文最初于 1991 年发表在 Diogenes 杂志，Bernd Heine 是三位作者之一。

改革开放之后，面向非洲的汉语作为第二语言的教学研究开始渐渐发展起来。

四 结语

提到非洲，大家耳畔可能就会回荡起电视节目中的一句描述"这片神奇的土地"。本期"观约谈"即是从历史的视角，用列举的方式素描勾勒了这片神奇土地的语言学意义。

抛砖引玉，期待更多、更上一层楼的对非洲语言关注、研究、教学以及实践项目的出现。

宇宙语言学的新进展[*]

一　引言

2015 年 9 月 28 日，美国航天局（NASA）宣布，在火星表面发现了有液态水活动的"强有力"证据。① 这则报道再次将人类的视线拉向外太空。2016 年 11 月 11 日②，科幻电影《降临》（*Arrival*）的降临，则让外星语言首次成为电影故事的核心。

英国物理学会会长、天体物理学家乔丝琳·伯内尔于 2012 年表示，地球人很可能在 100 年内与外星人（即"地外智慧生命"，extraterrestrial intelligence）取得联系。她呼吁国际社会应为此做好准备。③ 要与外星人取得联系，首先要考虑的问题就是用什么语言与它们沟通交流。

宇宙语言学，就是 20 世纪后半叶在宇宙信号监测以及上述类似伯内尔的认识的基础上产生的。宇宙语言学（cosmic linguistics/exolinguistics/astrolinguistics），又名外星语言学（xenolinguistics④），是语言学里的一个特殊科目，主要研究外星族群的宇宙语言。它涉及许多其他的学科，如语言学、数学、天文学、符号学、逻辑学、心理学等。近些年，它已成

　＊　"观约谈"第 25 期，发表于 2018 年 2 月 6 日。

①　新华网（http：//news. xinhuanet. com/world/2015 - 09/29/c_128277532. htm）。

②　国内的上映时间是 2017 年 1 月 20 日。

③　陈文浩：《宇宙语言：对话外星人的重要工具》，网易新闻（http：//discovery. 163. com/12/1016/08/8DU3ANK200014N6R. html）。

④　Xenolinguistics 是一个新创建的词语，由希腊语代表"外来者"或"陌生人"的词根"xeno -"以及代表"语言学"的"linguistics"两部分构成。因此，直译作"外星语言学"比较合适。

为一门新兴的边缘科学。周海中①以及辛春雷②等都有过介绍。

周海中等主要论述了宇宙语言学的两个方面：（1）宇宙语言的设计与发送，即以现有的人类语言或符号或象征意义为基础，或者是利用数学、电脑数码、音乐、图像等作为媒介，设计出一套人造宇宙语言，充当同宇宙人交往的交际工具。（2）宇宙语言信息的监听和破译，即对宇宙信号或自然宇宙语的监测、监听，摸索并掌握其规律，以能够与宇宙人交往。③

当代的宇宙语言学领域在这两个方面之外，还涉及了下列内容。（1）对科幻小说里外星语言的研究，包括透过语言学的知识对某一特定科幻小说的外星语言进行语言学分析，以及倒过来研究要怎样设计一种语言，才会让人觉得它是一种外星语言的感觉。（2）以外星人的角度来研究地球上的语言，假设自己对地球上的语言一无所知，怎样通过各种途径与地球物种沟通，欣赏地球各种语言之美。

下文将聚焦周海中两文之后十多年来宇宙语言学的新发展，试图分析：（1）宇宙语言设计与发送的新进展；（2）宇宙语言监听与破译的新进展；（3）科幻作品（小说、影视等）中宇宙语言研究的新进展；（4）宇宙语言学学科的新进展。

二 宇宙语言设计与发送的新进展

1960 年，荷兰数学家、天文学家汉斯·弗罗登塞尔（Hans Freudenthal）出版了名为《宇宙语：一种为宇宙间沟通而设计的语言》的经典专著。他设计了一种以数学为基础的人工语言——宇宙语（Lincos）。这种人工语言有一整套的规则和代码，用数学及逻辑的方法来构造语句，靠发射不同波长的无线电波来表示不同的意思。这一研究开启了

---

① 周海中：《宇宙语言学——一门新兴的边缘学科》，《科学》1999 年第 5 期；周海中：《宇宙语言：设计、发送与监听》，《中华学术论坛》2003 年第 1 期。

② 辛春雷：《现代语言学边缘学科》，《聊城师范学院学报》（哲学社会科学版）2000 年第 5 期。

③ 周海中：《宇宙语言学——一门新兴的边缘学科》，《科学》1999 年第 5 期；周海中：《宇宙语言：设计、发送与监听》，《中华学术论坛》2003 年第 1 期。

人类宇宙语言设计的大门。①

之后，许多学者加入这一行列。加拿大天文学家伊万·达蒂尔（Yvan Dutil）和史蒂芬·杜马斯（Stephane Dumas）对弗罗登塞尔的宇宙语进行改良。他们于1999年和2003年将载有自行设计的数学语言信息通过射电望远镜发送到遥远的星球，希望截获信息的外星人可以理解其中的含义。2008年2月，美国宇航局将披头士乐队的经典歌曲《穿越苍穹》发射到太空，以庆祝宇航局成立50周年。2009年8月，澳大利亚"国家科学周"推出了一项名为"来自地球问候"的活动，向外星人发送短信息。这些短信息经过数学语言转化后，从堪培拉太空信息中心发送到行星Gliese581d，预计将在2029年到达那里。2012年8月，美国国家地理频道与阿雷西博天文台合作，将推特上收集的网友对外星人的留言编成数学语言信息，向35年前可能发来信号"哇！"（Wow!）的太空方向发射回复信息。②

最近，莱顿大学天文学与计算机科学教授亚历山大·奥隆格罗（Alexander Ollongren）出版了《外星语言学：基于逻辑的星际交际语言系统设计》一书。③它以应用逻辑为基础，创制了一种新的宇宙语言：LINCOS。此语言沿用弗罗登塞尔Lincos的概念，但是内涵却完全不同。他以当代应用逻辑为基础来创制LINCOS，从而保证每个表达都是可检验的。这也是宇宙语言设计的最新进展。比弗罗登塞尔的宇宙语更进一步的是，用LINCOS编制的信息已经发送到离地球最近的几个星球上去了。

三　宇宙语言监测和破译的新进展

英国《每日电讯报》2008年10月报道，许多科学家都曾担忧，即使

---

① 值得一提的是，弗罗登塞尔的理念也体现在刘慈欣的《三体·死神永生》中。在人类与四维智慧体"魔戒"交流时，人类向"魔戒"发送质数数列点阵图，最终得到"魔戒"点阵图的回应。（岳川 2015）

② 陈文浩：《宇宙语言：对话外星人的重要工具》，网易新闻（http://discovery.163.com/12/1016/08/8DU3ANK200014N6R.html）；张婷：《与外星人聊天：数学是首选宇宙语言?》，《新京报》（http://news.sciencenet.cn/htmlnews/2015/8/324452.shtm）。

③ Alexander Ollongren, *Astrolinguistics*：*Design of a Linguistic System for Interstellar Communication Based on Logic*, New York：Springer, 2013.

人类有朝一日真的发现了外星人，双方也会因为语言障碍而无法沟通。①
但英国科学家日前表示，他们目前已经开发出一套能够解密外星人语言
结构的计算机程序，该程序将能够理解并翻译外星人所要表达的意思。

　　英国利兹城市大学科学家约翰·艾利欧特说，这一程序的原理就是
将外星语言与地球上的 60 多种语言做对比研究，看它们是否具有相似的
结构。艾利欧特认为，任何外星语言，不管其距离地球有多远，都有特
定的可识别模式。这种可识别模式恰好可以表明外星生命形式的智能程
度。此前的一些研究已表明，在技术层面，判断某一信号是携带一种语
言而不是图片或音乐已成为一种可能。在此基础上，艾利欧特又向前迈
进一大步。他的程序可以从信号中筛选出可能的语句或单词。人类的所
有语言都有一些固定用法的短语，如英语中的"如果"和"但是"等。
艾利欧特认为，诸如此类的短语在任何人类语言中，都是由不超过 9 个
单词或字母组成。这种对短语长度的限制好像也与人类的认知能力相
对应。

　　根据艾利欧特的观点，对于某种外星语言，只要分析语言中固定短
语的长度就有可能衡量该外星语言使用者的聪明程度。如果他们比我们
聪明，这些短语里肯定包含更多的单词。艾利欧特的程序可以将一组语
句分解为一系列关键词，如名词或动词，即使不一定知道它们的真正含
义。比如，它可以根据形容词通常紧跟在名词之后的事实，在语句中快
速找到形容词。由于不同的语言有不同的单词顺序，因此艾利欧特正在
整理并组建了一个由 60 多种人类语言语法组成的数据库。一旦收到外太
空信息，就可以将它与数据库相比较。科学家可以以此判断它是否与人
类语言结构相似。当然，艾利欧特也承认，翻译外星语言仍然需要某种
"密码本"。

四　小说—影视作品中的宇宙语言
　　　 及其研究新进展

　　根据岳川的研究，首部涉及外星语言的科幻小说为英国作家珀西·

①　参见 http：//tech. sina. com. cn/d/2008 - 10 - 17/08122516051. shtml。

格雷格（Percy Greg）的《穿越黄道带》（*Across the Zodiac：The Story of a Wrecked Record*），出版于 1880 年。① 珀西在这本小说中创作出火星语，使用语法术语描述艺术性的语言，故事的主人公还将其飞船命名为"宇航员"（Astronaut）。这也是第一个在英语中使用"Astronaut"的实例。

美国作家彻里（Cherryh）于 1981—1992 年间出版的《沙尼》（*Chanur*）系列小说，讲的是不同种族之间语言和心灵的沟通。② 最近几年，星云奖得主希拉·芬奇（Sheila Finch）于 2007 年出版短篇小说集《外星语言学协会》（*The Guild of Xenolinguists*），收录的是人类与外星生命首次接触的故事。英国科幻作家尼尔·阿舍（Neal Asher）的《嘎嘎语之谜》（*The Gabble*）曾获 2007 年阿西莫夫读者投票最佳短中篇提名，小说中的外星异兽讲着一种奇妙的嘎嘎语，由于这种语言缺乏具体的意义而令银河系的语言学家大为苦恼。人类如何与外星人进行首次接触，特德姜（Ted Chiang）的《你一生的故事》（*Story of Your Life*）提供了一个经典场景。小说荣获 1998 年的星云奖和斯特金奖，也被派拉蒙影业改编成电影《降临》。科幻作家很少谈及语言学，特德姜则细致入微地描述"七肢桶"文明与地球文明的沟通过程。"七肢桶"的语言系统和书写系统不尽相同，他们使用非线性系统拼写法，一个字可以表达当前环境下的所有语意。

除了上述提到的一些小说作品，一些拍成电影或电视剧的科幻作品中的宇宙语言可能更为人所熟知，比如《星球大战》系列中的宇宙语言，如银河标准语（Galactic Basic）、波契语（Bocce），《星际迷航》中的克林贡语（Klingon，见图 1），《星界的纹章》中的亚维语（Baronh）③，《阿

① 岳川：《外星语言学：人类如何与地外文明交流?》，未来观察者（http：//www. 15yan. com/topic/wei-lai-guan-cha-zhe/dYY7c6flCij/）。

② 分别为 *The Pride of Chanur*（1981），*Chanur's Venture*（1984）、*The Kif Strike Back*（1985）、*Chanur's Homecoming*（1986），以及最后一部 *Chanur's Legacy*（1992）。其中，1984—1986 年的三部并称"沙尼冒险三部曲"（Chanur's Venture Trilogy）。

③ 有的电脑系统也涉及对上述语言的支持，比如克林贡语已经被国际标准化语言承认，还被收录进国际标准 ISO 639–2 中（语言代码为 tlh）。Linux 操作系统和国际互联网将克林贡语作为其支持的语言之一。日本的 TRON 系统有支援亚维语的字符。Unicode 的原来计划也考虑是否需要加入克林贡语的支援，但被否决。现时只靠用户群开发的字型支援。

凡达》中的纳美语（Na'vi）① 等。

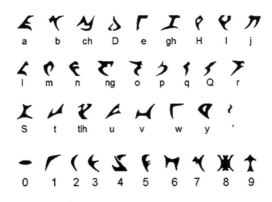

图1　克林贡语

上述语言中最著名的，当属克林贡语。②《星际迷航》从肇始的 1968 年到 1979 年的十多年间，克林贡战士们说的都是英语，但《星际迷航》第二部之后，制片方找到语言学家马克·欧克朗（Marc Okrand），请他为克林贡人创制一种真正的语言。欧克朗没有参照任何已有的特定语言，而是依据其对语言结构的掌握，创制了一种全新的语言。1985 年，他编制的《克林贡语词典》（*The Klingon Dictionary*）出版，卖出超过 30 万册。1992 年，劳伦斯·舍恩（Lawrence Schoen）创建了克林贡语语言学会（The Klingon Language Institute）③，来推广和支持这一语言。学会设有 *HolQeD* 这一季刊刊物，有克林贡语书籍（比如莎士比亚的作品《无事生非》《哈姆雷特》被翻译成克林贡语，就连老子的《道德经》也被译为了克林贡语），有语料库计划、书写计划、《圣经》翻译计划、莎士比亚修复工程等。学会网站还有克林贡语的语音、书写、短语、最新词汇等的介绍和其他网上学习资源。而且，克林贡语俱乐部已在很多地方成功

---

① 是南加州大学马歇尔商学院教授、语言学博士保罗·弗朗莫（Paul Frommer）用 4 年时间创造出来的。关于纳美语的进一步信息，可参见 http：//edu. sina. com. cn/en/2010 - 01 - 07/111654356. shtml 和 http：//www. niwoxiao. com/ufo/2015/0303/140. html。

② 可参见 http：//www. weixinyidu. com/n_1832089。

③ http：//www. kli. org/.

开办，克林贡语也被世界上许多国家的人作为一种外语进行学习，甚至在英国的某些地方持续上演着克林贡语的话剧。

在科幻作品宇宙语言研究方面，1971 年，Barnes Myra Edwards 完成题为《科幻小说中的语言学与语言》（*Linguistics and Language in Science Fiction-Fantasy*）博士论文，并于 1975 年正式出版。此后，科幻小说中的语言学与语言问题成为常被提起的话题，如 Meyers①、Noel②、Elgin③、Hardman④、Barrette⑤ 以及最近的专注于语言风格（style）研究的 Mandala⑥ 等。语言学家、科幻小说家 Suzette Haden Elgin 从 2000 年开始专门编辑了一本 *The Linguistics and Science Fiction Newsletter*⑦ 的杂志。佛罗里达大学的 M. J. Hardman 教授也曾开设语言学与科幻小说的课程。⑧

Conley 和 Cain 甚至编写了一本包括 200 多词条的《科幻小说语言百科全书》，涉及科幻小说、故事、电影、电视剧等里面创造的语言，但是不包括里面的真实语言、引申的建构型语言以及各种方言。⑨

除了设计宇宙语言之外，科幻作品中还出现了人类语言与宇宙语言或宇宙语言之间的翻译机器。根据岳川，1945 年，美国科幻作家威廉·菲茨杰拉德·詹金斯（William Fitzgerald Jenkins）用笔名穆雷·伦斯特（Murray Leinster）发表了中篇小说《第一次接触》（*First Contact*），第一

---

① Walter E. Meyers, *Aliens and Linguists*: *Language Study and Science Fiction*, Georgia: The U-niversity of Georgia Press, 1980; Walter E. Meyers, "The Language and Languages of Science Fiction", in Tom Shippey, ed., *Fictional Space*: *Essays on Contemporary Science Fiction*, Oxford: Basil Black-well, 1991.

② Ruth S. Noel, *The Languages of Tolkien's Middle-Earth*, Boston: Houghton-Mifflin Co, 1980.

③ Suzette Haden Elgin, *Linguistics and Science Fiction Sampler*, Huntsville: OCLS Press, 1994.

④ M. J. Hardman, "Linguistics and Science Fiction", *Women and Language*, Vol. 22, 1999, pp. 47 – 48.

⑤ Elizabeth Barrette, "Language and Linguistics", in Gary Westfahl, ed., *The Greenwood Ency-clopedia of Science Fiction and Fantasy*: *Themes*, *Works*, *and Wonders*, Westport: Greenwood Press, 2005, pp. 461 – 464.

⑥ Susan Mandala, *The Language in Science Fiction and Fantasy*: *The Question of Style*, London/New York: Continuum International Publishing Group, 2012.

⑦ 详见 http://www.sfwa.org/members/elgin/。

⑧ 详见 http://users.clas.ufl.edu/hardman/LSFsyllabus.html。

⑨ Tim Conley, Stephen Cain, *Encyclopedia of Fictional and Fantastic Languages*, Westport, CT: Greenwood, 2006.

次使用宇宙翻译器（universal translator）作为两个智慧种族的交流工具。①
故事中技术相当的两方彼此渴求技术和贸易，然而任何一方都不敢冒险
暴露母星的位置。这种为了回避外星语言难题的做法被诸多作品借鉴，
科幻作品开始出现不同的翻译器。比如英剧《神秘博士》（Doctor Who）
里的飞船 Tardis 就具备翻译功能，《星际迷航》里的飞船船员胸前佩有交
流别针，美剧《遥远星际》（Farscape）的主人公被注射微生物后即可领
会各种语言，《银河系漫游指南》（The Hitchhiker's Guide to the Galaxy）则
出现一条可以翻译语言的"巴别鱼"。《三体》中的"罗塞塔系统"亦值
得一提。为了同三体世界交流，人类研制了包含约两百万字的地球自然
史和人类历史的文字资料的数据库，内有大量动态图像和图画，同时配
有软件将文字与图像中的元素一一对应。美国喜剧动画《飞出个未来》
（Futurama）则有比较荒诞的设定。疯狂的法恩斯沃斯教授发明了一个只
会讲法语的宇宙翻译器，有趣的是，法语在 3000 年早已失传。

五　宇宙语言学学科的新进展

美国俄亥俄州鲍林格林州立大学的 Sheri Wells-Jensen 博士从 2001 年
起就开设了题为 Extraterrestrial Language 的外星语言学课程。② 课程内容
包括外星语言的结构、语言的设计特征、人类交际的主要规则、语言学
与科幻小说中的隐喻、来自太空的无线电讯号、田野方法：我们如何学
会一种外星人语言等。

据陈文浩③、张杰④等的调查，早在 20 世纪末，美国华盛顿大学就专
门设立一个培养研究外星人课题的博士点，至今已有 87 人学成毕业，其
中 20 多人专门从事"外星人语言"的破译工作。英国格拉摩根大学从

① 岳川：《外星语言学：人类如何与地外文明交流?》，未来观察者（http://www.15yan.com/topic/wei-lai-guan-cha-zhe/dYY7c6flCij/）。
② http://personal.bgsu.edu/~swellsj/xenolinguistics/index.html.
③ 陈文浩：《宇宙语言：对话外星人的重要工具》，网易新闻（http://discovery.163.com/12/1016/08/8DU3ANK200014N6R.html）。
④ 张杰：《美英大学开新课程　教人与外星人联系》，腾讯太空（http://tech.qq.com/a/20150729/007527.htm）。

2005 年起就开设天体生物学本科专业。这一专业的课程之一是《外星人语言》。英国利兹城市大学还开设有外星人语言翻译选修课。这门课由该校计算机专家约翰·艾利欧特主讲。英国爱丁堡大学也从 2012 年起开设了搜寻外星人的网上课程（慕课），已招收近万学生，让他们学习如何搜寻外星人。搜寻外星人课程主要讨论一系列问题，如外星人存在的可能性、外星人的语言表达方式和交际手段、如何与外星人接触以及谁将代表地球进行接触。

英国物理学家和宇宙学家史蒂芬·霍金于 2015 年 7 月 20 日正式启动一个名为"突破倡议"（Breakthrough Initiative）的项目。该项目有两个主要方向——寻找外星人发出的信号和从地球向外太空发出信号。"突破倡议"历时 10 年，并将耗费 1 亿美元，由俄罗斯亿万富翁尤里·米尔纳全额出资。在搜索外星人方面实力最雄厚的大学之一加州大学伯克利分校，计划于 2015 年开设名为《宇宙交际语言》的选修课。这门课主要讲授如何设计"宇宙语言"以及如何用它与外星人联系。加州大学伯克利分校一直积极投身外星人搜寻项目，其科学传播部负责人鲍勃·桑德斯近日对《新京报》记者表示，他们还与"突破倡议"项目联合推出一个旨在呼吁各国民众共同参与的"宇宙语"研究计划。这一计划叫作"突破信息"，希望吸引全球各国对外星语言研究有兴趣的公众共同参与，讨论如何形成一种行之有效的方式与外星智慧生命沟通。这一项目将由美国著名科普作家、节目制作人安·德鲁彦负责，对"每一个人"开放，对于提出卓越观点和理论的公众，将给予奖金奖励，奖金总额达 100 万美元。① 另外，康奈尔大学、普林斯顿大学和加州州立大学也计划提供这种选修课。

目前，美国加州大学、华盛顿大学、怀俄明大学等以及英国爱丁堡大学和乌克兰基辅大学都在为对话外星人进行着两方面的学科努力：一是研究如何设计和发送外星人可能理解的语言信息；二是研究如何搜寻、辨识和破解可能是外星人发来的语言信息。前者已取得初步成绩，后者还没有明显进展。对此，美国"搜寻地外文明研究所"（SETI）星际信息

---

① 张婷：《与外星人聊天：数学是首选宇宙语言？》，《新京报》（http：//news. scien-cenet. cn/htmlnews/2015/8/324452. shtm）。

编撰部主任道格拉斯·维克奇认为宇宙语言学的前景十分诱人。

六　结语

事实上，直到现在这一刻，科学家还未有确切的证据证实地球以外还有生命存在，更遑论研究其独特的语言。但是许多科学家认为宇宙中是可能存在这种生命体的，它们之间也用语言沟通交流。虽然这门学科看上去是一门无法证实或者尚处于尝试性阶段的学科，但是从地球人整体的高度更好地理解自身以及从探索宇宙和外星人奥秘的长远目标来看，宇宙语言的研究工作无疑具有重大的科学意义和深远的历史意义。[①] 这项工程可能需要许多年以后，我们才有可能更好地看到它的效用和意义。

---

① 　周海中：《宇宙语言：设计、发送与监听》，《中华学术论坛》2003 年第 1 期。

"语言声望规划" 素描[*]

一 缘起

学界一般将 Haarmann (1990) 看作"声望规划"（prestige planning）进入语言政策与规划系统的开始。^① 它也成为继 Kloss 区分了"本体规划"和"地位规划"^②、Cooper 提出"习得规划"^③ 之后的第四种语言规划类型。

就声望本身来说，在布尔迪厄的资本体系中，它归属于四大资本^④中的符号资本。^⑤ 社会语言学界至少从 Trudgill^⑥ 就已经密切关注到显性声望（overt prestige）和隐性声望（covert prestige）的差异性问题。在社会语言

---

* "观约谈"第 37 期，发表于 2019 年 11 月 20 日。

① H. Haarmann, "Language Planning in the Light of a General Theory of Language: A Methodological Framework", *International Journal of the Sociology of Language*, Vol. 86, No. 1, 1990, pp. 103 – 126.

② Heinz Kloss, *Research Possibilities on Group Bilingualism: A Report*, Quebec: International Center for Research on Bilingualism, 1969.

③ Robert L. Cooper, *Language Planning and Social Change*, New York: Cambridge University Press, 1989.

④ 四类资本是经济资本（various kinds of material wealth and assets）、文化资本（知识、技能、教育等）、符号资本（accumulated prestige or honor）、社会资本（connections and group membership）。

⑤ Pierre Bourdieu, "The Economics of Linguistic Exchanges", *Social Science Information*, Vol. 16, 1982, pp. 645 –668; Pierre Bourdieu, *Language and Symbolic Power*, Cambridge: Harvard University Press, 1991.

⑥ Peter Trudgill, "Sex, Covert Prestige and Linguistic Change in the urban British English of Norwich", *Language in Society*, Vol. 1, No. 2, 1972, pp. 179 – 195.

学发展的早期，声望语言往往与标准语言是等义的，表现在：一方面，在当时所研究的绝大多数语言中，声望变体和标准变体是重合的，这两个术语可以互换；另一方面，这两个术语往往合二为一成一个术语"声望标准变体/语言"。但是到了 20 世纪 70 年代末 80 年代初，越来越多的研究证明，在很多语言中，很多情况下，二者并不重合，比如 Ibrahim 等的研究。① 语言声望是某群体给予特定语言或方言相对于其他语言或方言的尊重程度。影响语言声望的因素众多，如大众媒体、语言功能大小、文献的丰富程度、语言及所属国家的现代化程度、国际地位、有声望的使用者、经济价值、政治的、宗教的、历史的等。测量语言声望的常用方法是语义分化法（semantic differential）和变语配对法（matched guise）。②

二 语言声望规划的界定

Haarmann 指出，任何一种语言规划都必须吸引正面的价值，即规划活动必须具有声望，以保证获得语言规划者和预计会使用这种语言的人的支持。他还区分了两种声望：一种是与语言规划的产生相关的声望，另一种是与语言规划的接受相关的声望。语言规划发生在政府活动、机构活动、群体活动和个人活动四个不同的层级中，这些层级反映不同的声望，代表不同的组织影响的效率。语言的声望规划将对语言规划的成败产生影响。③ 声望规划是与语言形象相关的规划。Ager 通过对威尔士、马来西亚和魁北克三个实例的分析，认为声望规划至少包含三种意义：声望（形象）可以用来反映身份；声望可以用来描述语言政策的实施方

---

① Muhammad Ibrahim，"Standard and Prestige Language：A Problem in Arabic Sociolinguistics"，*Anthropological Linguistics*，Vol. 28，No. 1，1986，pp. 115 – 126.

② W. Lambert，R. Hodgeson，R. Gardner and S. Fillenbaum，"Evaluational Reactions to Spoken Languages"，*Journal of Abnormal and Social Psychology*，Vol. 60，No. 1，1960，pp. 44 – 51；C. Baker，*Attitudes and Language*，Clevedon：Multilingual Matters，1992；P. Garrett，N. Coupland，A. Williams，*Investigating Language Attitudes：Social Meanings of Dialect，Ethnicity and Performance*，Cardiff：University of Wales Press，2003.

③ H. Haarmann，"Language Planning in the Light of a General Theory of Language：A Methodological Framework"，*International Journal of the Sociology of Language*，Vol. 86，No. 1，1990，pp. 103 – 126.

法；声望与规划者自身及规划者所规划的社区有关。[①]

语言的声望规划与其他几类规划之间的界限有时候并不是那么清晰。比如 Ager 指出，学者们对声望规划是否应该归属于地位规划是有争议的。[②] 但是，大量证据显示，在后殖民时代的非洲及其他地方，给予当地语言官方地位并不必然会在实践上能转换成这些语言的声望和地位。[③] 与声望规划经常联系在一起的还有"形象规划"（image planning），二者经常被连在一起合称"声望与形象规划"。Ager 文章的核心就在于区分"形象规划"和"声望规划"。[④] 在分析以复兴濒危语言为目的的威尔士语言政策的基础上，作者区分了四个互为关联的概念：形象、地位、声望和身份。四个概念形成两组：形象是某社会半现实身份的非事实版本，声望则是对语言生态中某语言半现实地位所持态度、立场的结果。修订地位或身份的规划往往被看作"真实的"规划，这一点类似于对社会或经济变革的规划，声望或形象的变更则需要情感操控，如同商业市场。形象规划作为身份构建和巩固的一个阶段，有必要与作为态度转变的声望规划予以更详尽的区分：形象规划是长期的、理想的，扎根于语言平等信念之中的；声望规划则是短期的、政策指向的，往往让人联想到军事冲突与强烈的统治意识。

三 语言声望规划的主体

不管什么样的规划类型，规划主体一般都是多元的，而且有自上而下和自下而上两种路径。比如，Sallabank 就讨论了自下而上的声望规划主体：压力集团或个人，以及海峡群岛英属葛恩西岛的语言规划

---

① 王辉：《语言规划研究 50 年》，《北华大学学报》（社会科学版）2013 年第 6 期。

② Dennis Ager, "Prestige and Image Planning", in E Hinkel, ed. , *Handbook of Research in Second Language Teaching and Learning*, Mahwah, NJ：Erlbaum, 2005, pp. 1035 – 1054.

③ G. Kamwendo, "Chichewa：A Tool of National Unity? Language Ecology in Africa", *Logos*, 14, 1994, pp. 90 – 95；N. M. Kamwangamalu, "Language Policy/Language Economics Interface and Mother Tongue Education in Post-apartheid South Africa", in N. M. Kamwangamalu, ed. , *Language Problems & Language Planning*, Vol. 28, No. 2, 2004, pp. 131 – 146.

④ Dennis Ager, "Prestige and Image Planning", in E Hinkel, ed. , *Handbook of Research in Second Language Teaching and Learning*. Mahwah, NJ：Erlbaum, 2005, pp. 1035 – 1054.

措施。① 当地土著语言只有2%的人口能说得流利,处于 Fishman 提出的8级濒危等级的第7级。它没有官方地位,而且社会声望很低,语言规划也几乎没有官方支持或资金。政治自治并没有增加语言的地位或阻止代际传播的下降。大多数语言规划举措规模很小,主要是由压力团体(pressure groups)或个人承担,他们关注的是基层的社会声望,而不是官方地位。

Chríost 分析了自上而下的声望规划主体:威尔士语言委员会,简要介绍了威尔士语言委员会作为威尔士主要语言政策和规划机构在声望规划和威尔士语方面采取的方法。② 它描述了威尔士议会政府威尔士语言政策的权力下放,以及最近和首次国家审查是如何为威尔士语言委员会的工作提供直接背景的。文中对由该评论产生的关键性政策文件 Iaith Pawb 进行批判性分析,并确定了与声望规划的关系,也讨论了威尔士语言委员会对声望规划的实践,涉及对观众—公民和消费者观念的意识形态关注,解决新自由主义和后殖民主义的话语以及社群主义社会国家的概念等论题。

Hult 也分析了一个自上而下声望规划的例子:瑞典。③ 英语和瑞典语在瑞典的地位越来越受到人们的关注,因为越来越多的人担心英语在某些领域的侵犯可能会导致瑞典语地位的丧失。近期由瑞典政府委托制定的一个名为 "Mål i mun" 的语言政策提案就旨在解决这一担心。它部分地通过概述瑞典语和英国各自角色的建议达到增强瑞典语的目的,主要涉及以下领域:(1)在小学、中学和高等教育中;(2)在公共、商业和政府环境中。文章概述了这一建议的发展历程,以及瑞典语和英国在其政策建议中的相对地位,尤其关注文件中地位规划和威望规划的思考。

---

① Julia Sallabank, "Prestige From the Bottom Up: A Review of Language Planning in Guernsey", *Current Issues in Language Planning*, Vol. 6, No. 1, 2005, pp. 44 – 63.

② Diarmait Mac Giolla Chríost, "Prestige Planning and the Welsh Language: Marketing, the Consumer-Citizen and Language Behaviour", *Current Issues in Language Planning*, Vol. 6, No. 1, 2005, pp. 64 – 72.

③ Francis M. Hult, "A Case of Prestige and Status Planning: Swedish and English in Sweden", *Current Issues in Language Planning*, Vol. 6, No. 1, 2005, pp. 73 – 79.

四 语言声望规划提出的意义

Haarmann 提出的这一规划体系之所以有价值,原因之一就在于它进一步强化了规划发生于不同层面以及目的多样的理念。他区分了多个层面,这些层面代表了不同的声望或效果,会影响到语言规划的成功与否。这几个层次包括个人活动、团体活动、机构活动、政府活动。Kaplan & Baldauf 总结了 Haarmann 四个层面的实例,并添加了一些例证,概述如下①。

1.1 16 世纪新教主教 Mikael Agricola 为提升芬兰语作为教学语言而做的努力;议员 S. I. Hayakawa 为推动英语成为美国的官方语言所做的努力。

1.2 在德国,J. H. Campe、J. G. Fichte、E. M. Arndt 等人为语言纯洁主义所做的努力;G. B. Shaw 的英语拼写改革。

2.1 从 1893 年起,盖尔语联盟为维持爱尔语作为母语和口语变体所做的各种活动;澳大利亚土著和托雷斯海峡岛民语言联合会为他们语言的复兴、保持和生存而做的努力。

2.2 从 1854 年 Félibrige 建立开始,一些作家和哲学家就一直在推动对现代奥克西坦语(Occitan)书面标准的精细化;毛利语委员会为标准毛利语词典的出版所做的努力。

3.1 挪威为确立 nynorsk 和 bokmål 这两种语言变体各自的功能所做的工作;loi Toubon 纯化法语的工作。

3.2 北欧诸国为民族语言术语现代化提供的诸标准;印尼语和马来语中新词汇的创制工作。

4.1 比利时,与法语、荷兰语和德语的地位相关的政府立法;努瓦阿图宪法声称民族语言是 Bislama。

4.2 从 20 世纪 20 年代开始为苏联新的标准语完善书写系统,或者近期中国为少数民族创制/完善书写系统。

---

① Robert B. Kaplan, Richard B. Baldauf Jr, *Language Planning: From Practice to Theory*, Clevedon: Multilingual Matters LTD, 1997, pp. 50 – 51.

显然，这几个层次的界限并不是特别明显的，有时候会相互交织，相互作用，协同完成。

Baldauf 通过对澳大利亚语言政策和规划若干方面的分析，论证了声望规划在语言规划体系及实施中的重要作用。[①] 作者指出，澳大利亚的教育语言规划是过去 25 年多的时间中语言教学提升的关键路径，这一规划为附加语言（additional languages）在全国范围的声望和传播贡献巨大。所以，尽管经常被忽略，但是如果没有声望规划强调的接受性目标（receptive goals），语言规划的生产性目标（productive goals）的实现将会变得更为渺茫。[②]

对于一种语言的国际传播和教育来说，语言声望规划也应该是需要重点考虑的工作内容之一。

五　结语

在四种类型的语言规划中，本体规划和地位规划是研究的重心，习得规划和声望规划则相对受关注度不高，尤其是声望规划。这与声望规划本身内涵和外延的较大张力有关，也与其功能域和影响域有关。但无可否认的是，这是一个很有用的概念，不管是在一国之内还是在语言的国际传播方面，莫不如是。

虽然 1992 年苏金智就介绍了声望规划[③]，并将之应用到中国少数民族双文字政策的研究中[④]，但是显然目前国内对于此论题的研究还非常不充分。一个例证是以"语言声望"为主题搜索"知网"仅得到 16 条记录，换为"语言声望规划"主题搜索则只剩下 9 条。

语言声望规划，值得更多、更深入的关注和研究！

---

① R. Baldauf, "Issues of Prestige and Image in Language-in-Education Planning in Australia", *Current Issues in Language Planning*, Vol. 5, No. 4, 2004, pp. 376 – 388.

② 接受性目标主要强调其价值功能，生产性目标主要针对的是本体和地位规划。

③ 苏金智：《语言的声望计划》，《语文建设》1992 年第 7 期。

④ 苏金智：《语言的声望计划与双文字政策》，《民族语文》1993 年第 3 期。

用语言创造传播正能量[*]

2019 年末 2020 年初，新冠肺炎疫情悍然而起，席卷全国。疫情时期，关键者有四：物资、信息、心理和措施。

语言是信息的主要载体，是内在心理的主要外显形式，会影响心理，进而左右人们的行为，甚至影响政策的制定和措施的实施。

疫情肆虐，我们应当用语言创造正能量、传播正能量，发挥语言正能量助力疫情防控，打赢这次病毒阻击战。

疫情时期，不能制造谣言，不能传播谣言。谣言是疫情的寄生虫，它只会助长病毒的扩散，妨碍疫情防控措施的实施。从"双黄连/童子尿可以预防新冠病毒"到"带毛领或绒线的外套容易吸附病毒""治疗主要靠激素，会成为废人"，种种谣言带来的是更多的恐慌、人际信任的破坏甚至肺炎医治的延误。在互联网和社交媒体高度发达的今天，我们不能让它们成为谣言、恐慌的孵化器和催化剂。对于谣言的制造和传播，我们要坚决地说"不"！

疫情防控，要将理性与专业的知识传递给大众。疫情面前，每一个措施、每一个事件都有被加倍放大的可能，我们需要创造理性和专业的知识，并把这样的知识传递给公众。大众需要权威的声音，需要事实真相，社会也需要包容理性而专业的多元声音。唯有如此，才能在这场疫情防控战中用最小化的成本实现社会整体利益的最大化。

批判之言，要适而有度，拒绝过度煽情。在重大疫情面前，学者、媒体、大众需要给政府、相关行政人员建言献策，相关部门也需要对一

---

* "观约谈"第 39 期，发表于 2020 年 2 月 5 日。

些不负责任、视生命为儿戏的官员进行及时处理，但是我们也需要思考政府和行政人员并不是全能的，需要理性对待他们的做法和话语，需要考虑到特别是一线抗疫人员的情绪。批判的出发点固然是好的，但是要注意适度，不能过火甚至刻意煽动大众情绪。过犹不及，过度了势必会给疫情防控带来负面效应。

传递信息，要用老百姓的话语。疫情时期，需要用老百姓容易理解的话语来传达信息，专业术语要多渠道解释、反复解读。有些国家在应对突发公共疫情时，针对外国人等特定人群有专门的"简易国家通用语"，可以借鉴。宣传疫情防控时，不应使用过激甚至威胁性的口号标语，尤其是在广大的农村地区。有些地方传发的标语的确体现出民间智慧，如"我宅家，我骄傲，我为国家省口罩"，但类似"出来聚会的是无耻之徒，一起打麻将的是亡命之徒"等就不是很恰当。

媒体报道，要呈现、宣传正能量。非常时期，媒体的流量需要聚焦正能量。多几句温暖贴心的话语，多几例感人肺腑的事迹，多一些鼓舞士气的抗疫胜利消息，必将提升大众信心，维护社会稳定，助力战胜疫情。

考虑不同人群，提升语言服务的多语供给能力。疫情防控宣传和报道时，要考虑到方言区、少数民族地区、在华国际人士、听障人士等不同群体的需求，提升宣传和报道的多语供给能力。比如，可以使用当地方言或少数民族语言的广播、不同外语版本的资讯、手语等。国家移民管理局就推出了英、俄、法、德、日、韩6种外文版本的《新型冠状病毒感染的肺炎公众预防提示》。

多渠道架起医患沟通的桥梁。疫情紧急，有些地区需要外来医护人员的援助，比如支援武汉地区的全国各地的医护人员就有六千多人。相信大部分患者应该会说普通话，但是肯定也有一些患者说的是方言或者地方普通话，这势必会造成外地援助医护人员与本地患者沟通的障碍，妨碍治疗的顺利进行。如何解决这类问题，需要大众智慧、多渠道尝试。比如，山东援黄冈医疗队自制的"护患沟通本"就发挥了很好的作用。

语言不仅能创造和传递信息（通事），也能鼓舞斗志、增强信心（通心）。它不仅是精神的体现和载体，也是实实在在的生产力。

语言是助力国家治理的重要力量。全国人民众志成城抗击肺炎疫情的非常时期，我们需要用语言创造正能量、传播正能量！

《中国语言规划三论》述评[*]

一　简介

2015 年 10 月，商务印书馆出版了李宇明教授的《中国语言规划三论》（以下简称《三论》）。这是继《中国语言规划论》（东北师范大学出版社 2005 年版；商务印书馆 2010 年版）和《中国语言规划续论》（商务印书馆 2010 年版）之后，作者关于中国语言规划的最新思考文集。

《三论》收录了 2009 年以来作者发表的有关语言规划的文章及短文共计 51 篇。其中论文 29 篇，分为"语言规划理论"（8 篇）、"语言文字工作"（7 篇）、"语言生活状况"（7 篇）、"语言教育与传播"（7 篇）四个专题。另收录序言、短文杂记等 22 篇。

二　述评

下文从三大方面对《三论》的内容、特色及可能的学术影响等加以评述。

（一）对中国语言规划研究的进一步推进

1. 基础理论问题的深刻思考

对语言规划来说，有关基本概念、基础理论问题的梳理和思考，是做好规划实践的根本前提。《三论》的文章继承了作者著文的一贯思路，

---

[*] "观约谈"第 27 期，发表于 2018 年 3 月 7 日。

特别注重基础理论问题的思辨。

比如，从语言是经济活动中不可缺少的要素、语言对社会的经济贡献以及我国语言经济学研究的两项基本任务等方面对语言经济属性的阐释（pp. 31 –42）；对新形势下当代中国语言生活层级的把握，区分了宏观、中观、微观三个层次，并对三个层次的语言生活状况及相应的语言政策进行细致分析，从而给当代中国语言生活的观察、描写和解读提供了一个完备的体系框架（pp. 54 – 72）；对国家开放、信息化等影响外语规划的主要因素，以及外语规划应该关注的七大问题的考察（pp. 91 –103）；对国家通用文字从规范汉字、文字的规范化—标准化—信息化、汉语拼音的地位与功能以及民族文字政策等方面的深入论析（pp. 141 –168）；针对汉语本身的层级变化，历时大跨度地分析了古代汉语各层级向现代（或未来）汉语各层级的变迁，给一百多年来汉语的层级变化做了系统勾勒（pp. 252 –268）。再如，作者分析了历史上语言传播的不同动因、汉语传播的不同动因及当代传播的经济动因和传播措施（pp. 291 – 297）；深入论述了非目的语环境中的语言学习环境补偿以及微观和宏观层面如何激发汉语学习兴趣的问题（pp. 323 – 336）；区分了汉语教学的五种类型，考量了它们在汉语教学中的地位和位序，并最终将这一框架应用到海外华语教学的探讨中（pp. 337 – 349）。

此外，还包括对外语规划、形译与字母词、语言资源有声数据化、语言服务与语言消费及其辩证关系等的思考，对语言文字工作的法律体系、语言社会职能的"工具/文化"两分以及两大范畴的"显—隐"两种形态、汉字教学、阅读能力、现代技术在语言规划与语言教学中的重要作用等的考察。上述论述无不体现作者对基础理论问题的聚焦和关注。

作者在不同文章中还对"语言传播、语言服务、语言、中国通用文字政策、语言学习—语言教育—语言教学、本土汉语—国际汉语"等概念给出相应的界定或辨析，这也是作者一直以来著文时特别注重的方面。① 众所周知，对一个学术概念予以界定，非具有深入的理论思考、宏阔的学术视野，实不可为。

---

① 陈前瑞：《呵护语言的家园——李宇明〈中国语言规划论〉评议》，《修辞学习》2006年第2期。

2. 具体实践路径的切中肯綮

理论思索是语言规划的前提，但规划显然不能仅停留于理论层面，最终要应用于实践，应用于和谐语言生活的构建。正所谓："有些事情当然需要'坐而论'，有些事情则应当'起而行'。"（p. 431）

《三论》有对基础理论的深入思考，但也提供了许多很具操作性的行之有效的方案。比如，对两岸华文教育标准体系建设提出了"实现语言文字的沟通、教学资源的共享、教师交流、考试成果的互认"四个方面的举措（p. 351）；针对中华语言信息化提出"语言文字、操作、内容"三大层面，并给出各层面涉及的具体内容（pp. 409 - 411）；在提升国家语言能力方面提出"尽快制定中国外语规划、科学制定中华语言国际传播战略、全面加强公民的语言能力、努力发展现代语言技术、提高国家语言生活管理水平"五大举措（pp. 10 - 15）等。

此外，还有对语言学习环境补偿的途径、激发汉语学习兴趣的方法等的勾画，对构建"当代中国学"的路径、语言文化职能规划的一些理念等的分析。这些建议和勾画，在实践中都具有很强的可操作性。

作者这种理论和实践兼顾的研究范式，一个很重要的原因可能就在于他常年来的学术—行政"双肩挑"的经历，或者如陈章太所言"学术研究与管理工作相结合"（pp. 2 - 3）。"'双肩挑'者自有许多苦乐，但从社会管理角度看，也许较易将学识转化为政见与社会行动。"（p. 408）"非有深厚的理论学养、丰厚的实践积累、长年的管理经验和长期的学术研究，难成此炊。"（p. 420）这两段文字可谓作者的真实写照。

3. 提出新概念，构建新理论

新概念、新理论的出现是社会发展的必然结果，是拓宽学科研究域的前提，也是学科前进的基石。《三论》一书就提出了许多新的概念，尝试建构了一些新的理论，从而提升了学科视域，推动着学科的进一步发展。

比如"国家语言能力"这一概念①（pp. 3 - 16），把传统意义上往往与个体相连的语言能力进行了提炼与提升，将它与国家这个更高层面的

---

① 据观约所知，"国家语言能力"的概念是李宇明教授在 2010 年 11 月首都师范大学的一次演讲中首次提出的。当时的演讲题目为《提升国家语言能力的若干问题》。

范畴进行关联，在拓宽语言能力视界的同时，开拓了"国家语言能力"研究的新路径。围绕这一新概念，作者还分析了国家语言能力的现状以及提升国家语言能力的一些举措。"语言也是'硬实力'"的提法（pp. 17 – 30），是对以往将语言—文字、文化等看作"软实力"的观念的重新思考，也将语言的功能和属性提升一个层次，有助于更好地对语言进行规划。"语言规划学"的学科构想（pp. 104 – 120），是在对国际—国内语言规划研究宏观分析的基础上提出的一个极具建设性和可发展性的学科建议，这一构想本身也会成为进一步推动中国语言规划研究的新动力。"语言国际形象"的分析（pp. 308 – 322），使人们看到了一个"立体的语言"，展示了语言的"外交功能"。在传统的"听、说、读、写"四种能力之外，作者又提出了"译、技、知"，从而构建起一个七维度的语文能力体系。（pp. 353 – 366）虽然"专业用途英语"的研究由来已久，但是"专业汉语教育"这一提法却是新近才进入学界视线的概念，也是汉语国际教育大发展背景下可能的主要趋势之一。在汉语国际教育理论和实践需要进一步提升的节点，这一提法无疑有助于学界对汉语国际教育未来方向的思考。（pp. 423 – 425）

类似的新概念和新理论还包括"语言的文化职能、国家外语能力、国际语言义务、语言学习环境补偿、理想的公民常识、面向汉语国际教育的'当代中国学'、对语言在传播地'扎下根'来的五种表现的分析、'自愿自责，国家扶助'的理念、语言能力需要终身培育的提法、领域语言规划的理念"等。

4. 打造中国语言规划团队，扶植语言规划新人

一个学科的可持续健康发展需要由许多研究团队组成的研究群体。作为中国语言规划界的核心学者，作者在引领学科研究之外，尤其注重学术队伍的建设，不管是对学界成名学者还是后辈学人，篇篇序文折射出作者希冀锻造团队、扶植新人、发展学科的期许。

（二）对国际语言规划研究的进一步丰富

1. 对国际语言规划材料的进一步丰富

语言规划具有特定的国情性，每个地区和国家的历史传统、政经体制、现实国情不一。"国家的语言决策依赖语言国情，国家的许多决策都

需参考语言国情。"（p.379）所以，每个国家的规划国情和实践方案都会为国际语言规划研究提供更丰富的材料。

"语言规划是为语言生活服务的。语言规划该如何制定，语言规划制定得合适与否，要看它是否切合语言生活的实际，是否能引导语言生活健康发展。因此要科学制定语言规划，必须了解语言生活，了解语言生活的发展趋势。语言生活既是语言规划学的研究对象，也是社会语言治理的对象和基本依据。"（p.246）正是基于此种认知，作者的语言规划分析始终立足中国的现实国情，有着更多的田野色彩，从而为国际语言规划界提供了丰富的中国材料。比如，汉语—少数民族语言—外语、现实生活的语言问题—虚拟生活的语言问题、城市化进程的语言图景、辞书信息化、汉语国际教育—汉语汉字的国内教育、各领域（法律、网络、教育、商务、新闻—广播）的语言问题等。这些都是当代中国的语言生活与规划国情，也是中国为国际语言规划界提供的研究素材。

正如陈章太为《三论》写的"序"中指出的，"现实品格"是贯穿全书的特点之一（p.2）。立足国情，关注现实，探究问题，正是作者一直以来的学术风格。①

除了上述共时材料的发掘，《三论》还非常注重对历时材料的分析。比如，对百年来语言统一的成就、百年来语言文字法律、一百多年来外语教育的影响、汉语民族标准语的百年发展、领域语言规划及研究的历史、国家通用文字政策的历史特别是百年来的梳理、对中国近代史上政府通过的第一个语言规划文件《统一国语办法案》的考察等。

2. 对国际语言规划理论的进一步丰富

"开放就是：中国要走出去；外国要走进来；中国要更多更深地参与国际事务。"（p.283）"中国正在由'本土型'国家开放为'国际型'国家，国际型的国家要求我们必须研究世界。"（pp.400-401），但是"就语言规划领域而言，我国对世界语言生活的知识还是相当贫乏的"。（p.400）正是基于这些认识，《三论》的许多研究在这一方向做了许多思考，敏锐地提出国际领域语言事务的几个方面，如维护语言权益/权利、

---

① 陈前瑞：《呵护语言的家园——李宇明〈中国语言规划论〉评议》，《修辞学习》2006年第2期。

保障语言沟通与维护语言多样性、保护濒危语言等（pp. 55/58/212）。

随着全球化的发展和深入，人类越来越多地开始面临一些全球性问题，比如人口、环境、粮食安全、恐怖主义等。① 20 世纪 90 年代以来，"全球治理"作为一种理念和理论体系开始进入人们的视野。② 语言规划是一个关涉全局的工程，在全球化日益深入的今天，将视野仅限于国内显然是不够的，而是需要"从世界看中国"，有"语言全球治理"的新理念。在语言规划领域，近年来，国际学界也开始出现"全球/国际语言规划"的视角。③ 《三论》的上述研究就是与这一国际研究新趋势的对接，也为这一方兴未艾的研究方向提供了初步的理论思考。

值得一提的是，德国德·古伊特出版社于 2015 年 8 月出版了李宇明教授语言规划方面文集的英文版 *Language Planning in China*。早在此书出版的前一年，国际著名语言规划学家 Bernard Spolsky 在 *Language* 的文章中就提到很是期待这一英文著作，因为它将为国际学界了解中国语言规划和管理的状况提供更多信息。④ 这本书出版后，Spolsky 在给此书写的序言中，一开始便引用了李宇明教授的一句论断作为例证，表达了书中论述给国际语言规划理论带来的诸多启示，即"政府管理的应当是语言生活，而非语言本身"⑤《三论》正是这些理论贡献的延续。

（三）对多元化时代语言及语言规划的进一步思考

1. 对多元语言变体及使用的思考

语言及语言的使用不是匀质的，而是异质、变体多样的。当代的多元化时代，进一步催生了更丰富的语言变体（本体层面的以及媒介、体裁等使用层面的）。《三论》对这些不同的语言变体给予很大关注，如汉

---

① 陈须隆：《当今世界面临的主要全球性问题》，《瞭望》2015 年 9 月 27 日。

② 俞可平：《全球治理引论》，《马克思主义与现实》2002 年第 1 期。

③ 赵守辉、张东波：《语言规划的国际化趋势：一个语言传播与竞争的新领域》，《外国语》2012 年第 4 期；Máiréad Moriarty, *Globalizing Language Policy and Planning*, Basingstoke/New York：Palgrave Macmillan, 2015.

④ Bernard Spolsky, "Language Management in the People's Republic of China", *Language*, Vol. 90, No. 4, 2014, p. 166.

⑤ Bernard Spolsky, "Foreword", in Yuming Li, *Language Planning in China*, Berlin：de Gruyter Mouton, 2015, p. vii.

语的层级变化、语言生活的层级变化、语言生活的时代特征、字母词、汉语作为第二语言及教学、语言技术、新闻发言人语言、语言服务、有声资源等。

2. 对多元语言属性的思考

语言是一个多棱镜、万花筒，它涉及社会的各个层面、各个角落，因此具有了多元的属性。《三论》很注重从语言的不同属性出发，如语言的经济属性、文化属性、硬实力、能力属性、产业属性等，来解读现象、提出对策。多年语言学本体研究和应用研究及规划实践，使作者对语言的属性有着更全面和客观的把握，在此基础上的思考也就更有力度。

国际著名语言规划学家 Sue Wright 在其最新的研究计划中透露，其理论研究的焦点已经从语言政策的政治和历史分析转向对"语言"这一概念的界定。[①] 这足以看出对语言及其属性的深刻认知的重要性。

3. 对现实和虚拟、国内和国外多元空间的思考

现代社会，人们的生活空间有了很大拓展，既有现实的物理空间，也有虚拟的网络空间；既有"自我"的国内空间，也有"他者"的国外空间。《三论》密切关注了当代世界这一多元空间的特质，对信息化、语言资源有声数据库、网络语言生活、全球性语言问题等议题进行了很有见地的探讨。

三 结语

《三论》从基础理论、实践路径和研究视域等方面进一步拓展了中国语言规划研究的深度和广度，为国际语言规划学界提供了立足中国国情的新规划素材和新理论视点，也展示了对当代语言及语言规划多元化时代的关注。

从 2005 年出版《中国语言规划论》以来，作者以每五年一本论集的速度向读者讲述着中国语言规划的新发展和新思考。《三论》，无疑又是一本有广度、深度和高度的前沿力作。

---

① 参见 http://www.port.ac.uk/centre-for-european-and-international-studies-research/members/professor-sue-wright.html。

中国社会语言学研究 70 年[*]

一 引言

如果从整个国际学界的情形来看，虽然一直有可以归入社会语言学范畴的研究[①]，甚至"社会语言学"这一术语早在 1928 年的俄语学界[②]和 1952 年的英语学界[③]就已出现，但是当代社会语言学作为一个学科确立起来则一般认为是在 20 世纪 60 年代，确切地说，1964 年是其元年。中华人民共和国成立以后的社会语言学研究也有类似经历，即在改革开放之前就有一些可以归入社会语言学的研究，但是社会语言学作为一个学科在中国发展起来则是 1978 年之后的事情。[④]

---

[*] 本文的雏形形成于"观约谈"第 32 期"改革开放以来的中国社会语言学"（发表于 2018 年 12 月 8 日），经修改后收入刘丹青主编的《新中国语言文字研究 70 年》，中国社会科学出版社 2019 年版第十二章，第 400—427 页。

[①] 比如波利瓦诺夫提到的法国、捷克、德国、苏联等的研究（C. H. 切莫丹洛夫：《国外社会语言学研究概况》，丁一夫译，《语言学动态》1978 年第 6 期）。

[②] 苏联的波利瓦诺夫在 1928 年就明确提出建立社会语言学的计划。他写道："马克思主义方法论的革命性发展不是要埋葬自然—历史语言学和具体语言史的研究，而是要建立一门新的学科——社会语言学。它将把语言随社会形式演变而演变这一现象归结为一个严密的科学整体。"切莫丹洛夫：《国外社会语言学研究概况》，丁一夫译，《语言学动态》1978 年第 6 期。

[③] 根据威廉·布赖特（William Bright）的考察，丘里（Currie）在 1952 年的一篇论文中首次使用了该术语，即 A Project of Sociolinguistics: The Relationship of Speech to Social Status。威廉·布赖特：《社会语言学的诸方面》，蔡富有译，《语言学动态》1978 年第 2 期。

[④] 更多的背景信息可以参见陈建民、陈章太《从我国语言实际出发研究社会语言学》（《中国语文》1988 年第 2 期）、伍铁平《社会语言学的几个问题》（载语言文字应用研究所社会语言研究室编《语言·社会·文化》，语文出版社 1991 年版，第 25—36 页）、苏金智《赵元任对社会语言学的贡献》（《汉语学习》1999 年第 6 期）等文献。

　　70 年中国社会语言学研究，波澜壮阔，砥砺奋进，成就卓著，硕果累累。本文将在改革开放前后社会语言学研究历时分析的基础上（第二、三节），总结经验、展望未来（第四节），期待新时代的中国社会语言学研究能够展现新发展、呈现新气象。

二　改革开放之前：前学科的孕育探索时期

　　中华人民共和国成立以后到改革开放之前的社会语言学研究可以称为"前学科时期"。这一时期的研究重心在语言规划方面，在其他个别视角（如文化视角）、个别术语以及语言与社会的关系认知上也出现了一些萌芽①。语言规划的研究是现实问题驱动的结果，源于新中国成立之初社会经济发展的需求；其他论题的研究则是一方面承袭中国语言学历史研究的传统，另一方面显然是受到了海外学术研究的影响。

（一）语言规划方面的研究

　　中华人民共和国成立之初，革故鼎新，百废待兴。语言文字方面也从当时国家和社会面临的紧迫现实问题开展研究工作。如文字改革、汉语拼音方案的制订和实施、语言的规范与标准、普通话的确立与推广等。创刊于 1952 年的《中国语文》和 1956 年的《文字改革》是当时研究的主阵地。

　　《文字改革》是中国文字改革委员会的机关刊物。其任务是：宣传国家的文字改革方针、任务、政策；贯彻百家争鸣方针，讨论文字改革领域的理论和现实问题；提供文字改革参考资料；普及与文字改革相关的语文知识；报道文字改革的动态和国内外对中国文改工作的反应等。所以，发表在此刊上的学术文章基本都属于语言政策与规划的范畴。

　　《中国语文》是中华人民共和国建立以后学界创立的第一份语言学综合性杂志。从其创刊之初，她就开始参与到语言政策与规划的研究和讨

---

　　①　这有点儿类似于美国的社会语言学是在与人类学、社会学等其他学科相互影响的基础上创立的。

论之中了。1952 年 2 月 5 日，"中国文字改革研究委员会"① 成立。同年的《中国语文》② 在 7 月的创刊号上用三分之一的版面介绍了委员会的相关情况，并刊登了分析文字改革的文章；随后的八至十二月号也在持续关注③。1953 年四月号，编辑部在俞敏《谈民族标准语问题》一文的"编者按"中指出："民族共通语、民族标准语、拼音文字的标准音等问题是中国语言学里的一些大问题，也是中国文字改革运动中迫切需要解决的现实问题。"可谓恰当地呈现了当时的情形。④ 1954 年的六月号，有讨论汉族标准语的几篇文章。1955 年 1 月，《汉字简化方案草案》印发，《中国语文》从 1955 年一月号开始就有了研究和讨论；中国文字改革委员会于 1955 年 2 月成立了拼音方案委员会，之后《中国语文》上讨论汉语拼音方案的文章也更多了。1955 年 10 月，"第一次全国文字改革会议"召开。会议明确了文字改革的方针，通过了汉字简化方案，确定了推行以北京话为标准的普通话，《中国语文》在 1955 年的十一月号刊出了一期此次会议的专题。1956 年 2 月，《汉语拼音方案（草案）》发布，《中国语文》就在 1956 年的二月号刊出了《大家来讨论研究汉语拼音方案（草案）》的社论，讨论一直持续到当年的八月号。1958 年 2 月 11 日，第一届全国人民代表大会第五次会议通过了《全国人民代表大会关于汉语拼音方案的决议》，《中国语文》二月号就刊出了一组汉语拼音方案的专题。

《中国语文》1953 年八月号讨论了术语和译名的问题。1955 年 10 月 25—31 日，中国科学院哲学社会科学部召开"现代汉语规范问题学术会议"，《中国语文》从 1955 年八月号到十二月号接连刊发了林焘、黎锦熙、罗常培、吕叔湘等先生讨论汉语规范化的文章。1962 年二月号刊发了王均先生的《语言中的并存并用和规范化问题》。1961 年一月号刊发了三篇讨论语言发展内因与外因的文章，随后四月号、五月号、六月号、

---

① 1954 年，成立"中国文字改革委员会"。

② 1963 年由单月刊改版为双月刊。

③ 其中十二月号关注的是少数民族文字的问题。

④ 后来，中国语文编辑部将 1952 年下半年和 1953 年上半年的重要方针政策与重要文章汇编成《中国文字拼音化问题》（中华书局 1954 年版）一书，作为"中国语文丛书"的一种出版了。

七月号连续发文讨论此问题。① 1966 年第 2 期又刊发了多篇语言学要解决农村实际问题的文章。

除了杂志文章，这期间还出版了杜子劲的《一九四九年中国文字改革论文集》（1950）和《中国文字拼音化问题》（1954）②、周有光的《中国拼音文字研究》（1952）、张世禄的《汉字改革的理论和实践》（1958）、倪海曙的《清末汉语拼音运动编年史》（1959）等著作和资料汇编。

应该说，以本体规划为核心的语言规划研究是改革开放以前中国社会语言学研究的主体所在。显然，这个时期的语言规划研究是现实问题驱动的结果，而非在语言规划这个研究方向之下的自觉性研究，是在语言政策与规划作为一个学科形成之前的前学科研究阶段。

（二）其他方面的萌芽研究

首先需要提及的就是罗常培的《语言与文化》（1950）一书。这本缘起于 1943 年昆明西南联合大学一次讲演的著作"开拓了我国语言研究的新领域，标志着我国社会语言学进入了预备、草创阶段，其意义是很大的"③。"我国自七十年代以来社会语言学的蓬勃发展……其中有许多研究项目可以说是直接继承了他所开拓的研究领域。……从更广义的角度看，罗常培对当前社会语言学的研究范围的影响就更大了。陈章太在《20 世纪的中国社会语言学》这篇文章里所列举的近三百篇论文中，其研究内容涉及《语言与文化》的内容的几乎接近半数。"④ 应该说，这些评论都是很中肯的。罗常培的中国传统"小学"功底深厚，又有西方学术视野和讲学美国的经历，二者的融合成就了《语言与文化》的开拓意义。

此外，一些概论教科书和译著提到了语言与社会研究的某些方面。比如，1954 年、1955 年上海东方书店分别出版了高名凯的《普通语言

---

① 当时这个问题的讨论应该是在普通语言学的范畴下进行的。

② 书后附有杜子劲的《中国文字改革运动年表》，梳理了 1892—1952 年间的切音字运动、注音字母运动、简体字运动、国语罗马字运动、拉丁化新文字运动等中国文字改革的重要史实。后来，杨长礼的《中国文字改革运动年表补遗》（《语文建设》1959 年第 1 期）一文又对年表做了遗补。

③ 陈章太：《20 世纪的中国社会语言学》，载刘坚主编《二十世纪的中国语言学》，北京大学出版社 1998 年版，第 821—862 页。

④ 徐大明：《联系社会来研究语言——重读罗常培的〈语言与文化〉》，《当代语言学》1999 年第 3 期。

学》上册和下册，1956 年北大出版社出版了岑麒祥的《普通语言学》，两本书都提到了"社会习惯语"和"社会方言"①。此外，高名凯、石安石的《语言学概论》（1963）、陆卓元翻译的萨丕尔的《语言论》（1963）等也有相关论述。

在与《中国语文》《文字改革》等差不多同时期创刊的杂志也有一些相关议题或相关术语的讨论。比如，《外语教学与研究》1957 年创刊号刊发了李赋宁的《英国民族标准语的形成和发展》，1958 年第 1 期刊发了"汉语拼音方案"的一组资料；《语言学资料》② 于 1964 年 24 期发表了日尔蒙斯基（苏联）的《社会方言学问题》（王兴权、魏志强译），1965 年 25 期发表了 АВРОРИН（苏联）的《语言和文化》 （高德渭译）和 ГYXMaH 的《语言社会学》（廖东平译）；《语言学论丛》于 1958 年第 2 辑发表了韦慤的《关于文字改革的问题》、岑麒祥的《论语言学中的心理社会学学派》，1959 年第 3 辑发表了一组四篇语言规范的文章等。

三 改革开放之后：学科创立后的蓬勃发展期

1978 年，中国社会科学院语言研究所的《语言学资料》以《语言学动态》的新名复刊。第 1 期的首篇发表了赵世开的《近十年来美国语言学研究简介（1965—1975）》一文，其中提到了"社会语言学"的新进展；第 2 期发表了蔡富有翻译的威廉·布赖特（William Bright）的《社会语言学的诸方面》一文；第 5 期发表了顾执中翻译的《瑞典与芬兰的社会语言学研究》；第 6 期发表了丁一夫翻译的《国外社会语言学研究概况》；1979 年的第 5 期发表了丁一夫的《苏联研究社会语言学的主要机构及研究课题》；1980 年，更名为《国外语言学》的第 5 期开始连载彼得·特鲁吉尔（Peter Trudgill）的《社会语言学导论》（*Sociolinguistics*：

---

① 有些学者还就这两个术语进行讨论，《中国语文》1957 年四月号刊发了这些讨论；五月号上，高名凯、岑麒祥两位先生做了长达 7 页的回应。

② 1961 年，《语言学资料》（1961—1966）作为《中国语文》的附属刊物而出现；改革开放之后，更名为《语言学动态》（1978—1979）并开始单独刊行；两年后，更名为《国外语言学》（1980—1997）；1998 年，又更名为《当代语言学》（1998—）。此杂志在向国内学界引介国际最新研究方向及理论方法上可谓居功至伟。

An introduction，1976)①。

　　已有期刊陆续复刊，新的杂志则如春笋般冒出②，从而为社会语言学的发展和繁荣提供了平台与条件。随后的几年，在《国外语言学》这一根据地之外，《现代外语》《外语界》《外语学刊》《外语教学与研究》《国外社会科学》等杂志也纷纷加入介绍国外社会语言学发展情况的队伍；《现代外国哲学社会科学文摘》和《外语教学与研究》杂志更是在1983年第5期和1985年第3期分别刊登了一组社会语言学的介绍文章。改革开放之后，1978年5月，《中国语文》复刊后的第一期就提请人们继续关注中国的语言工作③，1982年第5期刊发了陈原的《社会语言学的兴起、生长和发展前景》。

　　这些杂志的译介以及其他一些翻译文集和著作的出版，使中国的社会语言学研究在本土发展的基础上（如罗常培（《语言与文化》，1950）；陈原（《语言与社会生活·社会语言学札记》，1980④；《社会语言学》，1983；《社会语言学专题四讲》，1988；《社会语言学札记》，1991；《语言和人》，2003)，开启了与国际学界的接轨，确立了学科的雏形，并由此乘着改革开放的东风开始走上蓬勃发展的大道。本节从会议、学会和刊物、研究范式、研究主题、课程体系与学科建设等方面予以详细考察。

（一）会议、学会和刊物

1. 会议

　　中国社会语言学全国性的学术会议主要有两个：全国社会语言学学

---

① 1992年商务印书馆出版了单行本，周绍衍等翻译。

② 复刊的有《中国语文》（1952)、《文字改革》（1956，1986年刊名改为《语文建设》)、《外语教学与研究》（1957)、《语言学资料》（1961）等；创刊的有：1978年的《外语学刊》、《上海外国语学院学报》（现名《外国语》)、《现代外语》、《解放军外国语学院学报》，1979年的《方言》《民族语文》《语言教学与研究》《外语教学》，1980年的《外国语言教学资料报导》（现名《外语界》)、《语文研究》，1981年的《大连外国语学院学报》（现名《外语与外语教学》)、《国外外语教学》（现名《外语教学理论与实践》)、《语言研究》，1982年的《修辞学习》（现名《当代修辞学》)，1984年的《南外学报》（现名《外语研究》)，1987年的《世界汉语教学》，1992年的《语言文字应用》等。

③ 当然，由于其他期刊的发展和功能分配，改革开放之后的《中国语文》主要刊发语言学本体的研究文章。

④ 此书很可能是中国本土首本以"社会语言学"作为书名的著作。

术研讨会和中国社会语言学国际学术研讨会。

（1）全国社会语言学学术研讨会

改革开放之后的中国社会语言学研究与许多其他学科一样，如饥似渴地引介国外的理论和研究。一直到 1987 年 12 月，教育部语言文字应用研究所在北京召开"首届全国社会语言学讨论会"，才首次集中向世人展示了中国社会语言学本土研究的力量。会后编辑出版了讨论会论文集《语言·社会·文化》。论文集的内容涉及社会语言学理论问题、语言变异/演变（语音、词汇、语法、汉字）、语言规范/语言政策与规划、社会方言（行话、秘密语、隐语、叫卖语、口令）、语言与性别、双语、语言态度、语码转换、交际互动、语言与文化的诸方面（人名、店名、文化语言学、礼貌用语、称谓语、歇后语）等。论文集最后有一个"附录"，搜集了 1978—1987 年间的一些社会语言学研究文章，是很有价值的参考资料。参会的许多学者日后也都成为中国社会语言学研究的中坚力量。

这一会议后来在 1990 年和 1992 年相继举办了两届。第二届讨论会更名为"全国社会语言学学术讨论会"，以言语交际和交际语言为中心。讨论的主要问题有：（1）言语交际和交际语言的性质、研究对象和研究方法；（2）言语交际的各种规律和模式以及言语交际时需要注意的一些原则；（3）言语交际与文化传统、社会心理和社会环境等的关系；（4）书面交际和口头交际的关系；（5）言语交际中的语言障碍和心理障碍；（6）言语交际中的角色关系；（7）言语交际中的话题选择、语码选择及其转换；（8）言语交际的语言环境；（9）言语交际的效果；（10）言语交际的自我控制；（11）各种交际语言等。[①] 第三届会议的中心议题是"语言与文化"，对如何从不同学科和不同角度深入开展语言与文化研究的一系列理论和应用问题进行了讨论。这次会议的特点是：（1）多学科合作；（2）注重研究的实用价值；（3）会风良好。[②] 会后出版了陈建民和谭志明主编的《语言与文化多学科研究：第三届社会语言学学术讨论会文集》（1993）。

---

① 胡士云：《第二届社会语言学讨论会在九江举行》，《语文建设》1990 年第 1 期。
② 苏金智：《多学科合作的中国社会语言学研究：第三届社会语言学学术讨论会综述》，《语言文字应用》1992 年第 3 期。

经历了 12 年的空缺之后，更名为"全国社会语言学学术研讨会"的第四届会议于 2005 年 10 月 16—18 日在中国传媒大学举行；第五届会议与"中国社会语言学国际学术研讨会"合办，于 2006 年 12 月 8—10 日在北京大学举行，主题是"语言认同和领域语言"；第六届于 2011 年 6 月 3—5 日在渤海大学举行，主题是"语言、民族与国家"；第七届于 2013 年 11 月 21—22 日在百色学院举办，主题是"跨境语言与社会生活"①；第八届于 2015 年 5 月 4—5 日在北京华文学院举行，主题是"语言能力与语言政策研究"；第九届于 2017 年 11 月 11—13 日在武汉大学举行。此研讨会会后一般会出版一部论文集，如第四届的论文集名为《语言规划的理论与实践》（教育部语用所社会语言学与媒体语言研究室主编，2006）、第八届的名为《语言能力与语言政策研究》（郭龙生、郭熙主编，2017）。

（2）中国社会语言学国际学术研讨会

"中国社会语言学国际学术研讨会"主要由中国社会语言学会主办，于 2002 年举办第一届，到 2018 年已经连续举办了 11 届。首届社会语言学国际学术研讨会于 2002 年 9 月 7—9 日在北京语言大学召开，会议主题是"中国社会语言学的理论建设与实证研究"；第二届于 2003 年 11 月 21—23 日在澳门理工学院举行；第三届于 2004 年 12 月 18—21 日在南京大学举行，主题是"言语社区理论"；第四届于 2005 年 12 月 10—12 日在广东外语外贸大学举行，主题是"社会语言学与语言教学、语言交际"；第五届于 2006 年 12 月 8—10 日在北京大学举行，主题是"语言认同和领域语言"；第六届于 2008 年 3 月 25—27 日在香港理工大学举行，主题是"数字化时代的语言接触、语言规划和语言发展"；第七届于 2009 年 7 月 16—20 日在青海民族大学举行，主题是"语言的多样性"；第八届于 2012 年 9 月 21—23 日在天津商业大学举行，主题是"全球化生活背景下的中国语言生活"；第九届于 2014 年 7 月 20—23 日在新疆师范大学举行，主题为"语言教育的多学科研究"②；第十届于 2016 年 11 月 5—6 日在南昌大学举行，主题为"语言与文化的多视角研究"；第十一届于

---

① 与"首届跨境语言研究论坛"合办。

② 与"第五届全国教育教材语言研讨会"合办。

2018 年 7 月 13—15 日在吉林大学举行，主题为"全球化时代的中国社会语言学：机遇与挑战"。研讨会有时也出版论文集，比如第三届的论文集名为《中国社会语言学新视角》（徐大明主编）。第一届研讨会举办后一年，《中国社会语言学》（*The Journal of Chinese Sociolinguistics*，半年刊）杂志创刊。在 2004 年的第二届研讨会上，"中国社会语言学会"成立。2017 年 5 月 19—21 日，由中国社会语言学会主办、中山大学新华学院外国语学院承办的"中国社会语言学会首届高峰论坛"在中山大学新华学院东莞校区举办。

（3）其他会议

还有一些分领域的系列会议值得一提。第一个会议是：1987 年，陈恩泉教授在深圳教育学院创建了深港语言研究所，率先团结内地和香港的学者开拓了双语双方言研究。1988 年 8 月，主办了首届"深港片语言问题研讨会（国际）"，从第二届开始更名为"第 × 届双语双方言研讨会（国际）"。截至 2018 年，此国际研讨会已经连续举办了 11 届，每届举办后都会出一辑《双语双方言》论文集。①

第二个会议是"中国语文现代化学术研讨会"②。此会议是中国语文现代化学会的年度会议，从 1994 年到 2019 年已连续举办了 13 届。

第三个会议是"当代中国话语研究"研讨会。由施旭等学者在浙江大学发起，2007—2018 年已经连续举办了 10 届。

第四个会议是"中国语言政策及语言规划学术研讨会"。此研讨会是中国语言学会语言政策与语言规划专业委员会的学术年会，2015—2019 年已成功召开了 5 届。

第五个会议是由《当代语言学》杂志社于 2016 年发起的"当代语言学前沿：语言、社会及意识形态"论坛，至 2019 年已成功举办 4 届。此论坛是当代语言学前沿系列论坛的一部分，尤其注重语言与社会研究理论层面的探讨与思索。

其他的相关会议还包括全国语言文字工作会议、全国语言文字应用

---

① 关于此研讨会的历史可参见陈恩泉、黄永坚的《深圳开展双语双方言研究回眸》（《学术研究》2017 年第 1 期）一文。

② 会后论文基本上都会择优选入《语文现代化论丛》。

学术研讨会、中国民族语言学会学术年会、应用语言学学术讨论会、国际双语学研讨会、新世纪语言文字应用青年研讨会等。

2. 学会

在学会方面，中国社会语言学学会是一个综合性学会，中国语文现代化学会、中国语言学会语言政策与规划研究会、中国英汉语比较研究会话语研究专业委员会等则是分领域的学会。

中国社会语言学学会于 2003 年 11 月 21 日在澳门理工学院成立。它是一个国际性的学术团体，其日常学术活动主要有两项：一是主办或参与主办中国社会语言学国际学术研讨会，二是编辑出版《中国社会语言学》杂志。学会的第一任会长是曹志耘，后续会长依次为周庆生、高一虹、郭熙、苏金智，现任会长是田海龙。

中国语文现代化学会是隶属于教育部（国家语言文字工作委员会）的国家一级学术团体（法人单位），创办于 1994 年。学会的创始人是周有光、王均、张志公、尹斌庸等语言文字学界老前辈，首任会长是张志公，后续会长有苏培成、马庆株，现任会长是靳光瑾。中国语文现代化的含义是：语言通用化、文体口语化、文字简易化、表音字母化、中文电脑化和术语国际化，使语言文字的社会应用适应社会主义现代化建设的需要。中国语文现代化是国家语言规划的主要内容，是中国走向工业化、信息化的基础工程之一。学会的宗旨是：宣传贯彻《中华人民共和国国家通用语言文字法》、国家语言文字方针政策和语言文字规范标准，协助教育部、国家语委组织语言文字方针政策和规范标准的宣传培训活动，组织学者进行语言文字规范化、标准化的学术研究，促进国家通用语言文字的规范化、标准化、信息化、国际化，为提高全民族的语言文字素质、营造和谐的社会语文生活服务。

中国语言学会语言政策与规划研究会于 2015 年 6 月在北京语言大学成立，是中国语言学会下属的二级学会。它的成立是中国语言政策与规划学科发展的重要里程碑。它在中国语言学会指导下，紧紧围绕语言政策与规划学科的发展、国家语言文字管理的重大需求以及语言文字应用领域的重要问题，汇集全国该领域的专家学者开展科学研究、人才培养、学术交流，为推动该学科发展服务，为完善新形势下国家语言政策和规划提供学术支撑。研究会会长是李宇明。

中国英汉语比较研究会话语研究专业委员会于 2013 年 10 月在第五届"当代中国新话语"国际学术研讨会上宣告成立。① 它的基础是已经举办 4 届的"当代中国新话语"学术研讨会。委员会创立会刊《话语研究论丛》，主办"当代中国新话语"国际学术研讨会、全国话语研究高层论坛等会议。委员会会长是辛斌。

3. 刊物

在期刊方面，除了《中国社会语言学》这一专业刊物以外，老牌的《语言文字应用》以及新近的《语言战略研究》《语言学研究》《语言政策与语言教育》《语言政策与规划研究》《语言规划学研究》《当代中国话语研究》《话语研究论丛》②《语文现代化论丛》等杂志或辑刊都是社会语言学论文的集中刊发地。

此外，《江汉学术》［原《江汉大学学报》（人文科学版）］从 2004 年开始在李宇明教授和周建民教授的主持下开设了"领域语言研究"专栏；《云南师范大学学报》（哲学社会科学版）从 2008 年开始在罗骥教授的设计下开设了"语言国情研究"专栏；《语言教学与研究》在曹志耘教授任主编期间也有过社会语言学专栏的版块。

（二）研究范式

祝畹瑾根据研究对象、学术背景、理论旨趣、研究侧重点、研究方法等参数将当时国际上的社会语言学研究分成五类：（1）语言学的社会语言学研究，其研究对象是日常生活中的言语，核心问题是语言变异，以拉波夫（William Labov）和特鲁吉尔等为代表；（2）民族学的社会语言学，是从民族文化的角度去考察语言的使用情况以及语言在人类交际活动中的作用，以海姆斯（Dell Hymes）和甘柏兹（John Gumperz）为代表；（3）社会学的社会语言学（又称语言社会学），研究重点是语言和社会之间的全局性的相互作用，代表人物如费什曼（Joshua Fishman）和弗格森（Charles Fer-

---

① 成立之初叫"中国话语研究会"。

② 从 2016 年开始，此辑刊在年末一期都会发布当年度的"国内期刊发表的话语研究方面的 100 篇论文题目索引"，实用性很强。

guson)①;(4)社会心理学的社会语言学,研究重点是全社会或某个社会集团对使用某种语言变体的评价和态度,代表人物如兰伯特(Wallace Lambert)和贾尔士(Howard Giles);(5)语用学的社会语言学,以会话为主要研究对象,认为在日常会话中存在着支配交谈的自然规则,代表人物如布朗(Penelope Brown)、列文森(Stephen Levison)和萨克斯(Harvey Sacks)、谢格洛夫(Emmanuel Schegloff)等。②

从整体上说,依据研究指向、研究方法、研究范式等的差异,可以将社会语言学研究大致分为宏观社会语言学和微观社会语言学两个次类。前一路径的研究学者如弗格森、费什曼、李宇明等,后一路径的研究学者如拉波夫、特鲁吉尔、徐大明等。综合来看,中国70年社会语言学研究的宏观视角较微观视角要更为凸显。

1. 微观社会语言学

微观社会语言学主要是联系社会语境和社会变量来研究语言系统(语音、词汇/语义、语法)的变异与变化,其着眼点在于语言系统本身。

此视角的研究主要是在改革开放之后发展起来的。一部分学者循着"首届全国社会语言学讨论会"的研究路径,另一些学者则在拉波夫范式的框架下探讨。前一路径的代表学者如胡明扬、陈松岑、祝畹瑾、陈建民、陈章太、曹志耘等;后一路径影响比较大的是徐大明领衔的南京大学"社会语言学实验室"。南京大学中国语言文学系社会语言学实验室成立于2003年6月27日,为国内首家社会语言学实验室。社会语言学实验室是应用社会科学的实验方法进行语言研究的机构。以此实验室为基础,不仅出版了大量论著、译著,完成了大量研究课题,而且培育了大量变异社会语言学学者。中国社会语言学的微观视角研究注重城市方言、言语社区、语言变项、变异机制等核心论题的分析。

2. 宏观社会语言学

宏观社会语言学主要关注语言的社会效应,是利用语言学的研究成果,从语言的视角来观察、描写、解释社会现象并提出自己的建设性意见和方案,又称"语言社会学"。

---

① 此处代表人物为笔者所加。

② 祝畹瑾:《社会语言学概论》,湖南教育出版社1992年版,第8—12页。

70 年来，此视角的研究一直是中国社会语言学的主流。从中华人民共和国成立之初的语言规划研究，到近十几年来以李宇明、郭熙、周洪波、周庆生、赵蓉晖、戴曼纯、赵世举等为代表的"语言生活派"研究，发展不断，成果迭出。尤其是《中国语言文字事业发展报告》（又称"白皮书"）、《中国语言生活状况报告》（又称"绿皮书"）①、《中国语言文字政策研究发展报告》（又称"蓝皮书"）、《世界语言生活状况报告》（又称"黄皮书"）四大皮书的陆续出版，构成中国语言文字领域的皮书阵列，为语言文字领域的监测、服务、咨询提供了基础和支撑，也构成了中国宏观社会语言学的成果典范。

（三）研究主题

改革开放以后，中国社会语言学的研究论题丰富多彩，涵盖范围广泛、深入。② 比如，有语言与性别、语言变异（语音、词汇、语法）与演变、双语/双方言与多语、语言与认同、法律语言、语言社区理论、城市语言调查、语言濒危与保护、网络语言、话语分析、语言态度、新媒体语言、语言服务、语言景观、语言能力、语言资源、地名/人名、外来词、语码转换、农民工/流动群体/特定群体的语言、语言接触、会话互动、新词新语、语言政策与规划等。

此外，有几个事件值得单独列出：一是"中国语言文字使用情况调查"项目（1997—2006）；二是教育部语言文字信息管理司和语言文字应用管理司的设立以及其后一系列研究中心的建立和政策法规的颁布；三是《中华人民共和国国家通用语言文字法》的颁布；四是南京大学"社会语言学实验室"的成立；五是"语言生活派"的形成及"四大皮书"的陆续出版；六是"中国语言资源保护工程"的实施；七是《语言田野调查实录》系列；八是北京语言大学语言资源高精尖创新中心的成立。围绕这些事件，产生一大批有影响力的论题和研究，丰富了中国社会语

---

① "绿皮书"最早策划和出版，是其他皮书的底盘。目前，绿皮书已出版了英、日、韩等语言的版本。

② 蔡冰的《2003—2012 年〈中国社会语言学〉分类目录》一文（《中国社会语言学》2013 年第 1 期）曾对《中国社会语言学》2003—2012 年间的发文按主题做过一次统计，可以参考。

言学的理论、方法和成果。

限于篇幅,笔者仅依据"中国知网"中"主题"(包括期刊、博/硕士论文)一项的相关搜索和统计①,结合观察知网自带的计量可视化分析曲线图,对 20 个主题的文献数量和热度趋势做一个简单勾勒(见表1)。②

表 1　　　　　　　社会语言学研究主要论题的现状与趋势③

序号	研究主题	文献数量	热度趋势
1	语言能力④	11546	上升
2	话语分析	7622	上升
3	语言政策	1649	上升
4	语言资源⑤	1563	上升
5	语言规划	1358	上升
6	语言保护	688	上升

---

①　统计日期截至 2019 年 3 月 15 日。

②　显然,这种勾勒是粗线条而非精确的。比如:(1)有些主题下的论文可能不属于社会语言学范畴,如"语言能力"在本体研究和心理语言学研究中也有很多,"话语分析"更多属于篇章语言学和语用学;(2)"社会语言学视角的对外汉语教学"可能明显少于实际数字,因为这类研究不一定会含如此长的术语来匹配检索;(3)仅统计了论文(期刊和博/硕士论文),没有统计著作。但从平均误差的角度来看,表 1 所反映出来的趋势应该还是能说明问题的。

③　几乎每个主题都可以找到相应的综述性文章,篇幅所限,在此不一一列举。

④　2014 年 6 月,由中国政府与联合国教科文组织共同举办的"世界语言大会"在苏州召开。来自 100 多个国家和地区的约 400 位代表围绕"语言能力与人类文明和社会进步"这一主题,就语言能力与社会可持续发展、语言能力与教育创新、语言能力与国际交流合作等议题讨论,达成共识,最终形成《苏州共识》。《苏州共识》以及下面提到的《岳麓宣言》是在中国本土发出的针对语言全球治理的声音。

⑤　2018 年 9 月,由联合国教科文组织、中国教育部联合主办的"首届世界语言资源保护大会"在长沙召开。本次大会是联合国 2019 年"国际本土语言年"的重要活动之一,主题为"语言多样性对于构建人类命运共同体的作用:语言资源保护、应用与推广"。中国教育部、联合国教科文组织驻华代表处、中国联合国教科文组织全国委员会、国家语言文字工作委员会于2019 年 2 月 21 日共同举行发布会,正式发布大会的重要成果《岳麓宣言》。《岳麓宣言》是联合国教科文组织首个以"保护语言多样性"为主题的重要永久性文件,向全世界发出倡议,号召国际社会、各国、各地区、政府和非政府组织等就保护和促进世界语言多样性达成共识。2019年 5 月,《语言战略研究》杂志刊发了一期"语言资源研究"的专题。

续表

序号	研究主题	文献数量	热度趋势
7	语言认同①	553	上升
8	城市语言	521	上升
9	网络语言	9204	下降（2015 年后）
10	社会语言学	3962	下降（2012 年后）
11	语码转换	2419	下降（2010 年后）
12	语言变异	1879	下降（2014 年后）
13	语言态度	1633	下降（2016 年后）
14	语言与性别	1107	下降（2009 年后）
15	语言与政治	1015	下降（2011 年后）
16	禁忌语	887	下降（2010 年后）
17	言语社区	324	下降（2015 年后）
18	语言濒危②	219	下降（2005 年后）
19	移民语言	187	下降（2013 年后）
20	社会语言学视角的对外汉语教学	171	下降（2012 年后）

（四）课程体系与学科建设

在课程体系和学科建设方面，1984 年中国社会科学院语言文字应用研究所成立时，就设置了社会语言学研究室。许多高校或研究所也将社会语言学课程纳入本科或研究生的必修或选修课程体系，社会语言学方向的研究生招生也得以出现。语言学概论一类的课程和课本渐多，社会语言学/语言与社会的章节通常都包括在内，如胡壮麟的《语言学教程》（1988）、王德春的《语言学教程》（1987）、刘伶的《语言学概要》（1987）、郭谷兮的《语言学教程》（1987）、戚雨村的《语言学引论》

---

① 《中国社会语言学》2005 年第 2 期刊出"全球化背景下中国英语与认同"圆桌会议论文专题，《语言战略研究》在 2016 年第 1 期和 2018 年第 3 期刊过两期"语言与认同"专题。国内语言与认同的历时考察可参见周庆生《语言与认同国内研究综述》（《语言战略研究》2016 年第 1 期）、高一虹和李玉霞《语言与认同》（载祝畹瑾主编《新编社会语言学概论·第八章》，北京大学出版社 2013 年版，第 272—307 页）等文献。

② 2009 年 7 月，第十六届国际人类学民族学大会在中国举办，会后徐世璇、Tjeerd De Graaf、Cecilia Brassett 联合主编了会议论文集 *Issues of Language Endangerment*（2012）。

（1985）、王振昆的《语言学基础》（1983）、张惠英翻译的罗杰瑞（Jerry Norman）《汉语概说》（1995）等。与此相伴随，涌现出一大批社会语言学的教材和译著。

1. 教材编写

比如陈原的《社会语言学》（1983），陈松岑的《社会语言学导论》（1985），游汝杰、周振鹤的《方言与中国文化》（1986）[①]，祝畹瑾的《社会语言学概论》（1992）[②]，王得杏的《社会语言学导论》（1992），戴庆厦的《社会语言学教程》（1993），徐大明、陶红印、谢天蔚的《当代社会语言学》（1997），陈松岑的《语言变异研究》（1999），郭熙的《中国社会语言学》（1999）[③]，吴国华的《社会语言学》（1999），戴庆厦的《社会语言学概论》（2004），李素琼的《社会语言学》（2005），徐大明的《语言变异与变化》（2006），游汝杰、邹嘉彦的《社会语言学教程》（2009），孙炜、周士宏、申莉的《社会语言学导论》（2010），徐大明的《社会语言学实验教程》（2010），陈建平的《语言与社会》（2011），贺群的《社会语言学纲要》（2012），朱跃、朱小超、鲍曼的《语言与社会》（2015），游汝杰的《什么是社会语言学》（2015）。

由于主编者自身的研究背景及关注倾向不同，这些教材在内容设置、材料的侧重点上也有差异。[④] 比如，陈松岑、祝畹瑾、徐大明等的教材有更多的西方社会语言学理论、方法、研究的介绍，戴庆厦的教材有更多的少数民族的材料，游汝杰、邹嘉彦的教材有更多海外华人社区的调查和分析，郭熙的教材则更偏重基于中国国情和语言生活的分析。

也有的教材侧重社会语言学方法论的介绍和应用，如王远新的《语言田野调查实录》（2007），张廷国、郝树壮的《社会语言学研究方法的理论与实践》（2008），桂诗春、宁春岩的《语言学方法论》（1999）则

[①] 严格来说，本书为研究性论著，但鉴于其理论、方法论、论题的系统性，其巨大影响力，更由于其对后来社会语言学诸论题发展的启发作用，笔者还是将其放入教材一类。

[②] 2013 年出版了其更新版的《新编社会语言学概论》，在内容上做了大幅修订，1992 年版的内容仅占到了新版的六分之一。

[③] 2004 年出版了增订本，内容增幅较大；2013 年出版了第三版。

[④] 比如汪磊的《中日社会语言学教科书比较研究》（《中国社会语言学》2005 年第 1 期）一文就曾对三本教材做过比较。

专门有一章介绍社会语言学的方法。

2. 学术译著

通论性的译著如祝畹瑾主编的《社会语言学译文集》（1985），卫志强译的《现代社会语言学：理论·问题·方法》（［苏］什维策尔，1987），刘明霞等译的《社会语言学演讲录》（［美］佐伊基（Arnold Zwicky），1989），卢德平译的《社会语言学》（［英］赫德森（Richard Hudson），1989），丁信善等译的《社会语言学》（［英］赫德森，1990)①，谭志明、肖孝全译的《社会语言学：语言与社会导论》（［英］特鲁吉尔，1990），周绍衍等译的《社会语言学导论》（［英］特鲁吉尔，1992），严久生译的《语际交流中的社会语言学》（［美］奈达（Eugene Nida），1999），曹德明译的《社会语言学》（［法］卡尔韦（Louis-Jean Calvet），2001），王素梅、彭国跃译的《社会语言学概论》（［日］真田信治，2002），雷洪波译的《社会语言学引论》（第五版）（［加］沃德华（Ronald Wardhaugh），2009），何丽、宿宇瑾译的《社会语言学导论：社会与身份》（［美］德克特、维克斯（Sharon K. Dekert & Caroline H. Vickers），2015），石锋领衔译的《语言变化原理》（［美］拉波夫，2019）。

一些系列译丛也纷纷出现。

（1）"交际语言译丛"（社会科学文献出版社，陶红印主编，2001）。此译丛介绍的是国外交际社会语言学领域有影响的著作。交际社会语言学（interactional sociolinguistics）是西方语言学界在 20 世纪 70—80 年代兴起的，其特点是用语言学的知识解释人际交流的过程和结果。译丛有三本：徐大明、高海洋译的《会话策略》（甘柏兹），张凯译的《行为互动：小范围相遇中的行为模式》（肯顿，Adam Kendon），施家炜译的《跨文化交际：话语分析法》（斯考伦、斯考伦，Ronald Scollon & Suzanne Wong Scollon）。

（2）"语言资源与语言规划丛书"（外语教学与研究出版社，徐大明、吴志杰、方小兵主编）和"语言规划经典译丛"（商务印书馆，徐大明主编）。这两个译丛是南京大学中国语言战略研究中心先后与商务印书

---

① 卢德平和丁信善所译为同一本书。

馆和外语教学与研究出版社合作推出的。"语言规划经典译丛"和"语言资源与语言规划丛书"分别于2011年和2012年陆续推出，它们以译介国外经典的语言规划领域著作为主旨，已成为国人了解国际语言规划研究的必备书系。

还有一些单个领域的译著，如施旭、冯冰编译的《话语·心理·社会》（[荷]戴伊克（Teun A. van Dijk），1993），艾晓明译的《语言与社会性别导论》（[英]塔尔博特（Mary M. Talbot），2004），卢岱译的《双语调查精义》（[美]布莱尔（Frank Blair），2006），杨炳均译的《话语分析导论：理论与方法》（[美]吉（James Paul Gee），2011）等。

3. 原版影印文献

得益于影印和原版书的放开，上海外语教育出版社、外语教学与研究出版社、北京大学出版社、世界图书出版公司等许多出版社引进了大量的社会语言学原版著作。

（1）上海外语教育出版社的 *Sociolinguistics*（Bernard Spolsky，1999）、*Sociolinguistics and Language Teaching*（Sandra Lee McKay & Nancy H. Hornberger，2005）、*Cognitive Sociolinguistics：Language Variation*，*Cultural Models*，*Social Systems*（Gitte Kristiansen & René Dirven，2018），以及最新引进的"牛津社会语言学丛书"（9种）。

（2）外研社的 *Sociolinguistics*（Richard Hudson，2000）、*An Introduction to Sociolinguistics*（3rd edition）①（Ronald Wardhaugh，2000）、*The Sociolinguistics of Language*（Ralph Fasold，2000）、*The Handbook of Sociolinguistics*（Florian Coulmas，2001）、*Sociolinguistics：The Study of Speakers' Choices*（Florian Coulmas，2010）、*Language and Society*（William Downes，2011）。

（3）世界图书出版公司的 *An Introduction to Sociolinguistics*（3rd edition）（Janet Holmes，2011）以及北京大学出版社的 *American Sociolinguistics：Theorists and Theory Group*（Stephen O. Murray，2004）。

---

① 上文提到的雷洪波翻译的《社会语言学引论》是据其第五版。

（五） 对外交流

改革开放之后的社会语言学对外交流分为两部分：一是国内学者走向国际舞台发声；二是国际学者来到中国讲学互动。

在国内学者走向国际方面，有参加国际会议的，有发表文章的，有上学或进修的。早期的周有光、祝畹瑾、陈建民等都在海外发表过文章，随着国内学者外语水平的提升，近期越来越多中国学者的研究见诸国际学刊。尤其值得一提的是：（1）国际社会语言学的重磅刊物《国际语言社会学期刊》（*International Journal of the Sociology of Language*，IJSL）从 1986 年至今曾 5 次组织中国社会语言学研究的专题①；（2）2013 年以来，德·古意特（Walter de Gruyter）和劳特利奇（Routledge）两个国际出版社分别与商务印书馆展开了一系列合作，比如前者出版了李宇明和李嵬两位先生主编的 *The Language Situation in China* 系列图书，后者则将出版一系列汉语语言学著作的英文版；（3）2017 年由教育部语言文字信息管理司主办的"语言文字优秀中青年学者出国研修项目"② 在英国谢菲尔德大学开班，这也是国内有规划地组团到国外学习交流的首次尝试。

在来华交流方面，1985 年秋，应中国教育部和时任北京语言学院院长吕必松教授的邀请，佐伊基到访北语并讲授了两门课程：接面语法（interface grammar）和社会语言学。③ 2001 年 5 月，北京语言文化大学出版社举办了"海外著名语言学家讲习所"（第一期），邀请了包括拉波夫在内的三位国际学者进行交流。④ 2002 年 9 月，"首届社会语言学国际学术研讨会"召开之际，约翰·甘柏兹到访中国并与国内学者进行深入交流。⑤ 2014 年 1 月，澳大利亚墨尔本大学约瑟夫·洛·比安科（Joseph Lo Bianco）教授作为"国家语委语言文字国际高端专家来华交流项目"首

---

① 王春辉：《IJSL 的中国专辑》，载王春辉《语言与社会的界面：宏观与微观》，中国社会科学出版社 2017 年版，第 261—266 页。

② 从 2014 年开始，国家语委、教育部语信司开始举办"语言文字应用研究优秀中青年学者研修班"。

③ 社会语言学的讲稿后来被整理成《社会语言学演讲录》（1989）。

④ 后来出版了《拉波夫语言学自选集》（2001）。

⑤ 在此前一年，徐大明、高海洋翻译的甘柏兹的《会话策略》（2001）一书出版。

位受邀专家来华开展学术交流活动。① 之后，依托该项目来华交流的学者还包括弗洛里安·库尔马斯（Florian Coulmas，2014 年 11 月）、罗伯特·菲利普森（Robert Phillipson，2015 年 10—11 月）、迈克尔·拜拉姆（Michael Byram，2016 年 3—4 月）、沙维尔·诺斯（Xavier North，2016 年 7 月）、托马斯·李圣托（Thomas Ricento，2017 年 9 月）、博纳德·斯波斯基（Bernard Spolsky，2017 年 11 月）、海伦·凯莉·霍尔姆斯（Helen Kelly-Holmes，2017 年 11 月）、陈莉莉（2017 年 12 月）、周清海（2018 年 12 月）等。2018 年 5 月，戴维·约翰逊（David Johnson）到上海外国语大学讲座。

四 70 年学术成就与未来展望

70 年间，中国的社会语言学研究取得了辉煌的成就；展望未来，中国的社会语言学研究还有许多方面亟待加强。

（一）学术成就

中国 70 年社会语言学的成就体现在研究内容、研究理论、研究方法、研究精神、研究队伍、研究交流等方面。本文无法细大不捐地全面分析，只能列述几个主要的点。②

---

① 这标志着"国家语委语言文字国际高端专家来华交流项目"正式开始实施。国家语委从 2013 年起实施该项目，计划不定期邀请一批国际上从事语言文字应用研究的高端专家来华开展交流活动，以借鉴国外语言文字工作的研究成果，加强国家语委相关科研机构和专家队伍建设，提升中国语言文字工作的国际合作与交流水平，服务语言文字事业的科学发展。

② 更多的内容与总结可以参见高一虹《我国社会语言学研究现状及问题》（载许嘉璐等主编《中国语言学现状与展望》，外语教学与研究出版社 1996 年版，第 382—407 页）、陈章太《20 世纪的中国社会语言学》（载刘坚主编《二十世纪的中国语言学》，北京大学出版社 1998 年版，第 821—862 页）、戴昭铭《世纪之交的中国社会语言学——"九五"回顾和"十五"展望》（《求是学刊》2000 年第 6 期）、郭熙《中国社会语言学研究的现状与前瞻》（《江苏社会科学》2002 年第 5 期）、赵蓉晖《中国社会语言学发展的若干特点》（《解放军外国语学院学报》2004 年第 2 期）和《最近十年的中国社会语言学》［《新疆大学学报》（哲学人文社会科学版）2005 年第 3 期］、周庆生《中国社会语言学研究述略》（《语言文字应用》2010 年第 4 期）、夏中华《新世纪我国社会语言学研究的发展趋势》（《语言文字应用》2011 年第 3 期）等文献。

1. 研究内容

丰富多彩，在宏观和微观两个维度都取得了很多成果。

（1）宏观社会语言学研究方面，从新中国成立之初的语言规划研究到最近聚焦语言生活的研究，构成 70 年研究的主旋律。

围绕中华人民共和国成立之初的语言文字工作三大任务，产生了许多本体规划（词典、汉字简化、拼音方案）、地位规划（普通话推广、普通话与少数民族语言的关系、普通话与方言的关系等）的研究。改革开放之后，随着经济的发展和社会生活环境的变迁，学者们对于语言的研究取向也经历了从问题到资源的转变。随着这种转变，语言生活、语言服务、语言认同、网络语言、语言与贫困[①]、语言保护、国家语言能力[②]等论题渐次登场。

（2）微观研究如在城市语言研究等方面就有所突破。[③]

2. 研究理论

突出表现在改革开放之后的语言生活以及语言与文化的研究方面。

（1）语言与文化的研究后来形成被称为"文化语言学"的流派。[④]

（2）语言生活的研究逐渐形成自己的理论体系，建立起"语言生活派"。[⑤]

（3）言语社区理论是微观社会语言学的重要发展。[⑥]

（4）在语言作为一种资源的探索和实践中，逐渐形成基于中国国情

---

① 《语言战略研究》杂志 2019 年第 1 期刊发了一组"语言与贫困"的专题文章，这应该是国内首个探讨此话题的专题。

② "国家语言能力"的概念是李宇明教授于 2010 年 11 月 23 日在首都师范大学的学术报告中提出的，并在《提升国家语言能力的若干思考》（《南开语言学刊》2011 年第 1 期）一文中做了详细阐述，后来文秋芳、赵世举等学者又进一步做了研究和阐发。

③ 徐大明、王玲：《城市语言调查》，《浙江大学学报》（人文社会科学版）2010 年第 6 期。

④ 邵敬敏：《说中国文化语言学的三大流派》，《汉语学习》1991 年第 2 期。

⑤ 李宇明：《语言生活与语言生活研究》，《语言战略研究》2016 年第 3 期。值得一提的是，对于语言政策与规划研究来说，这是可以与国际上以 Bernard Spolsky、Jiri Nekvapil 等为代表的"语言管理"学派，以 Thomas Ricento、James Tollefson、Stephen May 为代表的"语言政治"学派，以及以 Nancy Hornberger、Teresa McCarty 等为代表的"语言民族志"学派并驾齐驱的研究流派。

⑥ 徐大明：《言语社区理论》，《中国社会语言学》2004 年第 1 期。

的语言资源的理念和路径。① 这是对于宏观社会语言学研究中语言资源取向②的中国理论创见。

（5）在语言保护的理论方面，形成"多语分用"的理念。③

3. 研究方法

在引介国外方法的同时，通过田野调查等路径，逐渐建立起适合中国国情的研究方法体系。

（1）语言年鉴记录。从 2006 年开始，在教育部、国家语委的领导下，在李宇明、周庆生、郭熙、周洪波等的组织和带领下，《中国语言生活状况报告》开始记录下每个年度中国语言生活状况的重要事件和论题，形成很可能是世界上独此一家的语言年鉴记录。

（2）语言调查中的方法。比如，王远新从语言社区、领域和群体三个维度，论述了不同类型社区、相关领域及不同群体语言生活调查的主要内容和方法。④

（3）语言保护的系统方法。从 2014 年开始的"中国语言资源保护工程"在曹志耘教授的带领下，形成了一套自己的研究方法体系。

4. 研究队伍

尤其是改革开放之后，社会语言学作为一个学科建立起来，学者们在吕叔湘、赵元任、罗常培、陈原、胡明扬、许国璋、祝畹瑾、陈松岑、陈建民、张清常、张公瑾、刘焕辉、孙宏开、陈章太、戴庆厦、程祥徽等学界前辈的指引和带领下，逐渐形成一个研究集体，建造了一支数量可观的研究队伍，形成一批围绕不同主题的研究团队。

5. 研究交流

特别是在改革开放之后，在引进来的同时，国内学者也积极走出去，或者参加学术会议，或者发表学术论文，或者将著作翻译出去。国内与国际的双向良性互动，成为中国社会语言学良性发展的助推剂。

6. 研究精神

中国的社会语言学研究在 70 年的发展过程中逐渐构筑起自己的研究

---

① 李宇明：《中国语言资源的理念与实践》，《语言战略研究》2019 年第 3 期。

② Ruiz, Richard. , "Orientations in Language Planning", *NABE Journal*, Vol. 8 No. 2, 1984.

③ 曹志耘：《关于语保工程和语保工作的几个问题》，《语言战略研究》2017 年第 4 期。

④ 王远新：《语言生活调查的主要内容和方法》，《民族教育研究》2019 年第 2 期。

品格，树立起自身的研究精神，即"立足中国现实、解决中国问题、矗立学科前沿、服务国家发展"。①

（二）未来展望

当前世界局势风云变幻，新时代、新征程已然开启。展望未来，中国的社会语言学研究仍须在以下方面继续努力。

1. 提升微观研究的力度

当前国内学界对微观理论的引介已比较全面，但实际研究的范围尚须拓展，研究内容需要丰富。② 比如，对于民族志方法的介绍性文章不断涌现，但是真正运用民族志方法进行实证研究的还极少见。再如，"一带一路"倡议提出以后，围绕此点的社会语言学研究层出不穷，但总体来说，宏谈阔论较多，基于调查或阅读的深入思考较少。

2. "热点论题"过热，论题多样性不足

比如这几年"火热"的语言景观研究、语言政策与规划研究，很多研究具有重叠性或者结构性重复，跟风而至却缺乏更深入的思考和更宽广的视野。一些所谓的"边缘性"论题则亟待挖掘，传统的论题中如交际民族志学、语言社会心理学、互动社会语言学、语言与宗教、社会网络研究等。一些新出现的跨学科交叉方向更是方兴未艾，如认知社会语言学、历史社会语言学、计算社会语言学等。③

3. 质化和量化研究的结合不是很充分

当前似乎出现一股量化研究的潮流。对这股潮流，应该有几点清醒的认知：（1）社会语言学的研究需要量化手段，以量化为路径给予更加

---

① 1988 年，陈建民、陈章太在《中国语文》第 2 期发表了题为《从我国语言实际出发研究社会语言学》的文章。这既是中国社会语言学传统品格的体现，也为后来的社会语言学研究确立了坐标。

② 赵蓉晖：《中国社会语言学发展的若干特点》，《解放军外国语学院学报》2004 年第 2 期。

③ 这些新方向已有一些介绍性研究，比如彭国跃《上海南京路上语言景观的百年变迁——历史社会语言学个案研究》（2015）的历史社会语言学视角、汪亚利《认识社会语言学视角下与性别相关的会话举止研究》（2015）的认知社会语言学视角、张天伟《认知语言学前沿述评：趋势与特点》（《外语教学》2019 年第 3 期）对认知社会语言学的介绍、"语言战略研究"公众号"观约谈"栏目第 33 期对计算社会语言学的介绍等，但是进一步的实证性研究还方兴未艾。

科学和严谨的研究;(2)目前来看,中国的社会语言学研究对于量化分析的运用不是太多,而是太少了;(3)聚焦量化研究的方法论、程序课程、培训缺乏;(4)要避免"为量化而量化""唯量化"的研究倾向,也最好避免拿着一个量化分析工具就"吃遍天下"的现象出现。

4. 观察、描写较充分,解释不是很充分

社会语言学不同于语言系统的本体研究,前者是一个跨学科的研究领域,要做到观察、描写和解释的充分性。除了语言学知识之外,还需要诸如社会学、历史学、政治经济学、社会心理学等各类知识(特别是对宏观社会语言学来说)。所以,社会语言学研究要达到解释的充分性,不二法门就是潜心阅读,吸收前辈学人的学术精华,进行跨学科思考,拥有"一文三年得"的气魄和"学术是一种信仰"的信念。

5. 引介华人发表在国际刊物上的文章和思想

祝畹瑾在《中国社会语言学研究之我见》一文中针对当时中国社会语言学的研究状况提出三条建议:(1)组织力量翻译出版国外社会语言学经典著作;(2)编辑华人学者在国外刊物上发表的有关文章的索引,选择部分论文编译成册或者出版专辑;(3)举行专题报告会和研讨会。① 目前来看,第一项和第三项学界做得很好,第二项似乎未见起色。未来有机会的话,这项工作可以做起来。

五 结语

70年滚滚学术大潮,一篇小文难以尽述。本文必然是挂一漏万,也确实仅做了素描勾勒。

一国之学术,某学科在一国之发展,是与其所处国家的历史传统、哲学系统、社会心理等因素密切相关的。后面这些因素往往会在学术和学科发展的过程中起着潜移默化的推动或限制作用。

"中世纪基督教的欧洲力求认识上帝,为得到他的帮助而祈祷;希腊则力求,现代欧洲正在力求,认识自然,征服自然,控制自然;但是中

---

① 祝畹瑾:《中国社会语言学研究之我见》,《中国社会语言学》2004年第2期。

国力求认识在我们自己内部的东西，在心内寻求永久的和平。"① 换句话说，中西方在"真理"的追求上有差异，西方追求超越而外在的真理/自然真理，中国更追求内在于人生的真理/人文真理。② 这种历史哲学和社会心理上的差异，可以在一定程度上解释为何国际上流行的"拉波夫式"的社会语言学研究在中国进展有限，宏观社会语言学研究则一直追随者众。

学术代有人才出，学术的新一代理应肩负起中国社会语言学前行的使命和担当，在继承学界优秀传统的基础上，在把握历史传统、哲学体系和世界趋势的基础上，争取在理论、方法、论题、范式、视角、材料等方面都能有新突破、新发展。

毕竟，"中国可以说是社会语言学者的'伊甸园'，各种语料应有尽有。中国的社会语言学研究不仅可以为现有的理论模式提供更新、更有趣的佐证，还可能对现有的理论模式提出挑战"③。

---

① Fung Yu-Lan, "Why China Has No Science: An Interpretation of the History and Chinese Philosophy", *International Journal of Ethics*, Vol. 32, No. 3, 1921, pp. 237–263. Fung Yu-lan 即冯友兰。后来收入 *Selected Philosophy Writings of Fung Yu-Lan*, 外文出版社 1991 年版，第 571—595 页。其中译文收入《三松堂学术文集》，北京大学出版社 1984 年版，第 23—42 页。

② 钱穆：《中国思想史（新校本）》，九州出版社 2012 年版。

③ Milroy Lesley, Milroy James：《社会语言学中的"网络分析"》，李嵬译述，祝畹瑾校，《国外语言学》1995 年第 2 期。

后 记

　　每天，太阳缓缓滑出地平线，看人间冷暖，观世事变迁。

　　时光不息，每一步前行，都是历史进程和当下环境的多重叠加；万事有源，每一滴收获，都是客观因素与主观能动的多元协作。本集"四编一谈"可谓各有渊源，收受恩情诸多。

　　从时间顺序上说，国际中文教育一编应该是最先开始思考的。2009年进入首都师范大学国际文化学院工作，国际中文教育是自己的本职，忝列一线、耳濡目染，或多或少总有一些体会和思考。虽也指导了一些偏微观视角的研究生论文，但自己的思考显然更偏宏观维度。拙文承蒙《语言政策与语言教育》《当代语言学》《世界汉语教学》和《云南师范大学学报》（哲学社会科学版）陆续刊发，几大文摘也有转载。其中一篇是与导师李宇明教授合作而成，其间几易其稿，先生言传身教，我受益良多。2020年是国际中文教育的转折之年，未来研究尤其值得期待。

　　2016年夏，我开始关注语言与贫困的话题。缘起有二：一是"国家发展不平衡现象—社会不平等现象—语言对于改善不平衡、不平等现象的作用—语言助力脱贫攻坚"这样一条由大及小、由模糊到聚焦的思考线；二是2016年10月收到中国社会科学杂志社"第六届中国语言学研究方法与方法论问题学术讨论会"的邀请函，为赴会而直接促成了《语言因素在脱贫攻坚中的作用》一文的写作。文章完成于2017年4月，发表于2018年9月，拖了将近一年半。后续在大家的帮助下，我们又做了一些工作，比如相继在《语言战略研究》《云南师范大学学报》（哲学社会科学版）、《江汉学术》、《光明日报》组织了五期研究专题，在《语言文字应用》、《人民日报》（海外版）等报刊发文发声，给《中国语言生活状况报告》连续三年提供研究报告，作为副主编之一策划了《语言扶贫问题研究》的第一辑和第二辑，举办了"中国语言扶贫与人类减贫事业论坛""2020 扶贫日语言扶贫成果发布会"等会议。语言扶贫成为学界研究一时之焦点。未来中国从脱贫攻坚转入乡村振兴，语言助力仍将继续，相关研究亦不会停。

　　对于语言治理及其与国家治理关系的思考大致从 2017 年年底才萌芽，那时离"国家治理能力和治理体系现代化"命题的提出已经有四年的时间了，也再一次印证了自己的后知后觉。2018 年 6 月初我有幸被选入"北京市国家治理青年人才培养计划（第三期）"，则成为正式思考这个论题的直接缘由。一年北大学习，高端专家授课、多样学科背景、不同工作岗位、多种培训形式，让我开阔了眼界、充实了知识结构、结识了许多优秀的部门负责人和专家学者。2020 年 1 月和 12 月，以此班同学为核心，我相继筹办了两届"语言与国家治理论坛"，效果很好。2020 年和 2021 年，我们相继在《云南师范大学学报》（哲学社会科学版）组织了此一论题的两期研究专题，《语言战略研究》、《光明日报》、中国社会科学网也提供宝贵版面刊发了一些相关思考。2020 年 10 月 13 日，新中国成立以来第四次、新时代第一次全国语言文字会议召开，语言文字治理体系和治理能力的现代化成为未来一段时间中国语言文字事业的主轴，相应研究有待持续加强。

　　2020 年新冠肺炎疫情暴发，成为加速历史进程的推手。2 月 9 日新闻报道，为克服方言沟通的困难，齐鲁医院援鄂医疗队自制"护患沟通本"。2 月 10 日上午 11 时左右，李宇明教授发起组建"战疫语言服务团"的倡议。先生说："这是我们语言学者该做的事情，不能让医护人员既忙着治病救人，又忙着编写手册。"仿佛有种力量催人向前，两日鏖战，《抗击疫情湖北方言通》上线，由此拉开了应急语言服务团的序幕，也开启了应急语言研究的大门。光明日报客户端、《社会治理》、《云南师范大学学报》（对外汉语教学版）、《广州大学学报》（社会科学版）等相继刊发了多篇思考。随着国家应急语言服务团成立在即，应急语言研究和体系建设也将迎来新的一页。

　　"观约谈"依然追寻着"初心"：不拘一格，博观约取，言之有物，思而有得。《中国语言学之问》其实是世界格局变迁投射在语言学上的一点反思,《宇宙语言学的新进展》则向太空发出语言学的邀约,《非洲的语言学意义》是对"中非论坛"的一个注脚,《"语言声望规划"素描》关注语言政策与规划四大研究维度那个最少被关注的地方,《用语言创造传播正能量》是新冠肺炎疫情最紧要之时内心的呐喊,《〈中国语言规划三论〉述评》对先生的大作一抒学习心得,《中国社会语言学研究 70 年》致敬前辈、不忘历史。有些遗憾的是,自己似乎越来越懒,"观约谈"更新得越来越慢了。这或许还是一个值得继续做下去的事,希望"语言战略研究"微信公众号别放弃,我也别放弃。

　　我经常扪心自问:自己有没有浪费那些诸多的恩情?导师和师母"把学问做在水头浪尖""学术是一种信仰""学术需要问题驱动""国家选择那些选择了国家的人"的谆谆学术教诲与殷殷生活关照,继第一本之后第二本著作老师又赐大序,学院领导和同事的全力帮助与排忧解难,相关职能部门领导们的支持信任与鞭策期许,报刊媒体的慷慨刊发,学界前辈、朋友同侪的鼓劲切磋,出版社老师们的规范高效,当然,还有家人的无私奉献与默默付出……书里的每一句话,每一个文字,凝结着的,是一群人的力量。感谢,感恩!

　　回望,是为了展望;阶段性小结,是为了持续性发展。

　　一代学人有一代学人的使命和担当。将学术研究融入历史的洪流,去记录、描写、阐释、助力所处的时代、所站的大地,学人责无旁贷。

王春辉

二〇二一年二月初二夜

于观约斋